菜鸟学
SPSS
数据分析

但婉欣　蒋胡英　郭佳桦　著

電子工業出版社
Publishing House of Electronics Industry
北京•BEIJING

内 容 简 介

本书深入浅出地介绍了 SPSS 24.0 的基本操作和数据分析方法。全书共有 12 章，主要分为两大部分：第一部分为 SPSS 与数据分析基础知识（第 1~5 章），主要介绍 SPSS 界面功能、SPSS 与数据分析、数据的管理、报表的生成、图形的生成；第二部分为数据分析方法（第 6~12 章），主要介绍描述性分析、假设检验、参数检验、非参数检验、卡方检验、方差分析、相关分析。

本书内容不仅涵盖统计分析理论知识，而且在每一种统计分析方法中都结合了实际案例、完整的操作步骤、结果分析等，并且每一步操作都有文字和操作界面图详细阐述，产生的结果都配有界面图和文字的完整解读，简单易懂、清晰全面，十分适合初学者阅读。

图书在版编目（CIP）数据

菜鸟学 SPSS 数据分析 / 但婉欣，蒋胡英，郭佳桦著. —北京：电子工业出版社，2020.1
ISBN 978-7-121-38169-0

Ⅰ. ①菜… Ⅱ. ①但… ②蒋… ③郭… Ⅲ. ①统计分析－软件包 Ⅳ. ①C819

中国版本图书馆 CIP 数据核字（2019）第 270588 号

责任编辑：王　静
印　　刷：三河市鑫金马印装有限公司
装　　订：三河市鑫金马印装有限公司
出版发行：电子工业出版社
　　　　　北京市海淀区万寿路 173 信箱　　邮编：100036
开　　本：787×980　1/16　印张：16.75　字数：424 千字
版　　次：2020 年 1 月第 1 版
印　　次：2020 年 1 月第 1 次印刷
定　　价：69.90 元

凡所购买电子工业出版社图书有缺损问题，请向购买书店调换。若书店售缺，请与本社发行部联系，联系及邮购电话：（010）88254888，88258888。

质量投诉请发邮件至 zlts@phei.com.cn，盗版侵权举报请发邮件至 dbqq@phei.com.cn。

本书咨询联系方式：010-51260888-819，faq@phei.com.cn。

前　　言

SPSS 数据分析的利器

哈佛大学社会学教授加里・金说："这是一场革命，庞大的数据资源使得各个领域开始了量化进程，无论是学术界、商界还是政府，所有领域都将开始这种进程。"

大数据时代来临，对数据分析技能的要求越来越高。作为一款功能强大、方便易用的数据分析软件，SPSS 广受数据分析爱好者和从业者的欢迎，所有的功能都以对话框选项的形式呈现，界面统一、规范，用户只要掌握一定的 Windows 操作技能，通晓一定的统计分析原理，就可以使用该软件。随着版本的升级，SPSS 的功能愈发强大，被广泛应用于诸多行业及学术研究中。

本书的作者均来自 SPSS 学堂（微信公众号），最初通过微信公众号发布文章得到了诸多粉丝的关注，恰逢出版社的邀约，学堂将推文重新汇编整理成书。SPSS 学堂一直致力于为数据分析爱好者带来高质量的文章，希望通过对本书的学习，各位读者都能对 SPSS 的基本操作有更加深刻的认识，能熟练掌握并运用于实际的研究或工作中。

本书内容及服务

本书适合于想系统学习 SPSS 软件却不知如何着手的读者朋友们。

本书的内容循序渐进，重在对基础性的操作进行讲解，从理论到思路，每一节都配有案例，每一部分都有细致的讲解，力求使读者（尤其是初学者）能更好地理解、运用 SPSS。SPSS 学堂提供售后服务，若有不理解之处，可以关注微信公众号并留言，我们会对大家的疑问进行解答。当然，除本书的内容外，我们的公众号还有其他精品文章，欢迎关注。另外，本书还有 SPSS 社群供各位读者讨论和交流，希望大家加入。

对于本书的阅读有如下建议：

- 若时间充裕，请从头到尾精读一遍，尤其是案例，需要实际动手去操作练习；
- 若时间不充裕，可就自己急切想要知道的内容有针对性地查阅目录，根据需求到相应的章节重点研读。

联系本书作者

本书由 SPSS 学堂的多位作者共同编写，其中，蒋胡英参与编写了 1.3、2.1、3.5、3.10、3.15、3.16、5.3、6.2、7.2、9.3、10.1、11.2、12.1、12.3 节；郭佳桦参与编写了 1.2、3.1、3.3、3.8、3.13、5.1、5.7、6.3、9.4、9.5、9.8、10.4、11.6 节；但婉欣参与编写了 1.4、3.4、3.9、3.14、5.2、5.4、6.1、7.3、9.2、9.9、11.1、11.3、12.2 节；陈联参与编写了 1.5、2.2、3.6、3.12、4.1、4.2、5.5、6.4、9.6、10.2、10.3、11.4、12.4 节；李玉星参与编写了 1.1、3.2、3.7、3.11、4.3、5.6、8.1、8.2、8.3、9.1、9.7、11.5 节；7.1 节由李玉星、蒋胡英、陈联共同编写。

需要特别说明的是，一本书的编写需要投入大量的时间与精力，各位作者在编写时都尽可能地保持正确与严谨，但也难免会存在疏漏之处，还请各位专家和广大读者不吝赐教。

联系我们：请关注公众号 SPSS 学堂（微信号 spss2333）并在后台留言。

相关案例下载：请关注公众号 SPSS 学堂（微信号 spss2333）并回复“书籍案例”即可获得。

SPSS学堂
专业 生动

目　录

第 1 章 SPSS 与数据分析

1.1 数据分析思路概述

我们知道，在信息化时代背景下，大量纷繁复杂的数据和信息充斥在社会的各个领域，为了更加准确、快捷地从中筛选出有价值的部分并根据需要进行一系列数据处理，数据分析过程显得尤为重要。

1.1.1 数据分析的一般思路

1. 明确数据分析原因

在开始数据分析之前，首先应弄清楚为什么要做数据分析，明确数据分析的目的。这是数据分析的基础，也是接下来一系列分析过程的核心。

2. 明确数据分析目标和预期结果

应充分理解数据分析的目标和想要达到的最终效果，牢记正确的分析因子，通过全方面分析，找到真正的问题。

3. 明确所需数据

与研究问题相关的数据数量庞大、种类繁多，在研究问题时，应该弄清楚需要哪些数据，先整理好思路，最好列一个表格，尽可能一次性明确所需数据。

4. 数据采集与整理

采集数据有多种方法，可以直接从数据库中调取，或者找相关技术人员导出等。接下来就是对采集的数据进行处理，如清洗数据、转换数据、数据分组等，这些均可通过一些软件如 SPSS、Excel 等来完成。

5. 数据分析

当数据整理完成后，需要进一步明确数据分析的目的，在对研究问题进行综合考量的前提下，放眼全局，通过选择合适的分析方法对数据进行综合性分析。

6. 数据展现和输出

数据分析的结果可以依据问题的不同而选择合适的图表来进行展示，如折线图、柱状图、条形图、饼图等。同时，为了更加全面，可注明数据的来源、时间、指标以及公式的算法。

1.1.2 使用 SPSS 进行数据分析的优势

SPSS 作为世界著名的统计分析软件之一，在对数据进行处理分析时，发挥了不可替代的作用。与同类软件相比，SPSS 有以下几点显著优势。

1. 操作简便易学

SPSS 统计分析软件由于界面友好、操作简单，一般稍有统计基础的人经过几天的培训学习便可以使用 SPSS 做简单的数据分析，因此，该软件受到广大数据分析人员尤其是非统计专业数据分析人员的青睐。

2. 支持编程

SPSS 支持丰富的数据源，具有强大的数据访问和管理能力以及编程能力，使用者只需了解统计分析的原理，即便不熟悉统计方法的算法，也可以轻松获得所需要的统计分析结果，同时也支持二次开发。

3. 功能强大

SPSS 具有完整的数据输入、编辑、统计分析、报表、图形制作等功能，提供完整的数据分析流程，涵盖齐全的数据统计分析方法，如数据的探索性分析、偏相关、方差分析、非参数检验、多元回归、Logistic 回归等。同时，SPSS 能够读取和输出多种格式的文件，如读取 dBASE、FoxBASE、FoxPro 产生的文件，还可将图形和表格文件直接转换为 Word、Excel、PowerPoint、TXT、HTML、PDF 等格式的文件保存。

4. 应用广泛

SPSS 对于初学者、熟练者及精通者都比较适用，且可应用于经济学、数学、统计学、物流管理、生物学、心理学、地理学、医疗卫生、体育、农业、林业、商业等领域。

1.2 明确数据分析目的

1.1 节已经介绍过用 SPSS 做数据分析的优势，想来大家也对使用 SPSS 进行数据分析充满期待，跃跃欲试。不过，在此之前，我们首先需要明确数据分析的目的。

1.2.1 为什么要明确数据分析目的

海域广阔，航行需要有明确的目的地，依据目的地定位航行方向，才不至于在茫茫大海中迷路；只有确定了正确的航线，才能最大限度地避开暗礁、风暴等险境，更顺利、更快地抵达终点。进行数据分析也是同样的道理，明确数据分析目的，知道目标才能更好地行动。在分析目的的指引下，我们不至于被淹没在海量的数据中，陷入迷茫。有了行动目标，也能避免绕弯路，空耗时间和精力，方便我们在数据海洋中又快又准地找到相关维度、选择匹配的分析方法进行分析，检验假设或者解答疑问。更重要的是，在整个数据分析过程中，我们很有可能在某些时候陷入迷局，不知道该如何进行下去，或者纠结于某些问题、钻入死胡同时，分析目的其实就像迷雾中的灯塔，能够提醒我们前路在何方，辅助我们及时修正分析方案，继续推进分析进程。

1.2.2 如何明确数据分析目的

明确数据分析目的，换句话说，就是明确数据分析要达到什么样的效果。这个效果可能是验证某个假设或者得出结论。如果从时间维度上来划分，这个效果可以分为对事情的溯源归因、对现状的分析、对未来的预测。在明确分析目的时，需要先确定分析目的属于哪种类型，再进行细化——具体归什么因、分析什么现状、预测什么行为。

举个例子，时下直播备受热捧，想了解直播潮流的现状，细化目标为：想具体了解大学生对于直播的态度或接受度。

1.2.3 明确数据分析目的需要注意什么

明确数据分析目的有两条歧途特别需要警惕。

1. 定位模糊

对于数据分析目的的阐述过于模糊、不够具体。比如想了解直播潮流的现状，这个现状具体是什么就比较模糊，是直播平台竞争的现状、直播内容的现状还是主播的分布现状等，其实并没有定义清楚。

2. 目的过于广泛

如果目的定义得过于广泛、包罗万象，其实并不利于数据分析的进行。空泛的目的很难聚焦于一个点做深入严谨的分析，并得出有效的结论。比如可能想要分析直播平台的竞争，同时分析竞争现状、竞争策略背后的原因、预测未来直播平台的发展，这样的目的其实是空泛的，并不利于展开深入的分析。

1.3 数据采集

1.3.1 采集方法

1. 简单随机抽样

简单随机抽样是一种最简单、最基本的抽样方法，对总体中的所有个体进行编号，按照等概率原则，从总体中抽取一定数目的个体。一般来说，在总体数目比较大的情况下，采用简单随机抽样，可以借助软件来产生随机数或者生成简单随机样本等。简单随机抽样可以分为有放回简单随机抽样和无放回简单随机抽样，一般社会调查采用的就是无放回简单随机抽样的方法。

2. 系统抽样

系统抽样是简单随机抽样的变例，也可以称为机械抽样或等距抽样。相对于简单随机抽样，系统抽样的工作量会小得多，但是随着抽样方式选择的不同，对总体的代表性会有好有差。例如，根据个子的高矮对每个班的学生进行编号，如果在每 4 个人中抽取 1 个人，那么每种身高水平的学生都会被抽到，对总体的代表性较好；而如果只抽取每个班的第 1 个人，那么抽取的样本只代表高个学生，对总体的代表性较差。

3. 分层随机抽样

分层随机抽样是将总体依照一种或几种特征分为互不重叠的几类，每类称为一层，然后利用简单随机抽样或系统抽样方法从每一层中抽取一个子样本，最后汇总到一起，就是总体样本，也称为分层样本。一般社会问题研究采用分层随机抽样的方法。在划分层次的时候，原则上层与层之间的异质性大，层内的异质性小；结合研究的问题与实际情况来确定用多少以及什么变量来分层。分层随机抽样具有一定的优势，不仅可以较好地代表总体的特征，也可以代表各层的特征。

4. 整群抽样

整群抽样，也称聚类抽样，是将总体依照某种标准划分为一些互不重叠的子群体，每个子群体为一个抽样单位，用随机的方法从中抽取若干个子群，最后汇总到一起，作为总体样本。整群抽样在分类时，原则上群与群之间的异质性要低，群内的异质性要高。整群抽样可以降低调查成本，不仅可以较好地代表总体，也可以代表各个群体；但有时样本容量不大时，抽样误差会相对较大。

1.3.2 采集流程

数据采集的实施，即问卷的发送与回收，采用不同的方式则会产生不同的反馈。

当面发送问卷是最有效的方式，可以进行直接交流，回收也比较方便，如果有奖励机制则可当场实施。这种方式适用于特定的条件，可以将被试者集中起来，如果是大规模的社会调查，则并不适合。

邮寄发送是简便易行的方式，问卷发送的范围和对象可控，问卷的质量和有效性一般会比较高。但不足之处是无法与被试者交流，且成本高、回收率低。

网络问卷是现在最流行的方式，优势也较为明显，如成本低、回收数量相对较大、被试者填写方便快捷、数据整理统计十分方便。不足之处在于，被试者的可控性不强，样本代表性有待审核。

在数据采集的实际操作中，需要结合自身的条件和情况，优先考虑问卷的回收率和有效性两大原则，选取最适合的问卷发送和回收方式。

另外，需要注意的是，在实际调查过程中，由于各种原因，问卷的回复率和有效率不可能达到 100%，那么选取调查对象的数量需要人为来合理设定。按照研究成果，可以根据调查对象=研究对象/（回复率×有效率）来计算得出调查对象的数量。例如，研究对象是 800 人，回复率是 80%，有效率是 95%，调查对象至少应该是 800/（80%×95%）=1053 人。

1.4 数据分析

数据分析通用的定义为：用适当的统计分析方法对收集来的大量数据进行分析，提取有用的信息和形成结论，而对数据加以详细研究和概括总结的过程。本节主要介绍数据的预处理、数据的描述统计、数据的推论统计，致力于为读者呈现本书清晰的脉络。

1.4.1 数据的预处理

由于计算机不能直接处理现实世界中的具体事物，因此必须先把具体事物转换成计算机能够处理的信息，即研究者需要对数据进行初步的加工、转换（即数据的预处理），以便适合采用相应的统计方法。那么，在 SPSS 中涉及预处理的内容有哪些呢？

- 当研究者收集了大量的原始数据后，第一步**需要将数据录入 SPSS 中**，SPSS 可以直接打开多种格式的数据，也可以通过数据库查询导入 SPSS 中。那么该如何录入呢？

  详见本书：3.1 节“数据的录入与保存”、3.2 节“其他格式数据的导入”。

- 在海量的数据中，需要**对数据进行核查。**

  详见本书：3.5 节“标识重复个案”、3.15 节“缺失值的处理”。

- 需要**对各个变量进行数据转换**，主要集中在【转换】菜单下。

  详见本书：3.10 节“新变量的生成”、3.11 节“个案中值的计数”、3.12 节“对变量重新赋值”、3.13 节“可视化分段”。

- 需要**对各个变量进行数据管理**，主要集中在【数据】菜单下。

  详见本书：3.3 节“数据的重构”、3.14 节“个案排秩”、3.16 节“数据的排序”。

- 需要**对整个数据文件进行管理**，主要集中在【数据】菜单下。

  详见本书：3.4 节“数据的合并”、3.6 节“数据的拆分”、3.7 节“数据的筛选”、3.8 节“数据的加权”、3.9 节“数据的汇总”。

通过以上预处理，原始数据就被转换成合乎统计分析的数据，提高了数据挖掘的质量。下一步，我们就根据统计分析的目的及变量的特征来选择正确的统计分析方法。

1.4.2 数据的描述统计

当数据整理完毕后，我们需要通过描述统计及统计图表简单直观地了解变量特性。

- **在 SPSS 中也可以实现 Excel 的相关功能**，可以制作表格并进行函数计算。

  详见本书：4.1 节“交叉表”、4.2 节“定制表”、4.3 节“定制表的实例操作”。

- 利用**统计图表可以更直观地看出数据的各种特征，比较数据间的差异**。

  详见本书：5.1 节“图表构建器介绍”、5.2 节“直方图”、5.3 节“折线图”、5.4 节“饼图”、5.5 节“条形图”、5.6 节“箱图”、5.7 节“散点图”。

- 在进行数据分析时，首先要对数据有一个大致的了解，**了解数据的集中趋势与离散趋势**，基于此对数据做探索性分析。

  详见本书：6.1 节“描述统计与变量分布形态”、6.2 节“频率分析”、6.3 节“描述统计”、6.4 节“探索性分析”。

  研究者通过以上方法了解数据的大致特征，用以辅助选取推论统计方法。

1.4.3 数据的推论统计

推论统计通常是（但并非总是）数据收集和汇总后的下一步，推论统计常利用较小群体的数据来推论可能的较大群体的特征。本书介绍了参数检验与非参数检验的相关概念及操作，在实际的应用中需要根据具体需求选取正确的统计方法来检验假设是否成立。

1. 参数检验

参数检验是在已知或者假设总体分布的情况下对总体的相关参数进行评估检验，描述连续型因变量与分类自变量间的关系。在参数检验中，本书只介绍 t 检验与方差分析（相关分析中的皮尔逊相关也属于参数检验，将单独讲解）。

（1）t 检验（t 检验是对平均数的差异检验，如图 1.4.1 所示）

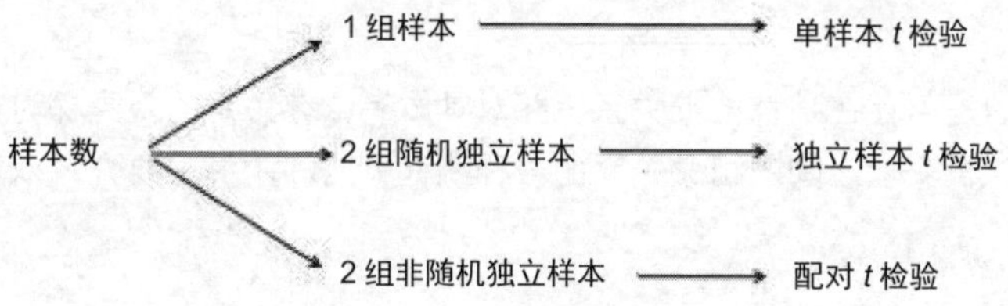

图 1.4.1　t 检验

（2）方差分析（方差分析是对平均数的变异分析）

通过分析不同来源的变异对总变异的贡献大小，从而确定可控因素对研究结果影响力的大小（方差分析的样本数均在 2 组以上），如图 1.4.2 所示。

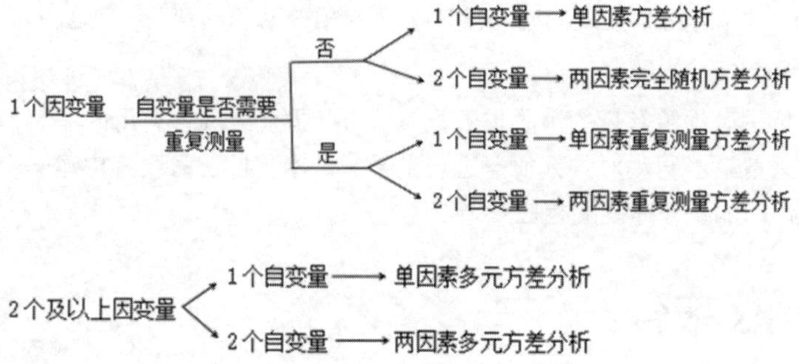

图 1.4.2　方差分析

2．非参数检验

非参数检验是指对于无法获取总体分布情况的相关信息，利用样本数据对总体分布形态等进行推断。本书介绍了 8 种非参数检验的方法，关于每种方法的详细步骤请查阅相关章节，以下仅做概述。

- 9.2 节“游程检验”：检验样本的随机性和两个总体的分布是否相同。
- 9.3 节“单样本 K-S 检验”：检验样本是否来自特定的理论分布。
- 9.4 节“二项分布检验”：检验样本是否来自二项分布的总体。
- 9.5 节“两个独立样本的非参数检验”：检验两个样本是否来自相同分布的总体。
- 9.6 节“多个独立样本的非参数检验”：检验多个样本是否来自相同分布的总体。
- 9.7 节“两个相关样本的非参数检验”：检验样本来自的两个相关配对总体是否具有显著性差异。
- 9.8 节“多个相关样本的非参数检验”：检验多个相关样本是否来自相同分布的总体。
- 第 10 章“卡方检验”：判断样本是否来自特定分布的总体的检验方法，比较两个或两个以上的样本率（构成比例），以及对两个分类变量的关联性进行分析，其思想是比较理论频数和实际频数的吻合程度或者拟合度。

3. 相关分析

相关分析是研究现象之间是否存在某种依存关系，并对具体有依存关系的现象探讨其相关方向以及相关程度，研究随机变量之间的相关关系的一种统计方法。本书主要介绍双变量相关分析和偏相关分析。

（1）双变量相关分析

- 12.1 节“皮尔逊相关分析”：用于度量两个变量间的线性相关关系。
- 12.2 节“肯德尔等级相关分析”和 12.3 节“斯皮尔曼等级相关分析”：用于分析定类变量或者定序变量的相关关系。

（2）偏相关分析

12.4 节“偏相关分析”：当两个变量同时与第三个变量相关时，将第三个变量的影响剔除，只分析这两个变量间的相关程度。

综上所述，数据分析是有组织有目的地收集数据、分析数据使之成为有用的信息，从而帮助研究者做出判断、采取适当行动对具体业务进行指导的。本节旨在为读者构建一个清晰的思路，具体的原理及详细的操作请翻阅相应章节。

1.5 撰写 SPSS 报告

在运用 SPSS 进行数据分析之后，我们需要针对分析结果撰写报告。本节来聊聊撰写报告的那些事儿。

1.5.1 撰写报告的逻辑思路

在笔者看来，撰写报告是对整个统计分析过程的总结。所以，不仅要对数据分析结果进行概述，还要对整个数据的来源、操作目的、操作过程等进行总结。故，笔者认为，撰写报告的逻辑思路包括以下组成部分。

1. 问题提出的背景来源

根据研究的问题来确定研究的方法。所以，问题的提出可以说是很重要的，它决定了之后的一系列过程。在撰写报告时也需要阐明问题的背景来源。这类似于毕业论文中的研究背景，可以根据问题的大小来决定其篇幅长短。比如，在分析高新技术企业的研发投入与企业经营绩效之间的相关性问题时，就需要阐述目前高新技术企业的研发投入现状、比例是多少以及企业的经营绩效怎么样。

2. 数据的来源

数据是怎么获取的？而后是通过什么工具进行数据整理的？简而言之，数据的来源不仅仅包括原始数据是怎么获取的，还包括最终数据是怎么清洗的。关于数据的清洗过程，可以阐述运用到的专业统计工具，比如常用的 Excel、SPSS 数据变换的功能等。

3．数据的分析过程

分析过程介绍包括运用到的统计分析方法以及重要的操作步骤。撰写者需要对使用到的统计分析方法进行简要说明，比如描述统计分析、因子分析、回归分析、聚类分析、时间序列分析等方法，让读者了解其分析目的；还要对重要的操作步骤流程进行说明。

4．数据分析的结果阐述

这部分主要是对最终的操作结果进行说明，需要结合运用图表和文字，针对不同的结果，文字说明也不一样，比如可以运用对比的方法。

5．结论

结论是对所研究的问题进行总结性的概述，也可以说是对研究目的的总结，要根据数据分析的结果得出结论。

6．对策建议

这部分主要是根据分析结论给出相应的对策建议，拓展所研究的问题的现实意义。

1.5.2 撰写报告的注意事项

1．来源：相关信息收集和整理

在撰写问题来源的内容时，需要查阅相关文献或者国家政策进行信息的收集和整理，有时候可能需要分析行业的背景。

2．撰写："质""量"

在撰写数据分析过程的内容时，要同时注重"质""量"。也就是说，需要把握文字与图表结合的比例，在"质"上，要熟悉运用到的分析方法以及该分析方法的操作流程，最后得到准确可靠的图表；在"量"上，文字和图表的用量要均衡适度，图表要选择重要的、跟问题相关的，无关紧要的图表可以不要，而文字对图表的描述要生动贴切、有理有据。

3．结论：清晰、与现实结合

在描述结论时，应该言简意赅、表达清晰，观点要新颖有力，能运用统计分析的角度将分析的结果与问题的现状结合起来。

4．对策：可落地

所给出的对策建议要切合实际，不可天马行空。

第 2 章 SPSS 界面功能介绍

2.1 SPSS 基本界面介绍

SPSS 基本界面包括：数据编辑窗口、结果输出窗口、对象编辑窗口、语法编辑窗口和脚本编写窗口。虽然 SPSS 拥有这么多功能界面，但本书仅就最常用的“数据编辑窗口”和“结果输出窗口”进行介绍。

2.1.1 数据编辑窗口

如图 2.1.1 所示，数据编辑窗口主要有以下六大部分。

图 2.1.1 数据编辑窗口

- 标题栏：用于定义文件/数据处理的标题内容。
- 菜单栏：重要的功能按钮，SPSS 数据分析的核心，菜单栏中的按钮控件的功能如表 2.1.1 所示。

表 2.1.1　菜单栏中的按钮控件的功能

按钮控件	功　能
文件（File）	可以新建、打开、保存文件，对文件数据进行查看、编辑等
编辑（Edit）	用于对数据编辑的撤销、复制、粘贴等，可插入变量和个案，“选项”功能介绍请见 2.2 节
查看（View）	可以选择是否显示状态栏、工具栏、网格线或者标签值等
数据（Data）	可以对数据进行简单的操作，如：定义变量属性、定义时间和日期、定义多重响应集、标识重复个案、变量排序、合并或拆分文件等
转换（Transform）	主要包括计算变量、重新编码生成新变量、替换缺失值、可视分箱、个案排秩等
分析（Analyze）	主要包括描述、生成报告（OLAP）、因子分析、聚类分析、生存分析、回归分析等
直销（Marketing）	新功能，可用于销售活动的分析
图形（Graphs）	可以做一般图形、地图、交互图形、分区图等
实用程序（Utilities）	可以查看变量信息、定义变量宏、脚本运行等
扩展（Extension）	对实用程序创建扩展应用
窗口（Windows）	将窗口最小化、拆分以及窗口之间的切换
帮助（Help）	联机获取数据集各主题菜单的帮助

- 常用工具栏：方便的快捷方式，可以根据个人使用习惯进行调整。
- 数据编辑和显示区域：形如 Excel 表格，可以对单元格中的内容进行输入和编辑，是数据编辑和文件导入后显示的区域。
- 视图切换：可以在数据和变量之间进行自由切换。
- 状态栏：显示数据处理的状态。

2.1.2　数据视图

数据视图，顾名思义，即指可以直观地看到自己要处理的数据的视图，形如 Excel 视图，如图 2.1.2 所示。

区域 1：序列，如 Excel 表格中的行；区域 2：变量列，如 Excel 表格中的列。

数据视图是比较简单的部分，可以直接看到每个单元格的数据，也可以对单元格的数据进行编辑。

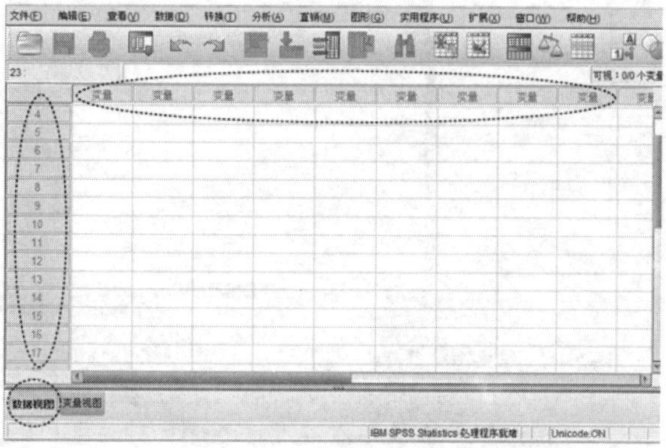

图 2.1.2　数据视图

2.1.3　变量视图

可以说，数据视图和变量视图就像一对双胞胎，是共生的，比较特殊的是，变量视图是对数据视图中的各个变量数据的属性进行定义的，主要包括：名称、类型、宽度、小数位数、标签、值、缺失、列、对齐、测量、角色定义等，如图 2.1.3 所示。

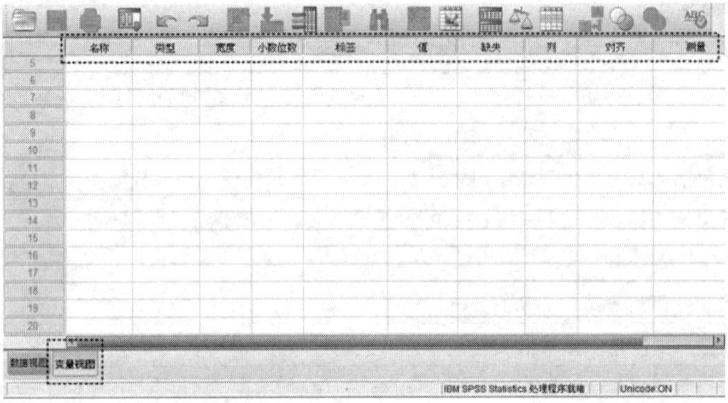

图 2.1.3　变量视图

2.1.4　结果输出窗口

如图 2.1.4 所示，结果输出窗口用于显示数据执行后的结果、表格、图形、报告、出错提示等信息，可以直接复制、粘贴到 Excel 或者 Word 文件中，如果直接保存，其格式是 *.spv。

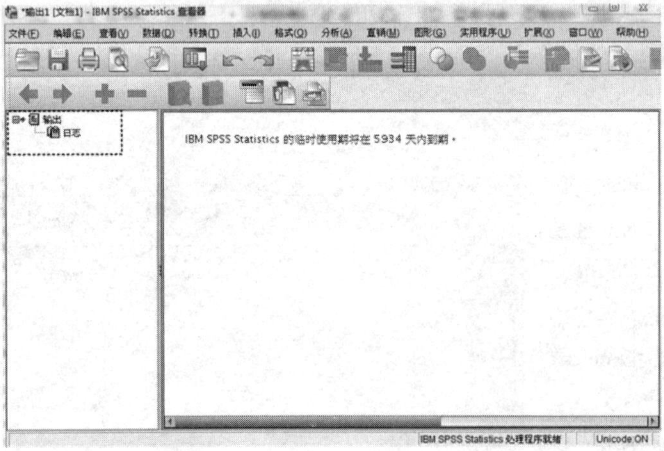

图 2.1.4　结果输出窗口

提示： 单击鼠标右键可以进行复制操作。

相对于“数据编辑窗口”，结果输出窗口菜单栏中多了“插入”和“格式”两个按钮控件，可以对输出的格式进行设置。还有一个直观的不同，就是左侧有一个独立的目录框架图，用于显示运行的功能。

以上就是本节对 SPSS 24.0 基本界面（数据编辑窗口、数据视图、变量视图和结果输出窗口）的介绍。

2.2 常用参数设置

SPSS 的各种常用参数是通过单击菜单栏中的【编辑】→【选项】来进行设置的，设置完成后，参数会成为默认数据项，下一次启动 SPSS 时不需要重新设置。设置常用参数最大的好处是让界面符合自己的使用习惯，提高数据分析的工作效率。

本节将按照选项卡顺序依次介绍“**常规**”选项卡、“**语言**”选项卡、“**查看器**”选项卡、“**数据**”选项卡、“**货币**”选项卡、“**输出**”选项卡、“**图表**”选项卡、“**透视表**”选项卡、“**文件位置**”选项卡、“**脚本**”选项卡、“**多重插补**”选项卡、“**语法编辑器**”选项卡。由于参数设置内容较多，本节只着重介绍常用的重点参数。

2.2.1 “常规”选项卡

如图 2.2.1 所示，为了节省时间，提高效率，SPSS 提供了“常规”选项卡，其主要包括“变量列表”“角色”“最大线程数”“输出”“窗口”这几个常规选项的设置，每个选项的设置条件都标注得很清晰，在此不再赘述，一般情况下使用默认设置即可。

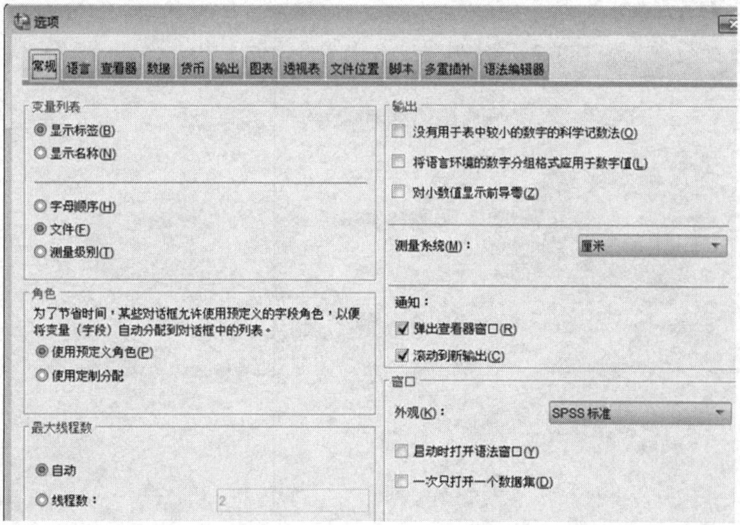

图 2.2.1 “常规”选项卡

2.2.2 “语言”选项卡

如图 2.2.2 所示，在“语言”选项卡中可以设置 SPSS 的输出语言和用户界面语言，在下拉列表中有多种语言可以选择，输出语言和用户界面语言可以设置成不同的语言。

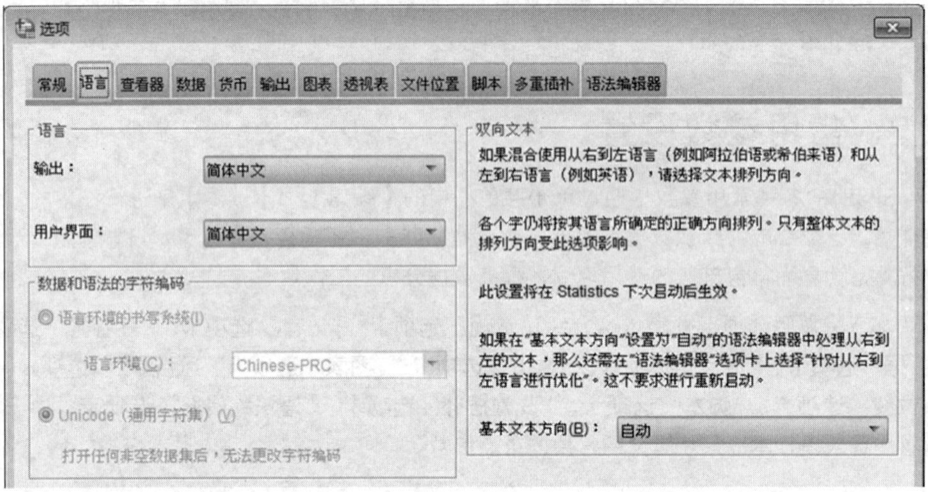

图 2.2.2 “语言”选项卡

2.2.3 “查看器”选项卡

如图 2.2.3 所示，“查看器”选项卡主要用于“输出视图”的页面设置和“项图标”的设置。

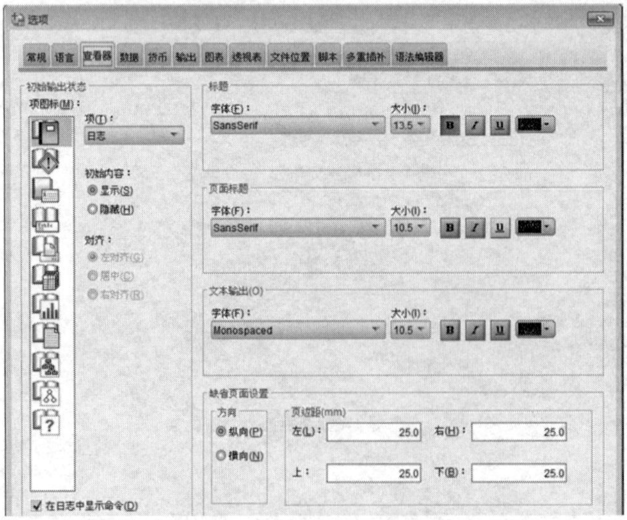

图 2.2.3 “查看器”选项卡

“初始输出状态”用来设置输出结果的初始状态参数。“项”用于选择要设置的输出结果，所选内容的输出参数在“初始内容”和“对齐”栏设置。

“项”下拉列表中的选项有日志、警告、注释、标题、页面标题、枢纽表、表格、文本输出、树模型和模型浏览器。“初始内容”栏则包括“显示”和“隐藏”；“在日志中显示命令”复选框将决定 SPSS 是否会在日志中输出命令语句。

2.2.4 “数据”选项卡

如图 2.2.4 所示，“数据”选项卡主要包括“转换与合并选项”“新数字变量的显示格式”“随机数生成器”“指定测量级别”“数字值的四舍五入与截断”“设置两位数年份的世纪范围”“定制变量视图”“更改字典”选项组。

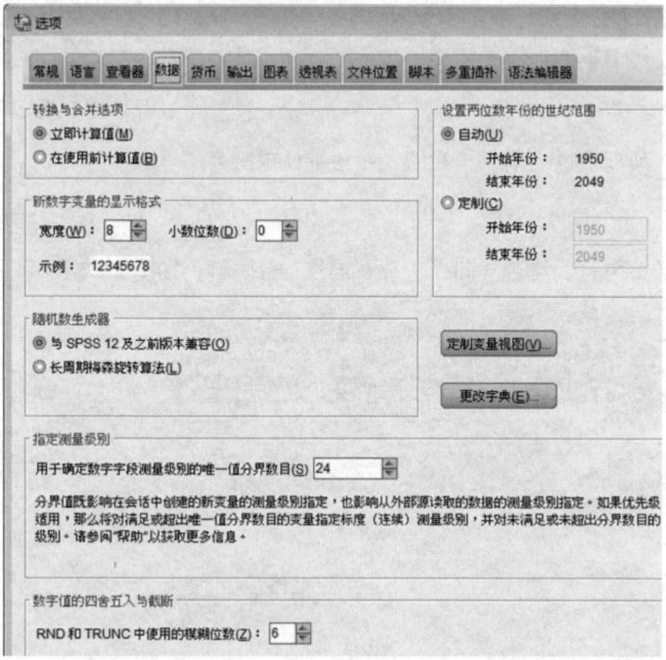

图 2.2.4 “数据”选项卡

1. 转换与合并选项

选择【立即计算值】单选钮，则在对数据进行数据转换、文件合并操作时会立即执行；选择【在使用前计算值】单选钮，则不会立即转换，在遇到命令时才进行转换与合并，这种方式一般在数据文件较大时使用。

2. 数字值的四舍五入与截断

此选项组主要针对 RND 和 TRUNC 函数，对这两个函数使用的值进行四舍五入的缺省阈值进行设置。

2.2.5 “货币”选项卡

1. 定制输出格式

此选项组最多可以创建 CCA、CCB、CCC、CCD 和 CCE 5 种定制输出格式，格式包括特殊的前缀和后缀字符以及对负值的处理。选中自定义输出格式后，右边的“样本输出”栏则会给出相应格式的预览效果。

2. 所有值

该选项组用于设置输入所有值的前缀与后缀。

3. 负值

该选项组用于设置输入所有负值的前缀与后缀，系统默认前缀为“-”。

4. 十进制分隔符

该选项组用于设置小数分隔符，可选“句点”或“逗号”分隔符，如图 2.2.5 所示。

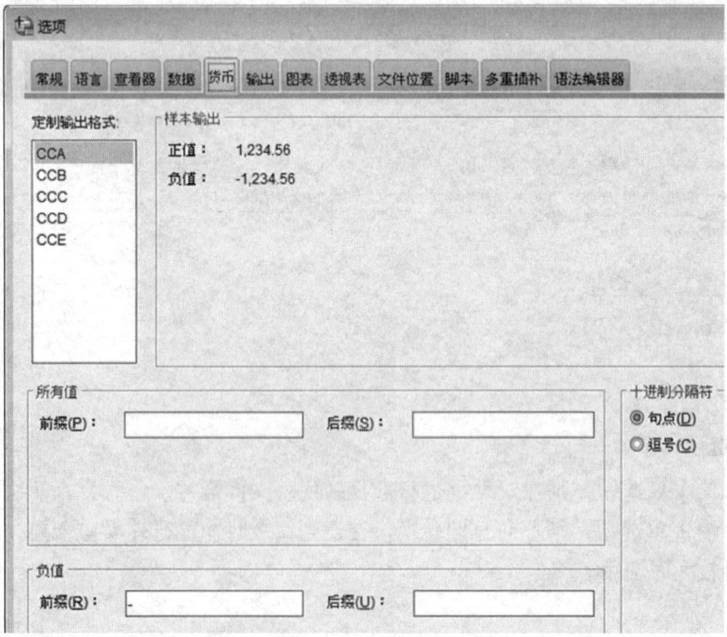

图 2.2.5 “货币”选项卡

2.2.6 “输出”选项卡

1. 大纲标注

- “项标签中的变量显示为（V）”：用于设置变量标签的显示方式，包括“标签”“名称”“名称和标签”。
- “项标签中的变量值显示为（A）”：用于设置变量值的显示方式，包括“标签”“值”“值和标签”。

2. 透视表标注

该选项组包含的内容及其设置方式与“大纲标注”类似，如图 2.2.6 所示。

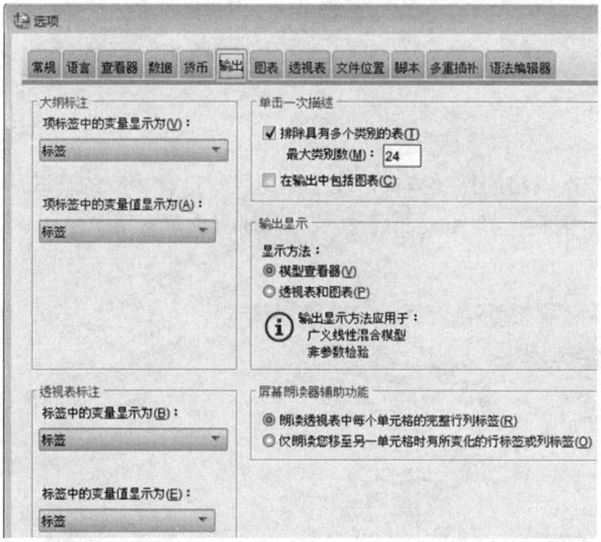

图 2.2.6 “输出”选项卡

2.2.7 “图表”选项卡

1. 图表模板

如果图表采用标签中设置的参数，则选择【使用当前设置】单选钮；如果使用一个图表模板来确定图表的属性，则选择【使用图表模板文件】单选钮，可以单击【浏览】按钮来选择图表模板。

2. 样式循环

“颜色”用于设置新图表的颜色，“线条”用于设置新图表的线条样式，“标记”用于设置新图表的标记符号，“填充”用于设置新图表的填充图案，如图 2.2.7 所示。

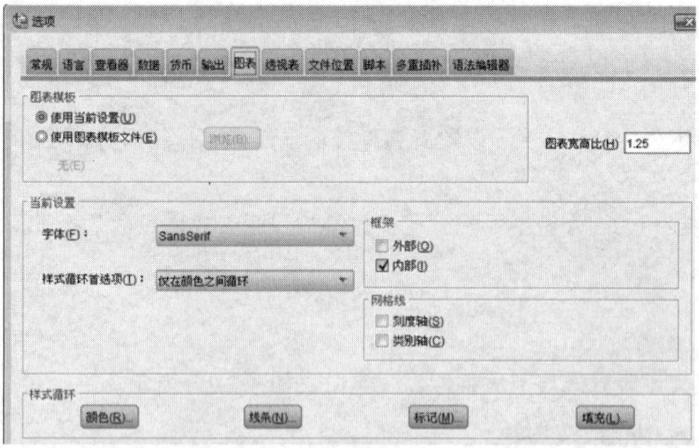

图 2.2.7 “图表”选项卡

2.2.8 “透视表”选项卡

“表外观”选项组用于设置表格输出的外观样式以及存储路径，选择相应的样式后可以在右侧预览效果。一般来说，统计表格选择 Academic 样式，调研报告则常用 Report 样式，如图 2.2.8 所示。

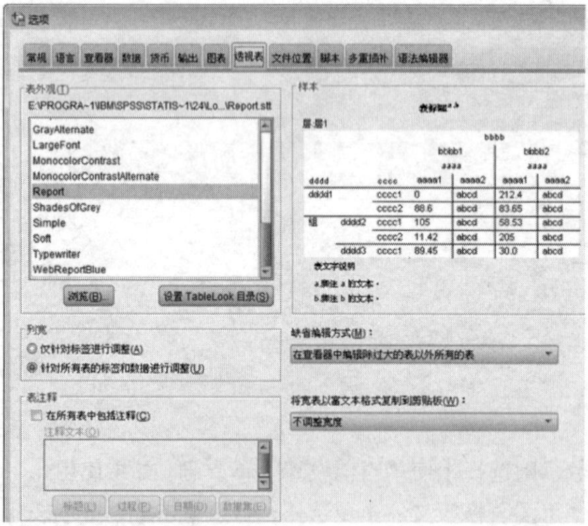

图 2.2.8 “透视表”选项卡

2.2.9 “文件位置”选项卡

在“会话日志”选项组中，勾选【在日志中记录语法】复选框，会话日志则会自动记录会话中运行的命令，日志文件的记录方式有“追加”和“覆盖”两种，如图 2.2.9 所示。

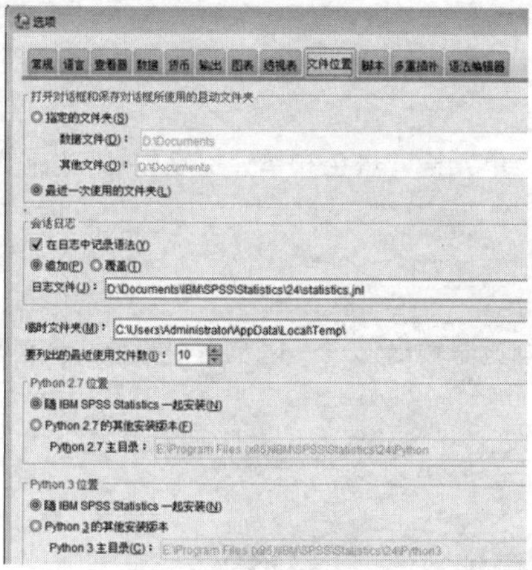

图 2.2.9　“文件位置”选项卡

2.2.10　“脚本”选项卡

1. 自动脚本——启用自动脚本

勾选【启用自动脚本】复选框，则启用自动脚本，不勾选则表示禁用，SPSS 默认启用。

2. 基础自动脚本

用作基础自动脚本的文件、用于运行脚本的语言在该选项组中进行设置。

3. 用于个别对象的自动脚本

该选项组用于设置对象应用的自动脚本。具体为，在“命令识别”列表框中选择命令，然后在“对象和脚本”列表框中选择要应用的脚本，如图 2.2.10 所示。

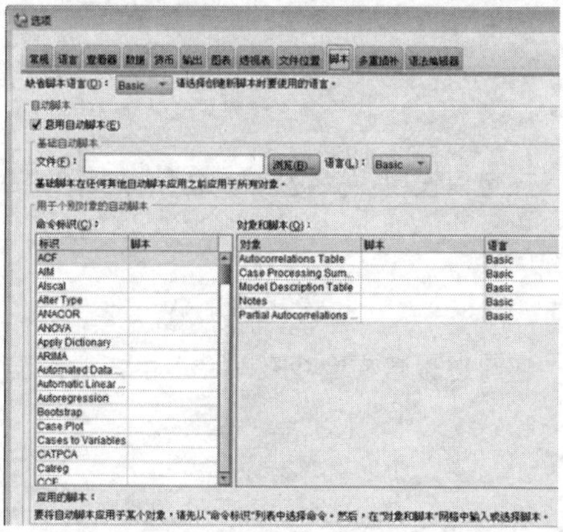

图 2.2.10　“脚本”选项卡

2.2.11 “多重插补”选项卡

1. 标记插补数据

该选项组用于设置含插补数据的单元格格式，单元格背景色和单元格字体也可以在该选项组中设置。

2. 分析输出

该选项组用于设置多重插补数据分析结果的浏览器输出形式，以及当执行单变量汇聚时是否输出汇聚与诊断结果，如图 2.2.11 所示。

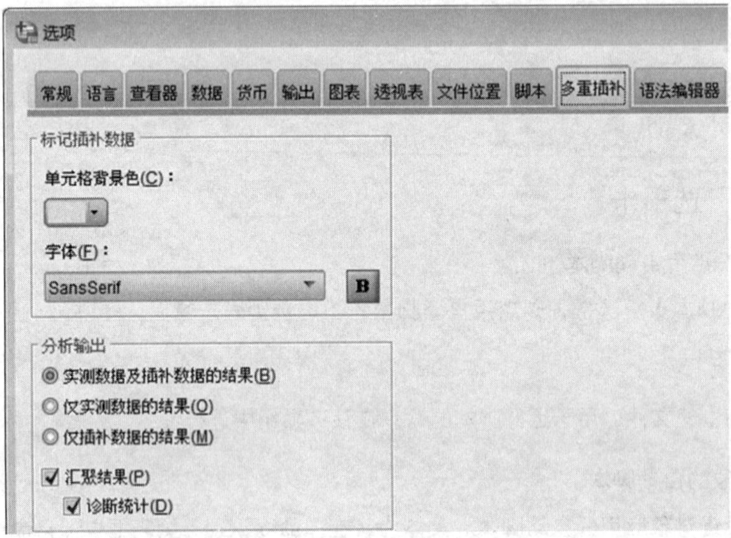

图 2.2.11 “多重插补”选项卡

2.2.12 “语法编辑器”选项卡

1. 语法颜色编码

该选项组用于设置是否显示语法颜色编码，还可以设置“关键字”“值”“注释”“命令”“子命令”“引号”的字体和颜色。

2. 错误颜色编码

该选项组用于设置是否显示验证颜色编码，还可以设置在命令及子命令中语法错误的字体和颜色。

3. 装订线

勾选【显示行号】复选框，则在语法编辑器的装订线内显示行号；勾选【显示命令跨度】

复选框，则在语法编辑器的装订线内显示命令跨度，如图 2.2.12 所示。

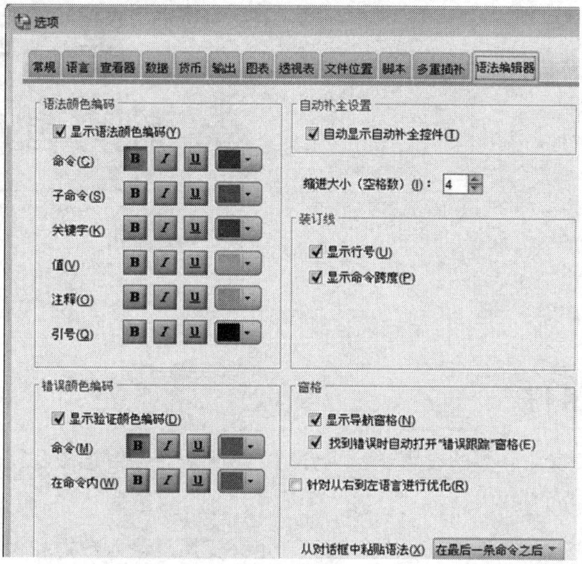

图 2.2.12　“语法编辑器”选项卡

本节仅对常用的参数设置进行介绍，读者可单击菜单栏中的【编辑】→【选项】查看更多的参数设置，对自己的 SPSS 软件进行个性化定制。

第 3 章 数据的管理

3.1 数据的录入与保存

第 2 章对 SPSS 的基本界面和常用参数的设置进行了介绍，大家是否已经迫不及待想要开始自己动手用 SPSS 进行数据分析了呢?

请别急，在分析数据之前我们还需要做好三项准备工作：**定义变量**、**录入数据**和**保存数据**，这也是本节的主要内容。

3.1.1 定义变量

在录入数据之前，需要对所有的变量进行定义才能够提高数据录入的速度。如图 3.1.1 所示，打开 SPSS 之后，在数据编辑窗口的视图转换栏中单击【变量视图】，跳转至变量视图中自行定义变量。

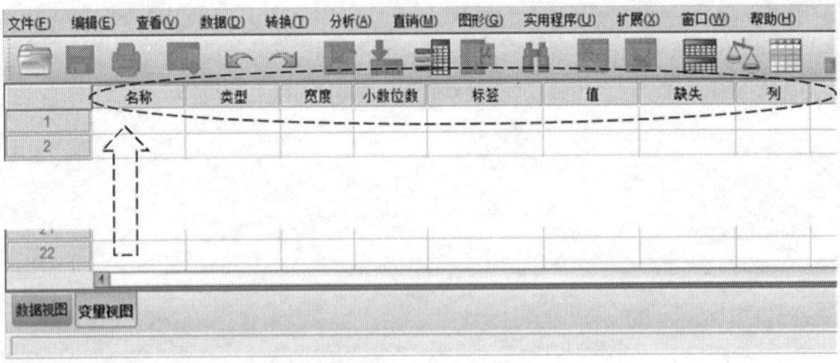

图 3.1.1 定义变量

1. 定义变量名称

选中【名称】下的单元格，直接输入变量名称（也可以使用自定义的编码，如 A1,A2,…；B1,B2,…等，前提是对于自定义的变量名称自己一定要区分并对应清楚），输入完成后按回车键。如果要修改变量名称，则双击单元格进行修改即可。

2．定义变量类型

如图 3.1.2 所示，选中【类型】下的单元格，单击变量类型的设置按钮，可以弹出如图 3.1.3 所示的变量类型设置对话框，单击相应的选项即可完成变量类型的选择。

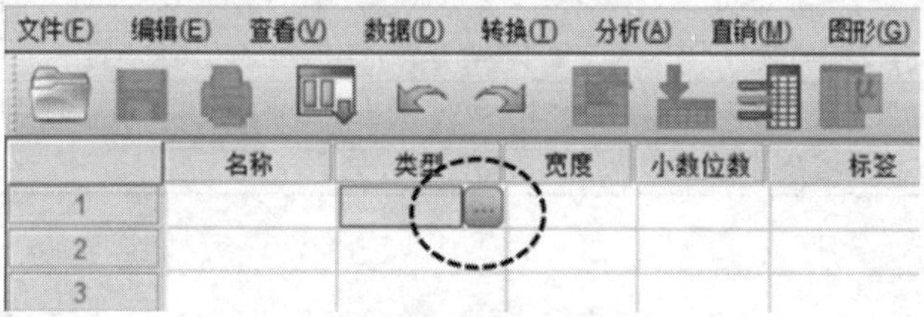

图 3.1.2　定义变量类型

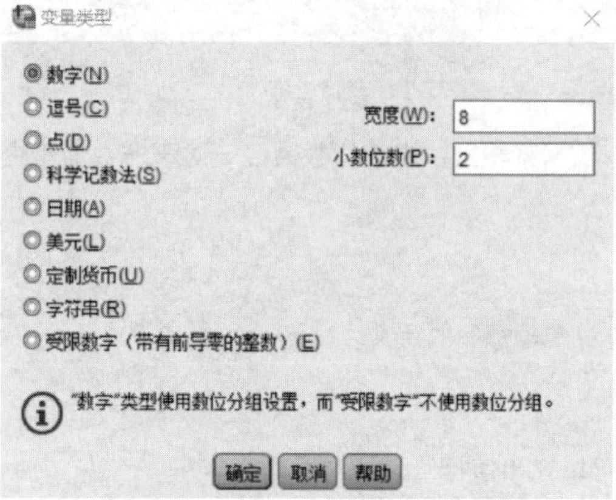

图 3.1.3　设置变量类型

关于 SPSS 中的各种变量类型的介绍如表 3.1.1 所示。

表 3.1.1　变量类型介绍

变量类型	变量形式	变量解释
数值型变量	数字	SPSS 默认的数值型变量，默认长度为 8，小数位数为 2
	逗号	逗号数值型变量的整数部分从右往左每隔 3 位插入一个逗号作为分隔符，默认长度为 2，小数位数为 2，小数点用圆点表示，如 100,000.00
	点	与逗号数值型变量显示的方式相反，点数值型变量的整数部分从右往左每隔 3 位插入一个圆点作为分隔符，小数点用逗号表示，如 100.000,001
	科学记数法	采用指数形式表示，通常适用于很大或者很小的数值，如：5.6E+002 表示 5.6×10^2，默认长度为 8，小数位数为 2
	美元	在美元数值前添加美元符号，默认长度为 8，小数位数为 2，有多种形式可选

续表

变量类型	变量形式	变量解释
数值型变量	定制货币	可以自己创建 5 种数据显示格式
字符型变量	字符串	包含数字、字母和一些特殊符号，默认长度为 8，输入值必须是介于 1 与 32767 之间的数字，字符型变量不参与运算并且系统会区分大小写
日期型变量		日期型变量用来表示日期和时间，SPSS 给出了很多格式供选择，日期型变量不能直接参与运算

3．定义宽度

如图 3.1.4 所示，系统默认宽度为 8，可直接输入数值，也可通过箭头进行调整，对于日期型数值无效。

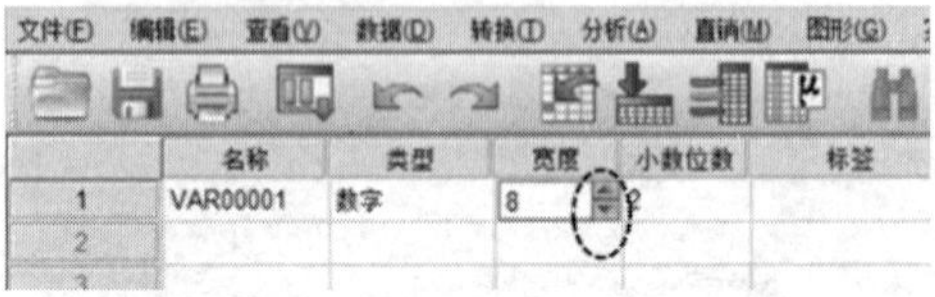

图 3.1.4　定义宽度

4．定义小数位数

对小数位数的操作和对宽度的操作一致，系统默认小数位数为 2，对于非数值型变量设置无效。

5．定义标签

双击单元格，直接输入内容即可完成对变量标签的定义。

6．定义值标签

如图 3.1.5 所示，单击值的设置按钮可以弹出值标签设置对话框。

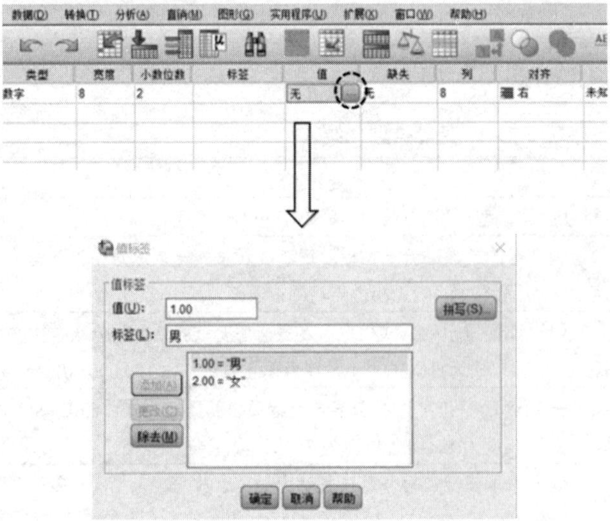

图 3.1.5　定义值标签

“值标签”的定义通常用在问卷或者量表数据的录入中，对于问卷中每个问题的不同选项，在录入数据时会转换为数值。这样做的目的一是为了方便数据的录入；二是将选项转换成数值方便之后的分析，也让我们的分析思路更加清晰。

比如输入性别：男/女，将“男”赋值为“1.00”，将“女”赋值为“2.00”，数字在英文半角状态下输入。

单击【更改】或【除去】按钮，可以对已经设置好的值标签进行修改或删除。

7. 定义缺失值

与值标签的定义步骤类似，单击缺失值的设置按钮可以弹出缺失值设置对话框，如图 3.1.6 所示。

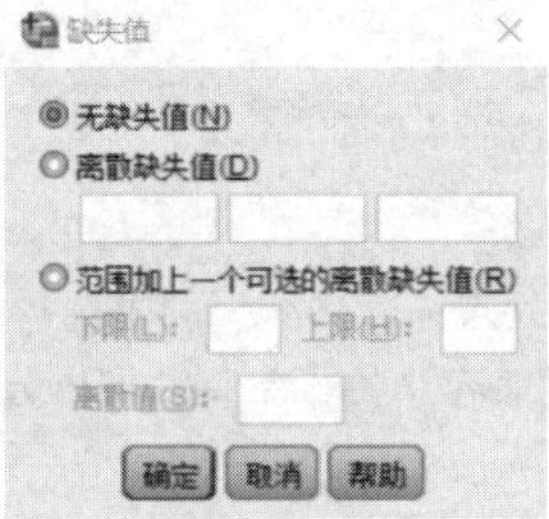

图 3.1.6 定义缺失值

- “无缺失值”：表示数据没有缺失值，为系统默认选项。
- “离散缺失值”：表示数据存在离散缺失值，可以输入的缺失值不超过 3 个。
- “范围加上一个可选的离散缺失值”：表示在数据中存在连续的缺失值，在输入框中输入缺失值的范围，也可以输入一个离散缺失值。

8. 定义列

定义列是对列的显示宽度进行设置，一般默认为 8，可以直接在文本框中自定义输入。

9. 定义对齐方式

定义对齐方式是对数据视图中的数值显示方式进行设置，一般默认为“右对齐”，也可以选择“左”和“居中”对齐。

10. 定义测量尺度

如图 3.1.7 所示，根据变量类型进行选择。

- “标度”是用来定义等距和等比类型数据的变量，不仅可以排序和分类，还可以进行四则运算。
- “有序”是等级和顺序类型数据的变量，可以进行排序。

- “名义”是类别型数据的变量，可以进行分组或分类，计算频数和频率。

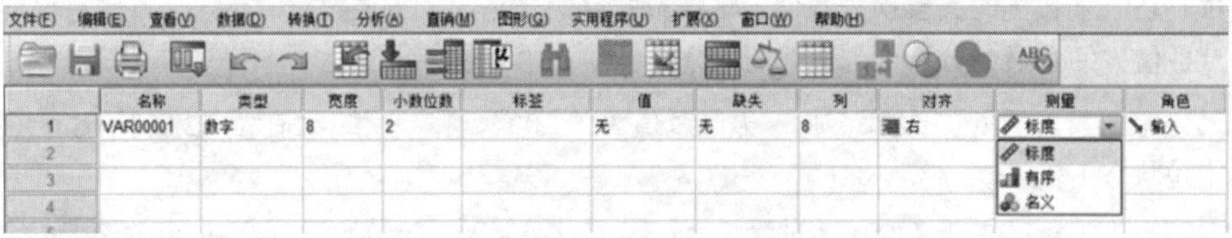

图 3.1.7　定义测量尺度

11. 定义角色

如图 3.1.8 所示，定义角色包括：

- “输入”表示变量将用作输入，比如自变量 X。
- “目标”表示变量用作输出或者是目标，比如因变量 Y。
- “两者”表示变量同时用作输入和输出。
- “无”表示没有为变量分配角色。
- “分区”表示变量用于将数据划分为单独的训练，比如分为实验组和控制组。
- “拆分”表示该项的存在主要是为了和 Clementine 相互兼容，并不会将数据拆分为文件变量。

图 3.1.8　定义角色

在默认情况下，SPSS 会为所有变量分配输入角色，一般而言，我们可以选择省略这一属性。

3.1.2　录入数据

如图 3.1.9 所示，在定义完变量之后，单击【数据视图】，跳转至数据视图中，其中每一行代表一个观测个案，每一列代表一个变量，在交叉的单元格中所要输入的就是某个观测在某个变量上的取值。

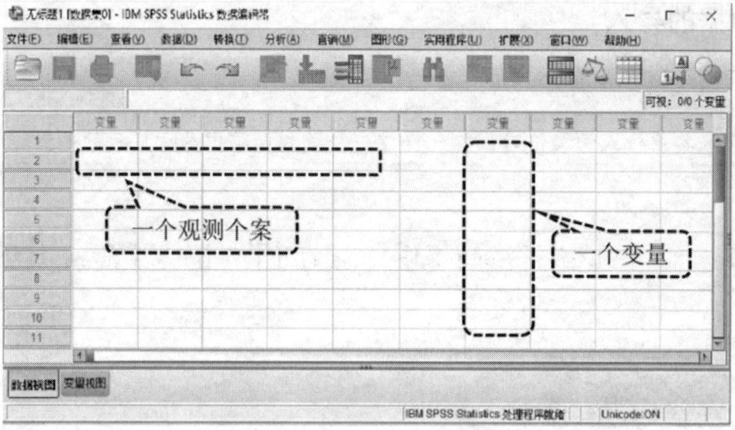

图 3.1.9　录入数据（个案*变量）

3.1.3　保存数据

如图 3.1.10 所示，待数据录入完毕，认真检查后即可进行保存操作。按照保存需求，依次单击菜单栏中的【文件】→【保存】/【另存为】/【保存所有数据】命令，数据保存的格式默认为.sav，也可以根据实际业务需求保存为 Excel 等其他格式。

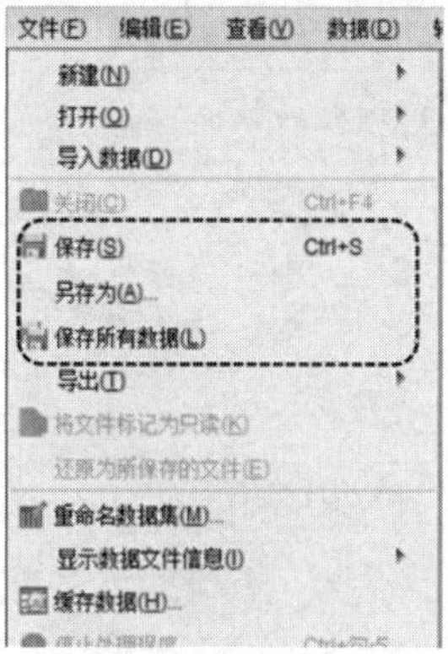

图 3.1.10　保存数据

关于数据的录入和保存就是这些内容，请一定记得**在录入数据之前要先进行变量定义**！

3.2　其他格式数据的导入

上一节我们学习了数据的录入与保存，然而一个一个地录入数据既费时又费力，且我们在工作学习中通常会得到 Excel 数据或者文本数据，那么对于这类数据又该如何快速导入 SPSS 中呢？本节将对 Excel 数据和文本数据的导入进行详细的讲解。

3.2.1 Excel 数据的导入

案例：将表格中的数据导入 SPSS 中。

注意：在导入其他格式的文件时，首先将该文件放到电脑中易于找到的位置。

---

1. 打开文件

如图 3.2.1 所示，依次单击菜单栏中的【文件】→【打开】→【数据】命令，打开数据文件。

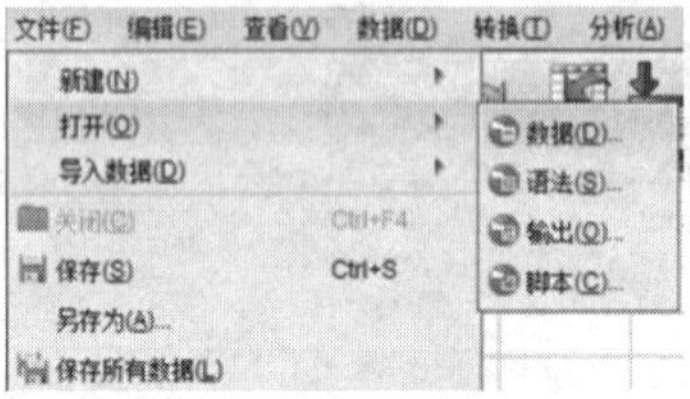

图 3.2.1 打开文件

2. 选择文件

如图 3.2.2 所示，在【文件类型】下拉列表中选择“Excel (*.xls、*xlsx 和*xlsm)”，依次单击【文件名】→【查找位置】，找到所需要导入的 Excel 文件，单击【打开】按钮。

注意：需要转换的 Excel 文件必须处于关闭状态时才可以进行转换。

图 3.2.2 选择文件

3. 设置相关参数

如图 3.2.3 所示，在【读取 Excel 文件】对话框中可以根据自己的需要设置相关参数，设置完毕后，单击【确定】按钮，在预览中可以看到相应的设置结果，若有不符合要求的，则可以进行相应的调整。

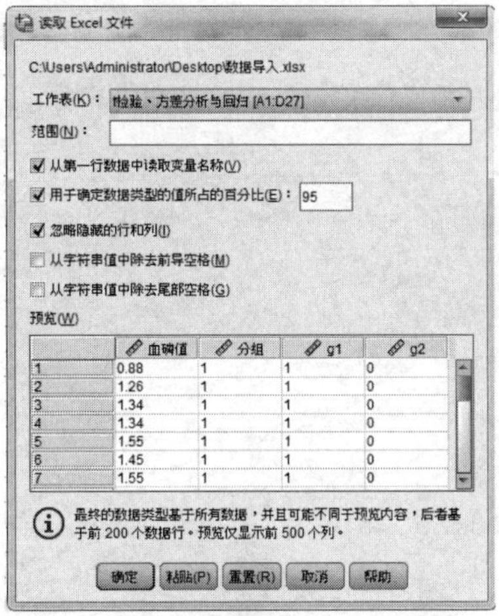

图 3.2.3　设置相关参数

- "工作表"：若存在多个工作表，则可以选择需要导入的数据文件中的一个。
- "范围"：若仅需要导入一个工作表中的部分数据，则可以在此处输入数据范围。
- "从第一行数据中读取变量名称"：如果勾选了该项，则会以 Excel 文件的第一行作为变量名称来录入，请根据实际的表格数据来勾选，在预览中会有显示效果。本例勾选此项，其余选项保持默认即可。单击【确定】按钮，Excel 文件中的数据就导入 SPSS 中了。

4．保存文件

如图 3.2.4 所示，在 SPSS 中依次单击菜单栏中的【文件】→【保存】/【另存为】命令，弹出【将数据另存为】对话框。在【查找位置】处可设置文件保存位置，【文件名】自行设置，【保存类型】默认为"SPSS Statistics (*.sav)"，即 SPSS 数据文件格式。设置完毕，单击【保存】按钮即可。

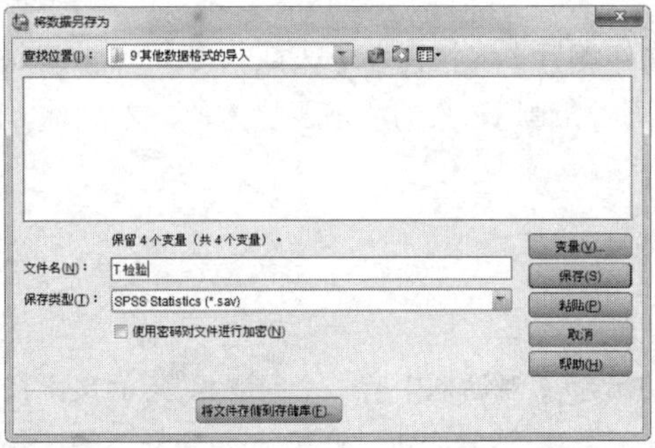

图 3.2.4　保存文件

3.2.2 文本数据的导入

在 SPSS 中导入文本数据的操作与导入 Excel 数据的操作类似，原始文本内容如图 3.2.5 所示。

数据导入.txt - 记事本

文件(F) 编辑(E) 格式(O) 查看(V) 帮助(H)

.88	1	1	0
1.26	1	1	0
1.34	1	1	0
1.34	1	1	0
1.55	1	1	0
1.45	1	1	0
1.55	1	1	0
1.56	1	1	0
1.89	1	1	0
1.90	1	1	0
2.05	1	1	0
2.44	1	1	0
2.56	1	1	0
.64	2	0	1
.64	2	0	1
.75	2	0	1
.76	2	0	1
.81	2	0	1
1.16	2	0	1
1.20	2	0	1
1.34	2	0	1
1.35	2	0	1
1.48	2	0	1
1.56	2	0	1
1.63	2	0	1

第 1 行，第 1 列

图 3.2.5 原始文本内容

1．打开文件

打开文本文件，依次单击菜单栏中的【文件】→【打开】→【数据】命令。

2．找到所需的文本文件

此时弹出【打开数据】对话框，在【文件类型】下拉列表中选择“文本 (*.txt、*.dat、*.csv 和*.tab)”，依次单击【文件名】→【查找范围】，找到所需要导入的文本文件，单击【打开】按钮。

3．导入文本

（1）文本导入第 1 步

如图 3.2.6 所示，在【文本导入向导-第 1/6 步】对话框中有一个问题：“您的文本文件与预定义的格式匹配吗？”，这里 SPSS 默认为“否”。通常来讲，在第 1 步中都选择“否”单选钮，单击【下一步】按钮。

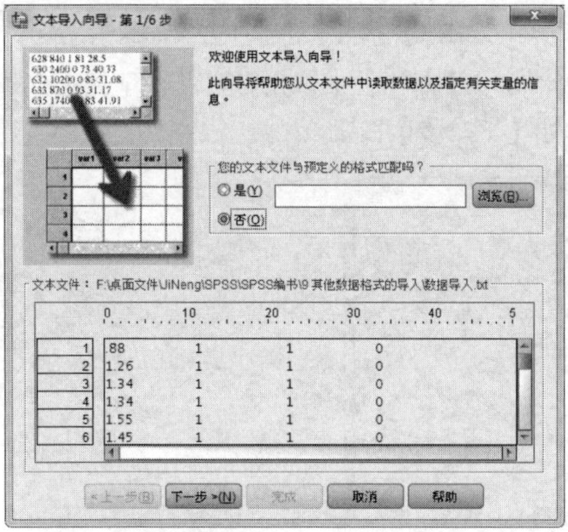

图 3.2.6　文本导入第 1 步

（2）文本导入第 2 步

如图 3.2.7 所示，在【文本导入向导-第 2/6 步】对话框中，我们可以设置变量的排列方式、变量名称以及小数符号。

- “变量如何排列？”：变量的排列方式分为“定界”和“固定宽度”。“定界”表示读入自由格式的文件，“固定宽度”表示读入固定格式的文件。
- “文件开头是否包括变量名？”：若源文件开头包括变量名称，则选择“是”单选钮，系统会将变量名称读入；反之，则选择“否”单选钮，若拿不准可在预览处判断。本例中保持默认设置，单击【下一步】按钮。

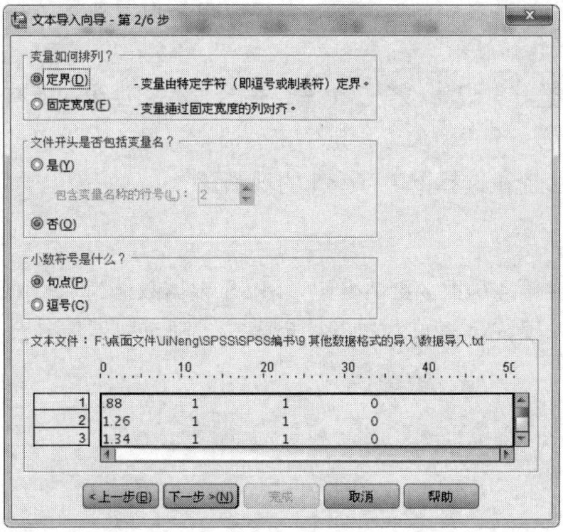

图 3.2.7　文本导入第 2 步

（3）文本导入第 3 步

如图 3.2.8 所示，在【文本导入向导-第 3/6 步】对话框中，我们可以进行个案设置，个案就是数据记录。本例中保持默认设置，单击【下一步】按钮。

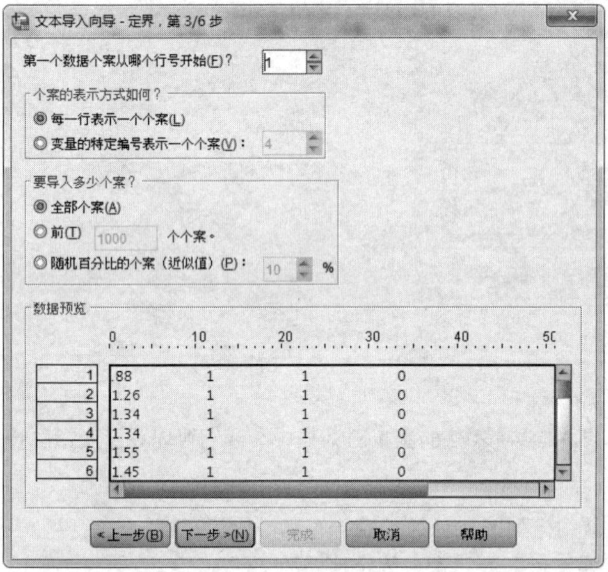

图 3.2.8　文本导入第 3 步

- “第一个数据个案从哪个行号开始？”：读取数据的起始行，由于源文件中第一行是需要录入的数据，因此默认为“1”。
- “个案的表示方式如何？”：可以一行表示一个个案，也可以自行设置变量的特定编号表示一个个案。
- “要导入多少个案？”中有 3 种选择，设置“全部个案”表示导入文件中的所有个案；设置“前（T）个个案”表示从第一个观测值到指定位置的值全部导入；设置“随机百分比的个案（近似值）”表示会随机选择指定百分比的观测量导入。

（4）文本导入第 4 步

如图 3.2.9 所示，在【文本导入向导-第 4/6 步】对话框中，SPSS 根据数据特点自动选择了“制表符”，通过“数据预览”我们发现符合要求，若不符合要求，则可以看看其余选项是否符合，然后单击【下一步】按钮。

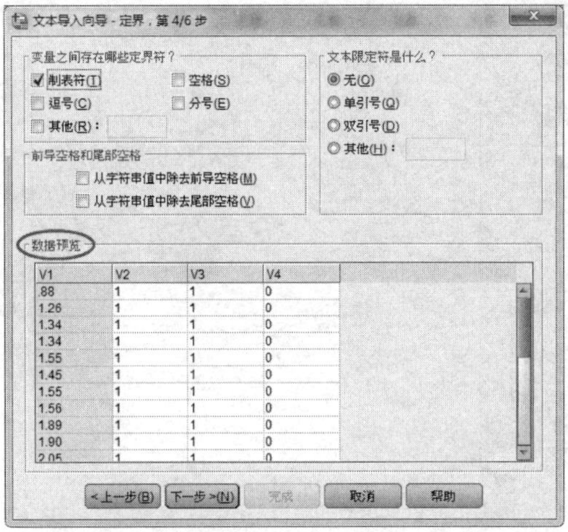

图 3.2.9　文本导入第 4 步

（5）文本导入第 5 步

如图 3.2.10 所示，在【文本导入向导-第 5/6 步】对话框中，单击“数据预览”中不同的列，依次在上面输入变量名，然后单击【下一步】按钮。

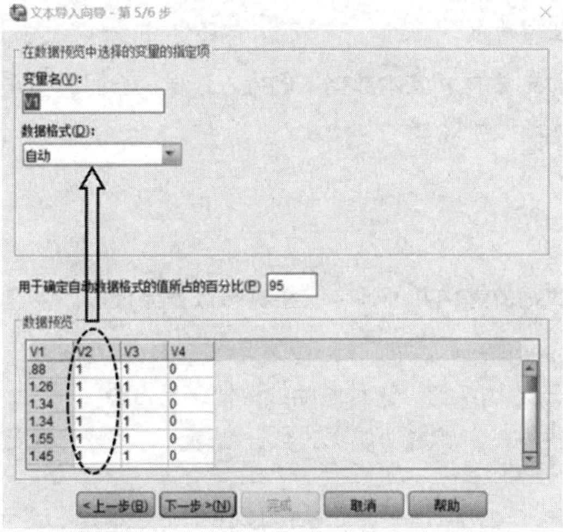

图 3.2.10　文本导入第 5 步

（6）文本导入第 6 步

如图 3.2.11 所示，在【文本导入向导-第 6/6 步】对话框中，如果不需要保存刚才设置的文件格式或者粘贴导入过程的语法，则直接单击【完成】按钮，文本数据就被导入 SPSS 中了；如果需要保存此文件格式，则选择“您要保存此文件格式以供将来使用吗？”中的“是”单选钮并设置【另存为】。

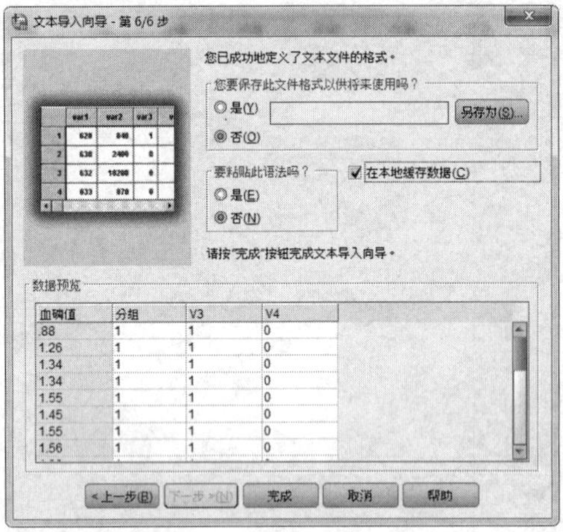

图 3.2.11　文本导入第 6 步

4．保存文件

依次单击菜单栏中的【文件】→【保存】/【另存为】命令，弹出【将数据另存为】对话框，在【查找位置】处可设置文件保存位置，【文件名】自行设置，【保存类型】默认为"SPSS Statistics (*sav)"，即 SPSS 数据文件格式，如图 3.2.4 所示。如需存为其他格式，则可在下拉列表中进行选择，单击【保存】按钮即可。

以上就是其他格式数据（主要是 Excel 数据和文本数据）的导入过程，它们的操作有些相似，但在设置参数时需要根据实际情况进行。

3.3　数据的重构

在进行数据分析时，有可能会发现数据的结构并不适合直接进行数据分析操作，这时候该怎么办呢？有上、中、下 3 种策略。

- 下策：通过复制和粘贴，手动更改数据结构。这种策略效率低，易出错。
- 中策：使用 Excel 的复制→选择性粘贴→转置功能更改数据结构。这种策略需要使用另一个软件。
- 上策：使用 SPSS 的数据重构功能。这种策略方便，功能强大。

所以，本节将详细介绍"上策"——使用 SPSS 的数据重构功能。

3.3.1　数据结构

1．横向结构/变量组结构

打开案例文件"员工工作情况.sav"，可以看到原始数据结构，每条观测记录各占一行，各行之间有唯一的标识变量“编号”进行区分，每个变量各占一列，这种格式称为横向结构，也叫变量组结构，如图 3.3.1 所示。

	编号	姓名	周一	周二	周三	周四	周五	变量
1	1	赵甲	6	6	1	7	7	
2	2	钱乙	3	2	5	4	5	
3	3	孙丙	7	5	5	3	5	
4	4	李丁	4	5	6	7	4	
5	5	周甲	8	6	1	2	6	
6	6	吴乙	4	0	4	5	5	
7	7	郑丙	4	6	4	2	2	
8	8	王丁	5	5	0	8	5	

图 3.3.1　横向结构/变量组结构

2．纵向结构/观测量组结构

例如，将 5 个日期变量组合成一个变量组，为每人每天建立一条观测记录，即为纵向结构，也叫观测量组结构，如图 3.3.2 所示。

	编号	姓名	日期	工时	变量
1	1	赵甲	周一	6	
2	1	赵甲	周二	6	
3	1	赵甲	周三	1	
4	1	赵甲	周四	7	
5	1	赵甲	周五	7	
6	2	钱乙	周一	3	
7	2	钱乙	周二	2	
8	2	钱乙	周三	5	
9	2	钱乙	周四	4	
10	2	钱乙	周五	5	
11	3	孙丙	周一	7	
12	3	孙丙	周二	5	
13	3	孙丙	周三	5	

图 3.3.2　纵向结构/观测量组结构

综上所述，周一至周五可以组合成一个变量组“日期”，在横向结构中，并没有用“日期”这个分类变量来表示，而是把不同的日期分别作为一个变量；在纵向结构中，则把周一至周五都放在“日期”这个分类变量里。

3.3.2　数据重构（横向结构→纵向结构）

1．数据重构第 1 步——使用“重构数据向导”

依次单击菜单栏中的【数据】→【重构】命令，弹出【重构数据向导】对话框，默认值“将选定变量重构为个案”意为将横向结构转为纵向结构，单击【下一步】按钮，如图 3.3.3 所示。

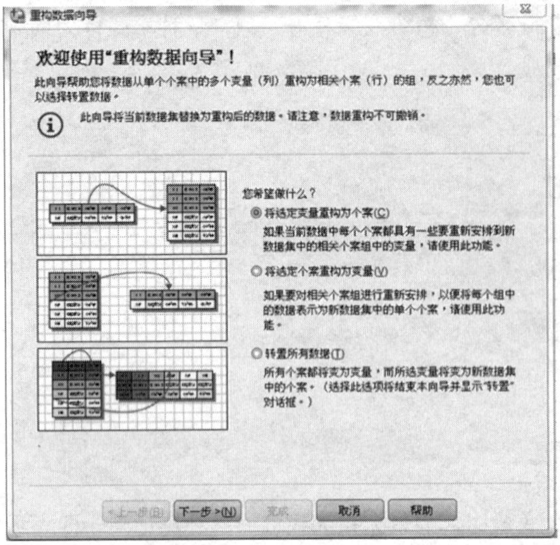

图 3.3.3　数据重构第 1 步

2. 数据重构第 2 步——设置变量组数目

跳转到第 2 步——设置变量组数目，SPSS 已做了详细介绍，如图 3.3.4 所示，本例保留默认值“一个”（因为本例中只重构一组变量），单击【下一步】按钮。

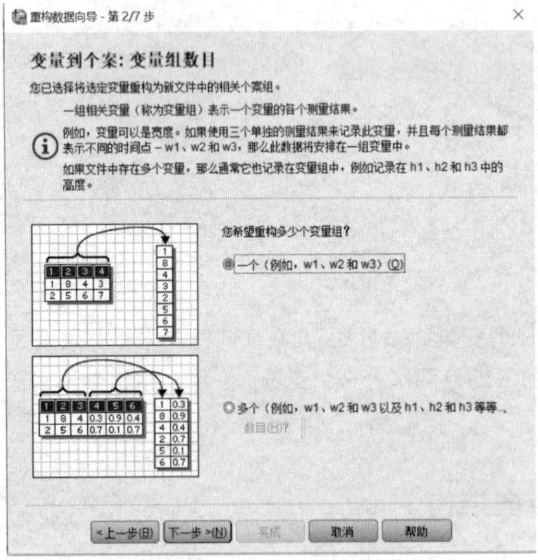

图 3.3.4　数据重构第 2 步

3. 数据重构第 3 步——选择变量

跳转到第 3 步——选择变量，如图 3.3.5 所示。

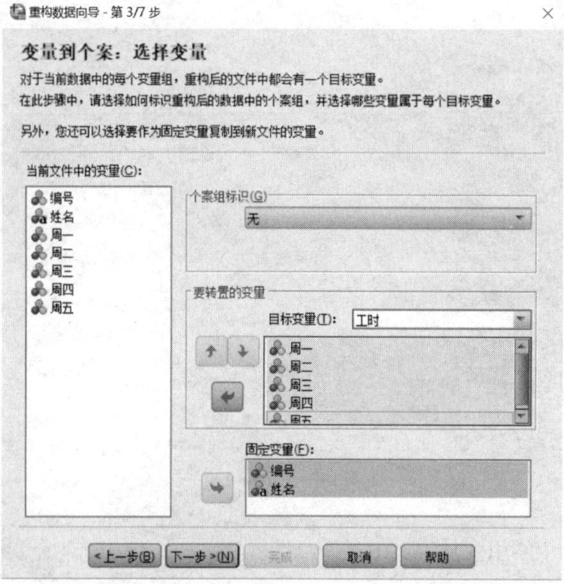

图 3.3.5　数据重构第 3 步

（1）个案组标识

- 选择“使用个案号”时，会出现“名称”和“标签”选项，重构后会以此“名称”和“标签”来表示序号变量。
- 选择“使用选定变量”时，会出现“变量”对话框，此时可以在“当前文件中的变量”列表中选择标识变量。
- 选择“无”时，在重构中不会出现标识变量。

本例可以选择“无”，因为源数据已有“编号”变量作为唯一标识变量；也可以选择“使用选定变量”，将“编号”移入。

（2）目标变量

将目标变量修改为“工时”，并将 5 个日期变量选入要变换的变量列表中。这一步表示原来的 5 个日期变量的值会输出到新变量“工时”中。

（3）固定变量

将“编号”“姓名”选入固定变量列表中，表示这两个变量仍保持不变，不会进行重构。单击【下一步】按钮。

4．数据重构第 4 步——创建索引变量

跳转到第 4 步——创建索引变量，保留默认值“一个”，因为只转换一组变量，单击【下一步】按钮，如图 3.3.6 所示。

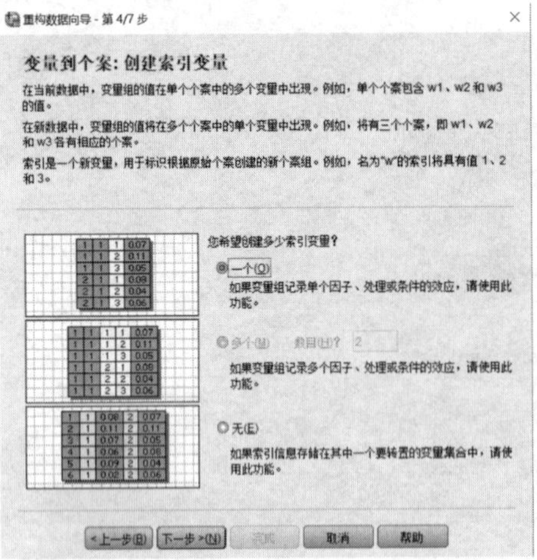

图 3.3.6　数据重构第 4 步

5．数据重构第 5 步——创建一个索引变量

跳转到第 5 步——创建一个索引变量，选择【变量名】类型，编辑索引变量名称为“日期”，单击【下一步】按钮，如图 3.3.7 所示。

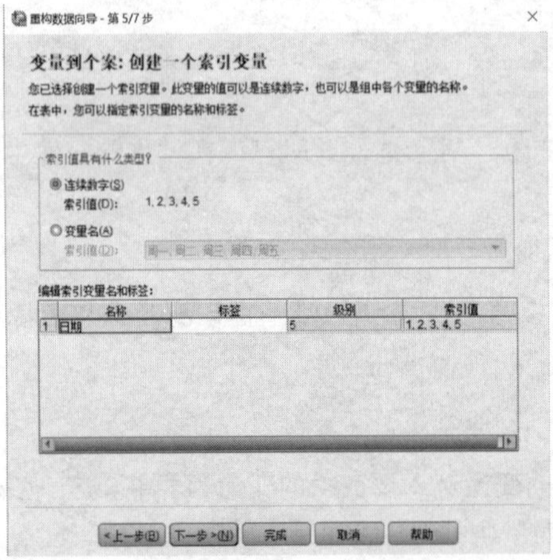

图 3.3.7　数据重构第 5 步

6．数据重构第 6 步——设置选项

跳转到第 6 步——设置选项，按照实际的需要选择即可，SPSS 解释得很明白了，此处不再赘述。本例保持默认设置即可，直接单击【下一步】按钮，如图 3.3.8 所示。

7．数据重构第 7 步——完成

跳转到最后一步——完成，直接单击【完成】按钮，如图 3.3.9 所示。

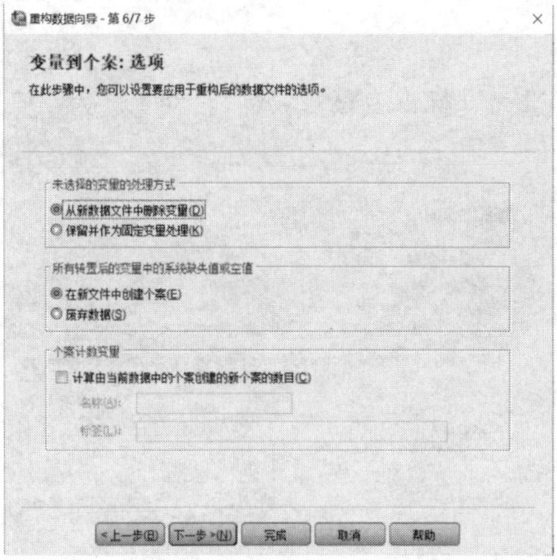

图 3.3.8　数据重构第 6 步

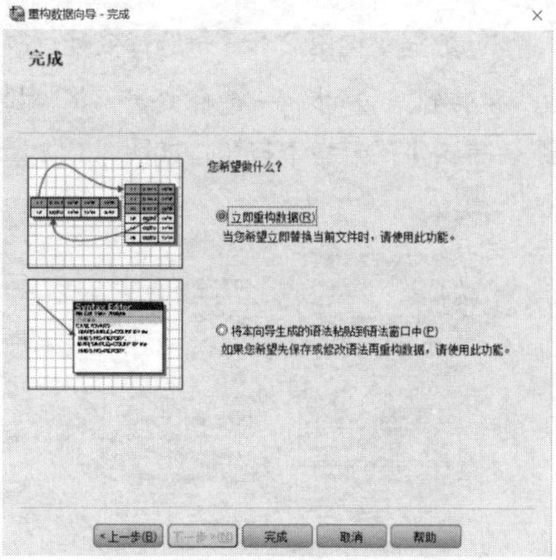

图 3.3.9　数据重构第 7 步

如图 3.3.10 所示，输出结果为纵向结构数据。

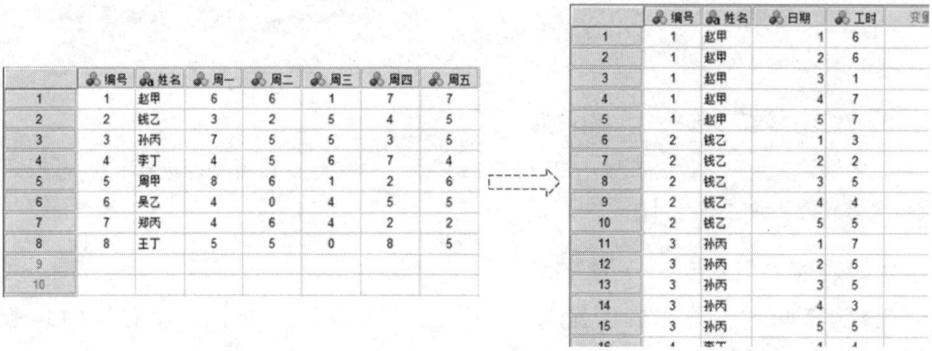

	编号	姓名	周一	周二	周三	周四	周五
1	1	赵甲	6	6	1	7	7
2	2	钱乙	3	2	5	4	5
3	3	孙丙	7	5	5	3	5
4	4	李丁	4	5	6	7	4
5	5	周甲	8	6	1	2	6
6	6	吴乙	4	0	4	5	5
7	7	郑丙	4	6	4	2	2
8	8	王丁	5	5	0	8	5
9							
10							

	编号	姓名	日期	工时	变量
1	1	赵甲	1	6	
2	1	赵甲	2	6	
3	1	赵甲	3	1	
4	1	赵甲	4	7	
5	1	赵甲	5	7	
6	2	钱乙	1	3	
7	2	钱乙	2	2	
8	2	钱乙	3	5	
9	2	钱乙	4	4	
10	2	钱乙	5	5	
11	3	孙丙	1	7	
12	3	孙丙	2	5	
13	3	孙丙	3	5	
14	3	孙丙	4	3	
15	3	孙丙	5	5	

图 3.3.10　结果输出

3.3.3　数据重构（纵向结构→横向结构）

数据重构的另一种操作是将纵向数据结构转为横向数据结构，接下来就使用上面案例的输出结果来进行演示。

1．数据重构第 1 步——使用“重构数据向导”

依次单击菜单栏中的【数据】→【重构】命令，弹出【重构数据向导】对话框，选择“将选定个案重构为变量”意为将纵向结构转为横向结构，单击【下一步】按钮，如图 3.3.11 所示。

2．数据重构第 2 步——选择变量

跳转到第 2 步——选择变量，将“姓名”选为“标识变量”，将“日期”选为“索引变量”，单击【下一步】按钮，如图 3.3.12 所示。

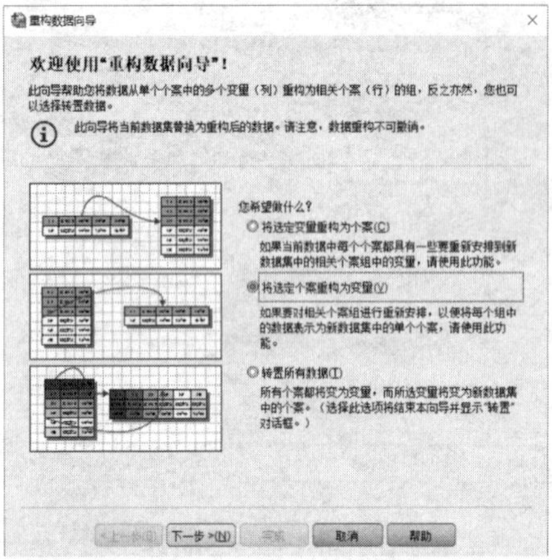

图 3.3.11　数据重构第 1 步

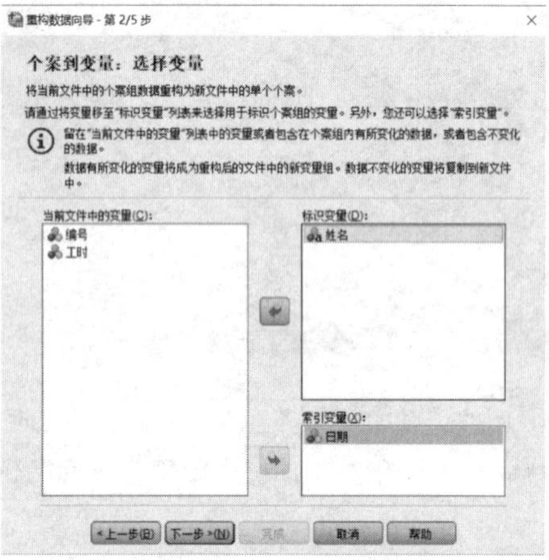

图 3.3.12　数据重构第 2 步

3．数据重构第 3 步——数据排序

跳转到第 3 步——数据排序，如图 3.3.13 所示，保持默认设置，即选择“是-将按标识变量和索引变量对数据进行排序”单选钮。

4．数据重构第 4 步——设置选项

跳转到第 4 步——设置选项，保持默认设置，直接单击【下一步】按钮，如图 3.3.14 所示。

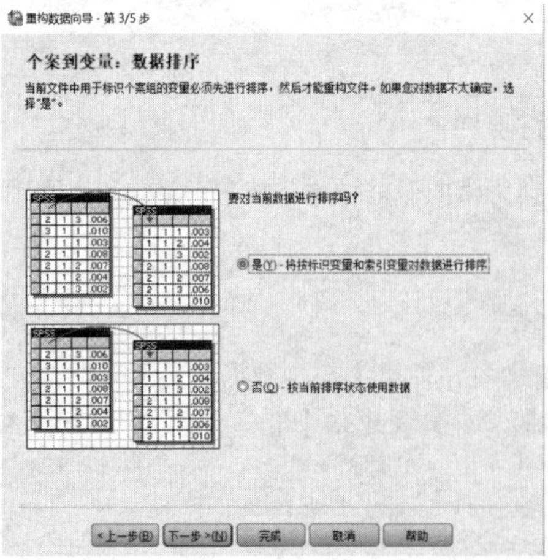

图 3.3.13　数据重构第 3 步

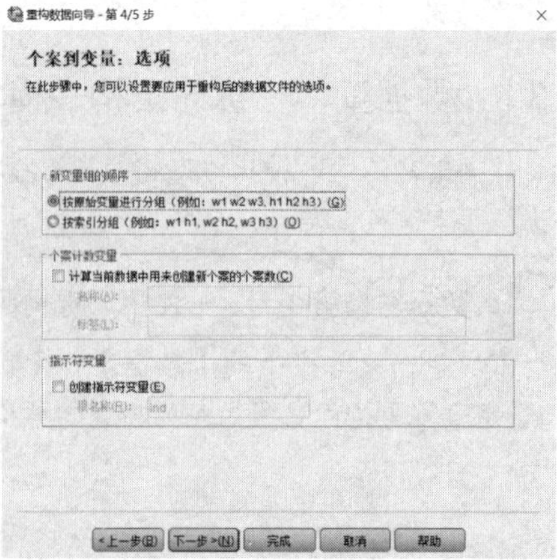

图 3.3.14　数据重构第 4 步

5. 数据重构第 5 步——完成

跳转到最后一步——完成，直接单击【完成】按钮，如图 3.3.15 所示，输出结果为纵向结构数据。

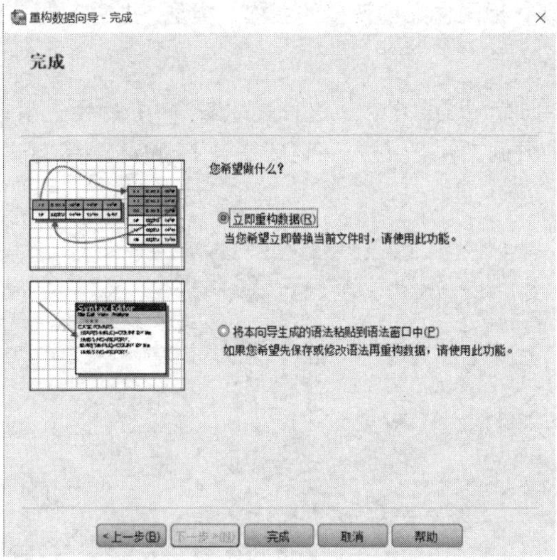

图 3.3.15　数据重构第 5 步

不同的数据分析方法要求有不同的数据结构。当数据结构与数据分析方法的要求不一致时，就需要应用到重构功能。如图 3.3.16 所示是本例的横向结构与纵向结构的对比，看完之后大家有没有更清晰一些呢？

	编号	姓名	周一	周二	周三	周四	周五
1	1	赵甲	6	6	1	7	7
2	2	钱乙	3	2	5	4	5
3	3	孙丙	7	5	5	3	5
4	4	李丁	4	5	6	7	4
5	5	周甲	8	6	1	2	6
6	6	吴乙	4	0	4	5	5
7	7	郑丙	4	6	4	2	2
8	8	王丁	5	5	0	8	5

横向结构/
变量组结构

	编号	姓名	日期	工时	变量
1	1	赵甲	周一	6	
2	1	赵甲	周二	6	
3	1	赵甲	周三	1	
4	1	赵甲	周四	7	
5	1	赵甲	周五	7	
6	2	钱乙	周一	3	
7	2	钱乙	周二	2	
8	2	钱乙	周三	5	

纵向结构/
观测量组结构

图 3.3.16　横向结构与纵向结构的对比

3.4　数据的合并

在实际工作中为了提高工作效率，经常会将一份大的数据分成几个小部分分别录入，最后又将几个数据文件合并成一个总的数据文件。SPSS 提供了两种合并数据文件的方式：添加个案和添加变量。

3.4.1　添加个案（纵向合并）

添加个案又称纵向合并，指合并两个数据文件中相同变量下的数据，对两个数据进行首尾连接，增加个案数量。

前提条件：第一，两个数据文件中具有相同含义的变量的名称、类型、长度最好完全相同；第二，两个数据文件的合并有实际意义。

案例：某班 30 名学生的成绩在录入时分成了两个数据文件，如图 3.4.1 所示，请将 30 名学生的化学成绩和英语成绩合并成一个数据文件。（注：英语成绩与 English 表示同一个变量。）

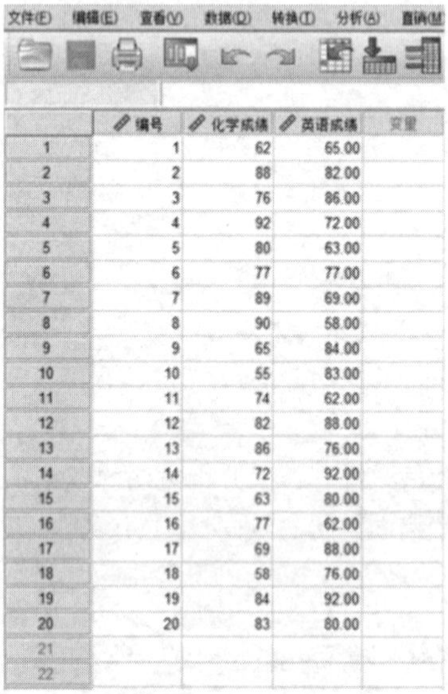

	编号	化学成绩	英语成绩	变量
1	1	62	65.00	
2	2	88	82.00	
3	3	76	86.00	
4	4	92	72.00	
5	5	80	63.00	
6	6	77	77.00	
7	7	89	69.00	
8	8	90	58.00	
9	9	65	84.00	
10	10	55	83.00	
11	11	74	62.00	
12	12	82	88.00	
13	13	86	76.00	
14	14	72	92.00	
15	15	63	80.00	
16	16	77	62.00	
17	17	69	88.00	
18	18	58	76.00	
19	19	84	92.00	
20	20	83	80.00	
21				
22				

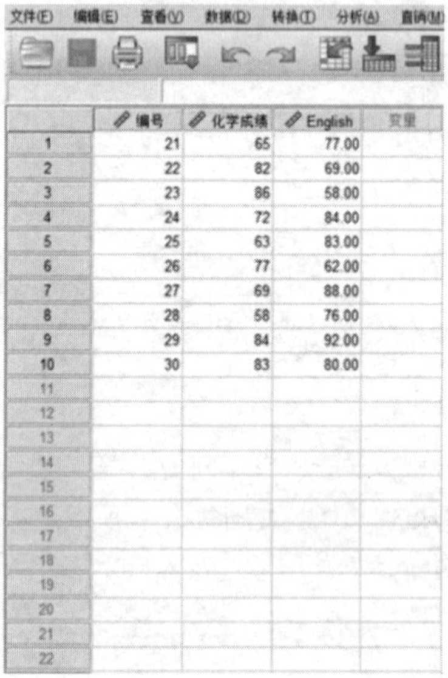

	编号	化学成绩	English	变量
1	21	65	77.00	
2	22	82	69.00	
3	23	86	58.00	
4	24	72	84.00	
5	25	63	83.00	
6	26	77	62.00	
7	27	69	88.00	
8	28	58	76.00	
9	29	84	92.00	
10	30	83	80.00	
11				
12				
13				
14				
15				
16				
17				
18				
19				
20				
21				
22				

图 3.4.1　原始数据

1．添加个案

打开案例文件“成绩_编号 1-20.sav”，依次单击菜单栏中的【数据】→【合并文件】→【添加个案】命令。

2．添加个案选项设置

如图 3.4.2 所示，弹出【添加个案至 3.4 编号 1-20.sav［数据集 1］】对话框，如果数据文件“成绩_编号 21-30.sav”已经在 SPSS 中打开（如本例），则会出现在“打开数据集”栏中，选中即可；若没有显示该文件，则选中【外部 SPSS Statistics 数据文件】单选钮，单击【浏览】按钮，找到数据文件的路径和文件名（本例“3.4 编号 21-30.sav”数据文件的位置在桌面上），单击【继续】按钮。

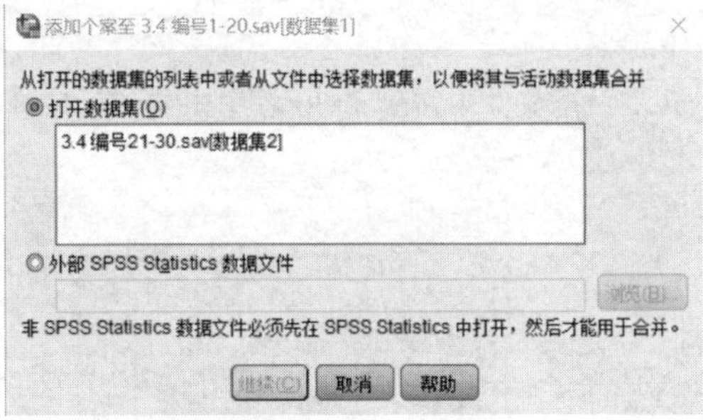

图 3.4.2　添加个案设置

注意：图 3.4.2 中有一条提示信息——非 SPSS Statistics 数据文件必须先在 SPSS Statistics 中打开，然后才能用于合并。

---

3. 变量设置

如图 3.4.3 所示，弹出【添加个案自数据集 2】对话框，“新的活动数据集中的变量”栏中的变量为两个数据文件中名称相同的变量，也是**合并后的数据文件中的变量**。若在合并后的数据中不想放入某个变量，则可选中该变量，用箭头按钮将其移到“非成对变量”栏中。

问题：英语成绩与 English 虽然命名不同，但实际上意义相同，如何合并？

“非成对变量”栏中的变量为两个要合并的数据文件中名称不相同的变量，所以不能被系统自动匹配，若实际含义相同，就需要手动对二者进行匹配，具体做法是同时选中两个变量（本例中为英语成绩和 English），单击【配对】按钮进行强行匹配，如图 3.4.4 所示。

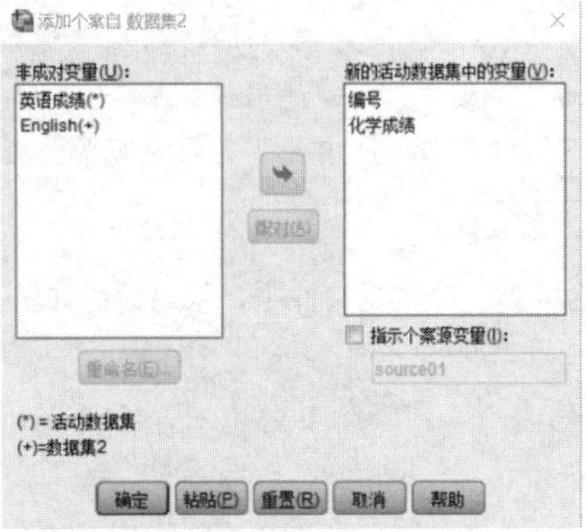

图 3.4.3　添加个案自数据集 2

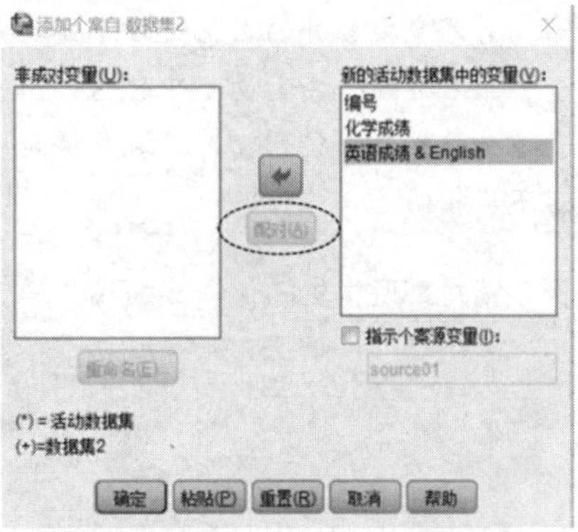

图 3.4.4　强行匹配

或者单击【重命名】按钮，如图 3.4.5 所示，将“English”重命名为“英语成绩”，再指定配对。

4．输出结果

如图 3.4.6 所示，在“成绩_编号 1-20.sav”数据文件中得到了 30 名学生的化学成绩和英语成绩。

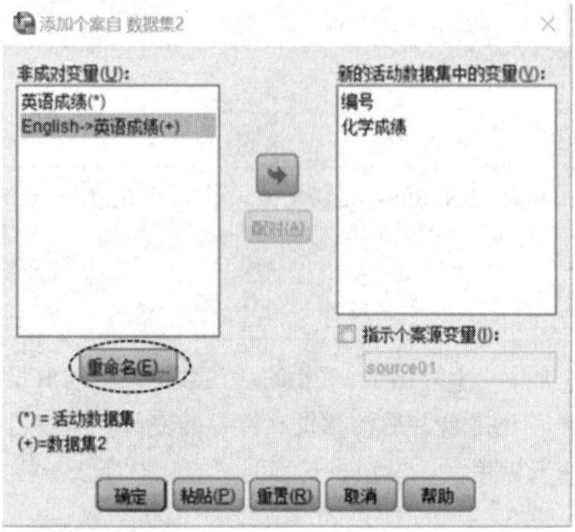

图 3.4.5　重命名

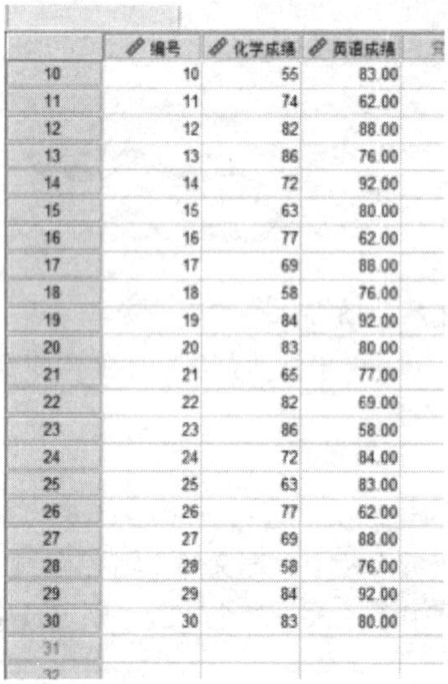

	编号	化学成绩	英语成绩
10	10	55	83.00
11	11	74	62.00
12	12	82	88.00
13	13	86	76.00
14	14	72	92.00
15	15	63	80.00
16	16	77	62.00
17	17	69	88.00
18	18	58	76.00
19	19	84	92.00
20	20	83	80.00
21	21	65	77.00
22	22	82	69.00
23	23	86	58.00
24	24	72	84.00
25	25	63	83.00
26	26	77	62.00
27	27	69	88.00
28	28	58	76.00
29	29	84	92.00
30	30	83	80.00
31			

图 3.4.6　输出结果

3.4.2　添加变量（横向合并）

添加变量又称横向合并，指将不同的变量合并到一个数据文件中进行左右对接。

注意：若两个要合并的数据文件不是按照记录编号的规则进行合并的，则至少要有一个相同名称的公共变量（在 SPSS 24 中称为“键变量”），若使用键变量合并，则键变量必须按升序排列。为了避免混乱，在不同的数据文件中含义不同的变量，变量名不应相同。

案例：请将某班学生的化学成绩和英语成绩合并到一个数据文件中，原始数据如图 3.4.7 所示。

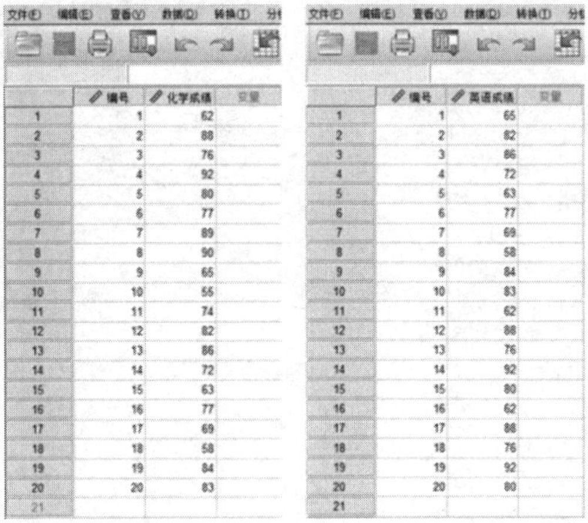

	编号	化学成绩
1	1	62
2	2	88
3	3	76
4	4	92
5	5	80
6	6	77
7	7	89
8	8	90
9	9	65
10	10	55
11	11	74
12	12	82
13	13	86
14	14	72
15	15	63
16	16	77
17	17	69
18	18	58
19	19	84
20	20	83

	编号	英语成绩
1	1	65
2	2	82
3	3	86
4	4	72
5	5	63
6	6	77
7	7	69
8	8	58
9	9	84
10	10	83
11	11	62
12	12	88
13	13	76
14	14	92
15	15	80
16	16	62
17	17	88
18	18	76
19	19	92
20	20	80

图 3.4.7　原始数据

1. 添加变量

首先观察两个数据文件，这两个数据文件中的成绩都是按照学生编号 1 ~ 20 进行排列的，因此不用考虑按键变量合并。打开案例文件“化学成绩.sav”，依次单击菜单栏中的【数据】→【合并文件】→【添加变量】命令。

2. 添加个案选项设置

如图 3.4.8 所示，弹出【变量添加至 3.4 化学成绩.sav［数据集 1］】对话框，打开另一个数据文件有两种方式：若事先在 SPSS 中打开了另一个数据文件（本例中为“3.4 英语成绩.sav”），此时就会在“打开数据集”栏中出现此数据文件，选中它，单击【继续】按钮即可；另一种方式是选中【外部 SPSS Statistics 数据文件】单选钮，在 3.4.1 节的“添加个案”中已演示过，这里不再赘述。

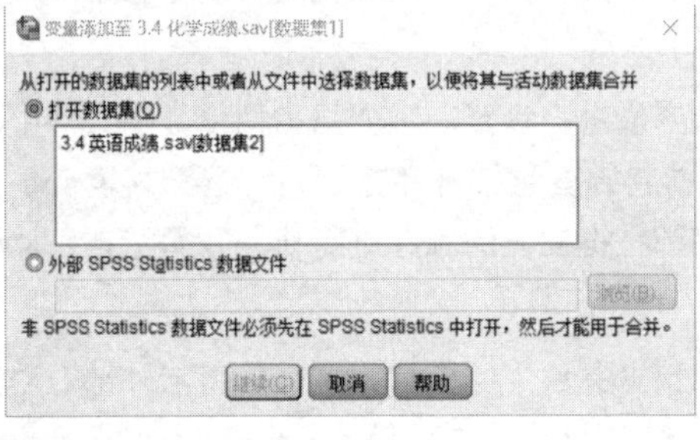

图 3.4.8　添加变量设置

3. 变量设置

如图 3.4.9 所示，弹出【变量添加自数据集 2】对话框，本例不用键变量合并也无须修改，直接单击【确定】按钮即可。

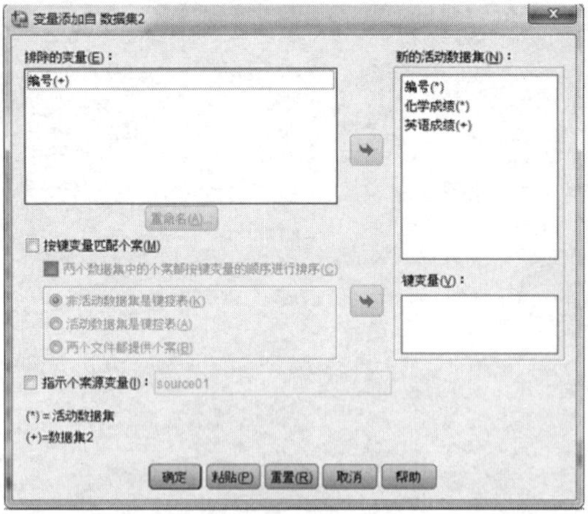

图 3.4.9　变量添加自数据集 2

“排除的变量”栏中的变量为两个要合并的数据文件中名称相同的变量（即重复的变量名），此栏中的变量将不会出现在合并后的数据文件中。若想要将此栏中的变量纳入合并后的数据文件中，则需要选中变量，单击【重命名】按钮，重新命名后再移入“新的活动数据集”栏中。

“新的活动数据集”栏中的变量为合并后的数据文件中包含的变量。“*”表示此变量为当前数据文件中的变量，“+”表示此变量为外部数据文件中的变量。在本例中“编号”和“化学成绩”为当前数据文件中的变量，“英语成绩”为外部数据文件中的变量。

注意：若“新的活动数据集”栏中的某个变量不需要出现在合并后的数据文件中，则可将此变量移到“排除的变量”栏中。

在“新的活动数据集”栏中无法修改变量名，如果需要修改变量名，则要将该变量移动到“排除的变量”栏中，单击【重命名】按钮来完成。

若需要使用键变量进行合并，则需要对键变量进行设置。键变量为两个数据文件中的相同变量（在“排除的变量”栏中选择），**需提前将键变量按升序排列**，勾选“按键变量匹配个案”复选框，再勾选“两个数据集中的个案都按键变量的顺序进行排序”复选框，此时下方的复选框被激活：

- “非活动数据集是键控表”表示以外部数据文件中的变量为主，只将与外部数据文件相同的变量纳入合并后的数据文件中。
- “活动数据集是键控表”表示以当前数据文件中的变量为主，只将与当前数据文件相同的变量纳入合并后的数据文件中。
- “两个文件都提供个案”表示将两个数据文件中的变量都纳入合并后的数据文件中。

以上三种方式，根据实际的要求进行选择，设置完成后，单击箭头按钮移入“键变量”栏中。

若勾选“指示个案源变量”复选框，则在合并后的数据文件中将出现一个名为“source01”的新变量，其中 0 表示变量来自当前数据文件，1 表示变量来自被合并的数据文件。

4．输出结果

如图 3.4.10 所示，数据视图显示为合并后的数据文件。

	编号	化学成绩	英语成绩	变量
1	1	62	65	
2	2	88	82	
3	3	76	86	
4	4	92	72	
5	5	80	63	
6	6	77	77	
7	7	89	69	
8	8	90	58	
9	9	65	84	
10	10	55	83	
11	11	74	62	
12	12	82	88	
13	13	86	76	
14	14	72	92	
15	15	63	80	
16	16	77	62	
17	17	69	88	
18	18	58	76	
19	19	84	92	
20	20	83	80	
21	.	.	.	

图 3.4.10　输出结果

以上就是数据合并的两种方式。在实际应用中，若变量及个案数量不多，则可以利用复制/粘贴直接合并两个数据文件，具体操作为：同时打开两个要合并的数据文件，选中相应的变量，进行复制/粘贴。纵向合并时将一个数据文件粘贴到另一个数据文件的下面，注意各变量要对接好；横向合并时将一个数据文件粘贴到另一个数据文件的右边，注意编号一致。

3.5　标识重复个案

在 Excel 中，通常会用到“筛选”功能来选出指定条件相同的单元格。那么在 SPSS 中，如何在上百万个数据中筛选出重复个案呢？本节我们就来学习一个小技巧——如何运用 SPSS 标识重复个案。

3.5.1　为何要标识重复个案

在做完数据的导入后，我们需要进行一些数据的清洗工作，包括缺失值的处理、数据合并、错误数据的修正以及重复数据的删除等，这样才有助于进行下一步分析工作。本节就以案例来说明筛选重复个案的操作步骤，删除不必要的重复数据。

3.5.2 “双十一”交易明细分析：删除重复数据

案例：请对某超市“双十一”交易明细的数据文件进行检查，看是否有重复个案，若有请删除。原始数据如图 3.5.1 所示。

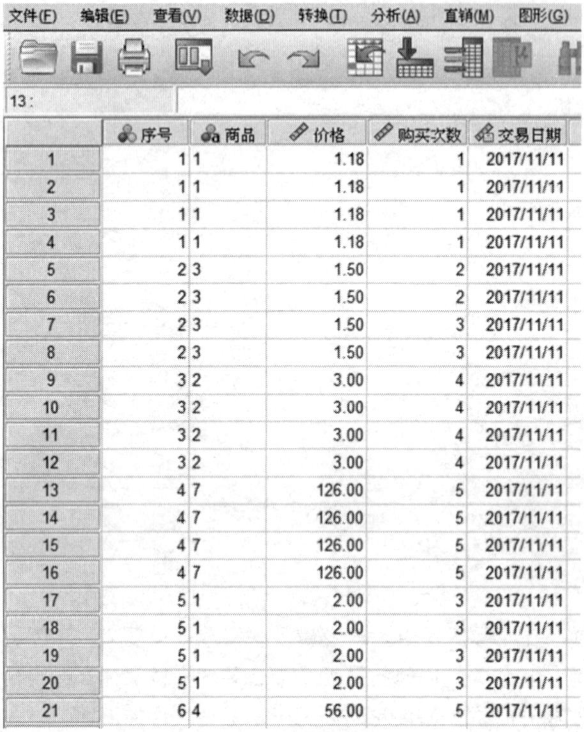

	序号	商品	价格	购买次数	交易日期
1	1	1	1.18	1	2017/11/11
2	1	1	1.18	1	2017/11/11
3	1	1	1.18	1	2017/11/11
4	1	1	1.18	1	2017/11/11
5	2	3	1.50	2	2017/11/11
6	2	3	1.50	2	2017/11/11
7	2	3	1.50	3	2017/11/11
8	2	3	1.50	3	2017/11/11
9	3	2	3.00	4	2017/11/11
10	3	2	3.00	4	2017/11/11
11	3	2	3.00	4	2017/11/11
12	3	2	3.00	4	2017/11/11
13	4	7	126.00	5	2017/11/11
14	4	7	126.00	5	2017/11/11
15	4	7	126.00	5	2017/11/11
16	4	7	126.00	5	2017/11/11
17	5	1	2.00	3	2017/11/11
18	5	1	2.00	3	2017/11/11
19	5	1	2.00	3	2017/11/11
20	5	1	2.00	3	2017/11/11
21	6	4	56.00	5	2017/11/11

图 3.5.1　原始数据

1. 标识重复个案

打开案例文件“某超市双十一交易明细.sav”，依次单击菜单栏中的【数据】→【标识重复个案】命令。

2. 标识重复个案变量设置

如图 3.5.2 所示，弹出【标识重复个案】对话框，将左边的所有变量都移至右边的“定义匹配个案的依据”栏中，其他选项没有特殊要求的可保持默认设置，单击【确定】按钮即完成。

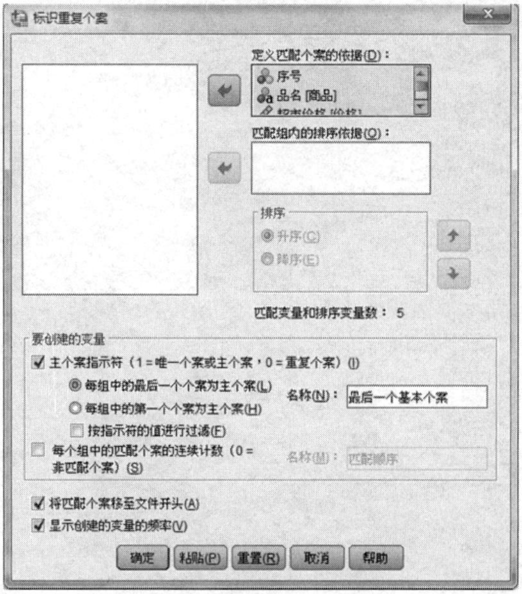

图 3.5.2　标识重复个案变量设置

提示：在选择多个连续变量时，可以单击首个变量，按住 Shift 键同时单击末尾变量，即可全部选中。

这里对对话框中一些选项的含义说明如下。

- “定义匹配个案的依据”：将此栏中的变量作为依据，若此栏中的变量取值相同，则为重复个案。
- “匹配组内的排序依据”：对重复个案的变量进行组内排序。
- “主个案指示符（1=唯一个案或主个案，0=重复个案）”：默认标签 1 表示没有重复个案，而标签 0 则表示需要标识出来的重复个案。
- “每组中的最后一个个案为主个案”：重复变量组中的最后一个个案为主要数据（本例勾选此项）。
- “每组中的第一个个案为主个案”：重复变量组中的第一个个案为主要数据。
- “每个组中的匹配个案的连续计数（0=非匹配个案）”：这里 0 表示没有重复的数据。
- “将匹配个案移至文件开头”：默认勾选此项，将重复个案放在整个数据的顶部，明显可见。
- “显示创建的变量的频率”：对重复的个案进行标签统计。

3. 输出结果

如图 3.5.3 所示，在数据视图中出现一个新变量“最后一个基本个案”。

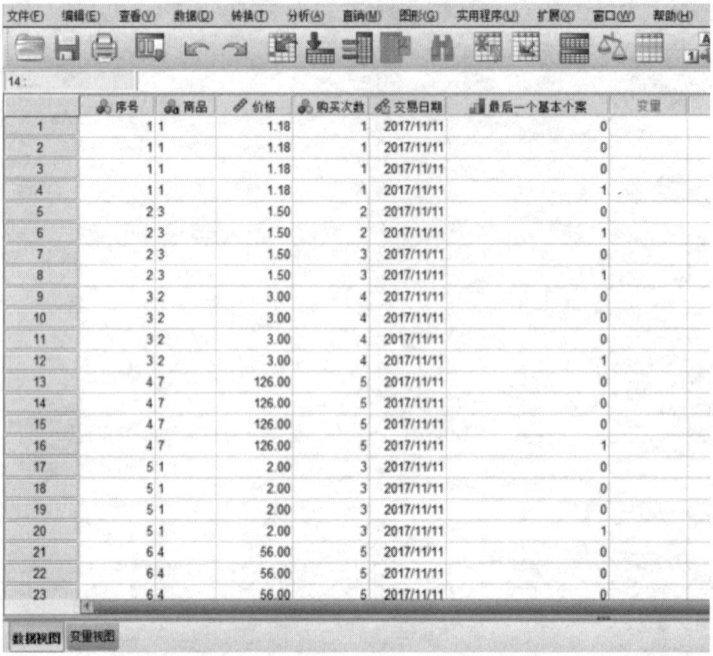

	序号	商品	价格	购买次数	交易日期	最后一个基本个案	变量
1	1	1	1.18	1	2017/11/11	0	
2	1	1	1.18	1	2017/11/11	0	
3	1	1	1.18	1	2017/11/11	0	
4	1	1	1.18	1	2017/11/11	1	
5	2	3	1.50	2	2017/11/11	0	
6	2	3	1.50	2	2017/11/11	1	
7	2	3	1.50	3	2017/11/11	0	
8	2	3	1.50	3	2017/11/11	1	
9	3	2	3.00	4	2017/11/11	0	
10	3	2	3.00	4	2017/11/11	0	
11	3	2	3.00	4	2017/11/11	0	
12	3	2	3.00	4	2017/11/11	1	
13	4	7	126.00	5	2017/11/11	0	
14	4	7	126.00	5	2017/11/11	0	
15	4	7	126.00	5	2017/11/11	0	
16	4	7	126.00	5	2017/11/11	1	
17	5	1	2.00	3	2017/11/11	0	
18	5	1	2.00	3	2017/11/11	0	
19	5	1	2.00	3	2017/11/11	0	
20	5	1	2.00	3	2017/11/11	1	
21	6	4	56.00	5	2017/11/11	0	
22	6	4	56.00	5	2017/11/11	0	
23	6	4	56.00	5	2017/11/11	0	

图 3.5.3　输出结果

如果想要显示值标签，则可以单击菜单栏中的【查看】，勾选“值标签”，那么“最后一个基本个案”变量就会以“表示重复（0）”和“表示不同个案（1）”呈现。

4．删除重复个案

选中“最后一个基本个案”变量，单击鼠标右键，选择“升序排列”，这时就会将重复个案展现在最前面。

选中“最后一个基本个案”下变量值为 0 的个案，单击鼠标右键，选择“清除”，就将重复个案删除了。

3.6　数据的拆分

在进行数据处理时，有时需要对某些分类变量进行分层分析，例如对不同地区、不同城市化水平的产品销售量进行分析，此时就需要通过数据的拆分来实现。那么，在 SPSS 中是如何实现数据拆分的呢？下面我们具体来看看。

案例：请对“关注率”按照地区和城市化水平进行拆分，原始数据如图 3.6.1 所示。

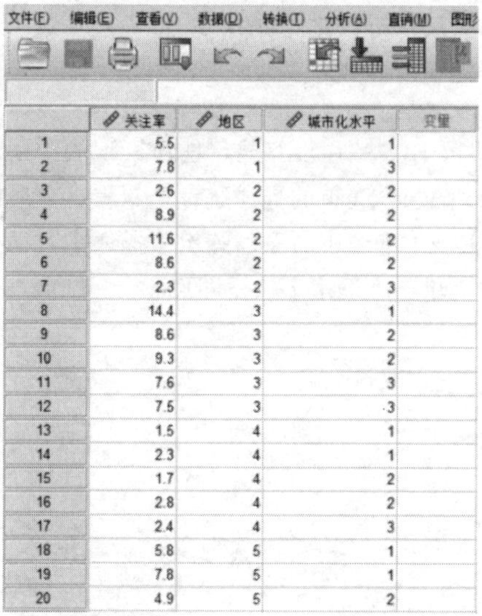

	关注率	地区	城市化水平	变量
1	5.5	1	1	
2	7.8	1	3	
3	2.6	2	2	
4	8.9	2	2	
5	11.6	2	2	
6	8.6	2	2	
7	2.3	2	3	
8	14.4	3	1	
9	8.6	3	2	
10	9.3	3	2	
11	7.6	3	3	
12	7.5	3	3	
13	1.5	4	1	
14	2.3	4	1	
15	1.7	4	2	
16	2.8	4	2	
17	2.4	4	3	
18	5.8	5	1	
19	7.8	5	1	
20	4.9	5	2	

图 3.6.1　原始数据

3.6.1　拆分文件（比较组）

1．拆分文件

打开案例文件“关注率数据.sav”，依次单击菜单栏中的【数据】→【拆分文件】命令。

2．拆分文件设置

如图 3.6.2 所示，弹出【拆分文件】对话框。“分析所有个案，不创建组”，用于恢复拆分前的数据结构。“比较组”，按照变量的分组来进行拆分，结果会呈现在一张表格中，本例选择此项，并将“地区”和“城市化水平”变量选入“分组依据”栏中。

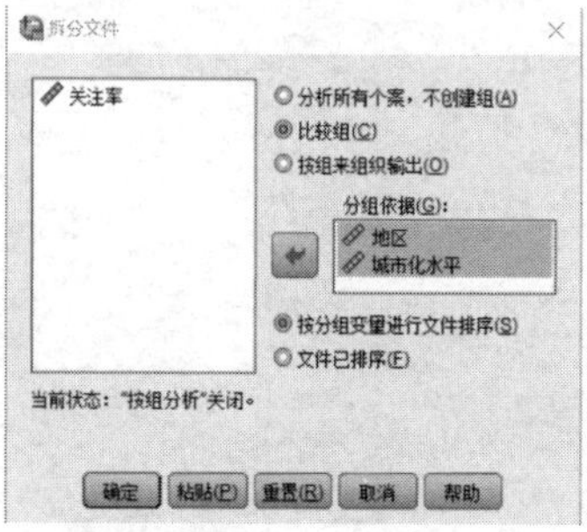

图 3.6.2　拆分文件（比较组）

“按分组变量进行文件排序”和“文件已排序”这两个选项很好理解，如果文件已经排序过，那么就不需要再排序了，选择“文件已排序”；反之，选择“按分组变量进行文件排序”，即按分组变量值将记录由小到大升序排列，然后再拆分文件。

3．输出结果

单击【确定】按钮，拆分文件就做完了。此时，SPSS 并没有显示任何直观的结果，这是因为拆分文件是为后续分析做准备的，我们可以做一个简单的描述统计来看看拆分后的结果。依次单击菜单栏中的【分析】→【描述统计】→【描述】命令，弹出【描述】对话框，如图 3.6.3 所示，将“关注率”选入“变量”栏中，单击【确定】按钮即可。

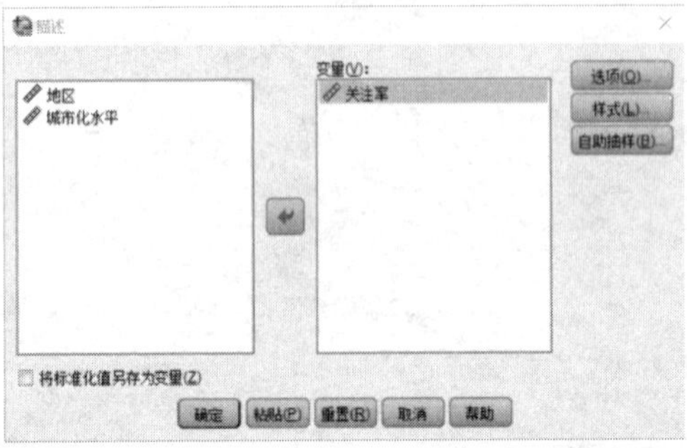

图 3.6.3　描述统计

如图 3.6.4 所示，我们可以看到，此时关注率数据已经按照地区和城市化水平的分组进行了拆分，在此基础上我们可以进一步做检验和分析。

描述统计

地区	城市化水平		个案数	最小值	最大值	平均值	标准差
A1	1	关注率	1	5.5	5.5	5.500	.
		有效个案数（成列）	1				
	3	关注率	1	7.8	7.8	7.800	.
		有效个案数（成列）	1				
A2	2	关注率	4	2.6	11.6	7.925	3.7977
		有效个案数（成列）	4				
	3	关注率	1	2.3	2.3	2.300	.
		有效个案数（成列）	1				
A3	1	关注率	1	14.4	14.4	14.400	.
		有效个案数（成列）	1				
	2	关注率	2	8.6	9.3	8.950	.4950
		有效个案数（成列）	2				
	3	关注率	2	7.5	7.6	7.550	.0707
		有效个案数（成列）	2				
A4	1	关注率	2	1.5	2.3	1.900	.5657
		有效个案数（成列）	2				
	2	关注率	2	1.7	2.8	2.250	.7778
		有效个案数（成列）	2				
	3	关注率	1	2.4	2.4	2.400	.
		有效个案数（成列）	1				

图 3.6.4　输出结果（部分）

3.6.2 拆分文件（按组来组织输出）

如图 3.6.5 所示，选择“按组来组织输出”，结果会按照变量的分组来进行拆分，会根据分组分别呈现在单独的表格中。

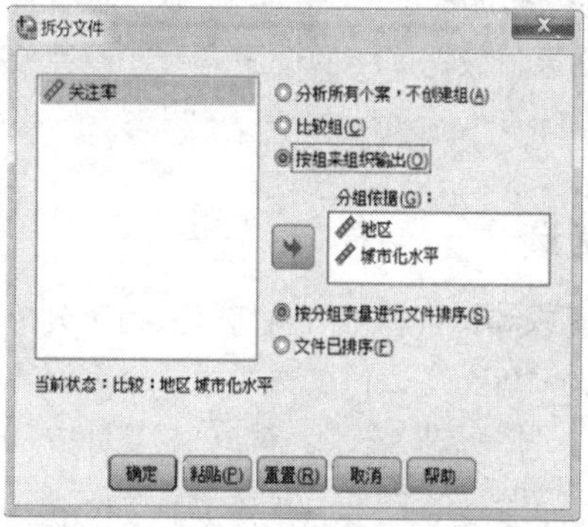

图 3.6.5　拆分文件（按组来组织输出）

我们进一步做一个简单的描述统计来看看结果，图 3.6.6 所示为截取的部分结果。

地区 = A1, 城市化水平 = 1

描述统计[a]

	个案数	最小值	最大值	平均值	标准差
关注率	1	5.5	5.5	5.500	.
有效个案数（成列）	1				

a. 地区 = A1, 城市化水平 = 1

地区 = A1, 城市化水平 = 3

描述统计[a]

	个案数	最小值	最大值	平均值	标准差
关注率	1	7.8	7.8	7.800	.
有效个案数（成列）	1				

a. 地区 = A1, 城市化水平 = 3

图 3.6.6　输出结果（部分）

通过对个案进行拆分，更便于观察和比较。

3.7 数据的筛选

3.7.1 数据筛选概述

在大数据时代，面对纷繁复杂的海量数据，很多用户录入数据后就开始着手分析，这常常会引发错误的结果。因为在数据的采集和录入阶段，由于问题不清、仪器差错等原因总会导致出现数据不全或者无价值等问题，因此在分析之前，一个很重要的步骤便是对数据进行筛选。

数据筛选，简单而言，就是把符合某一条件的数据选择出来，并且在工作表中只显示（或不显示）这类数据。同时，在做数据分析时，如果对数据库中的个案进行选择性分析，由此排除一些数据，那么进行数据筛选也是最好的选择。

3.7.2 收入与生活满意度分析：数据的筛选

案例：随着社会水平的提高，人们的物质文化需求和精神需求日益增长。为了分析居民的经济收入（以家庭为单位）与生活满意度（满分为 10 分）之间的关系，研究者测量了某二线城市 23 个家庭的月平均收入与其生活满意度值，并将数据统计录入 SPSS 软件中。

要求：请选择月平均收入[x]介于 5000 元到 10000 元之间，并且生活满意度[y]值大于 6 的个案。

1. 选择个案

打开案例文件“收入与生活满意度.sav”，依次单击菜单栏中的【数据】→【选择个案】命令，如图 3.7.1 所示。

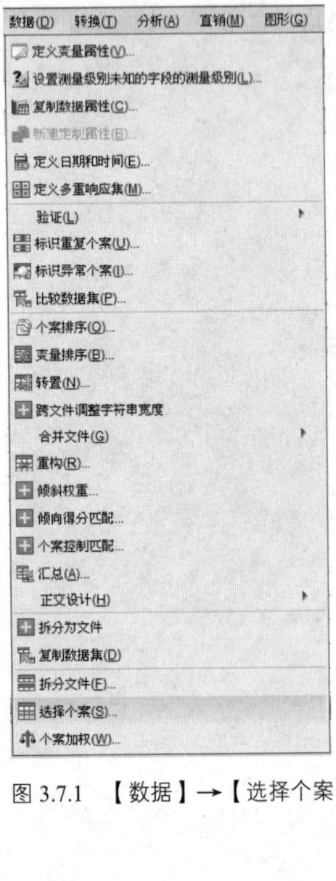

图 3.7.1 【数据】→【选择个案】

2. 选择个案选项设置

如图 3.7.2 所示，在“选择个案”对话框中，右侧的“选择”栏中有 5 个选项。

- “所有个案”：表示不进行筛选，选择所有个案。
- “如果条件满足”：根据要求设定限制条件，筛选出满足条件的个案。
- “随机个案样本”：选择总体中大约百分之多少的个案，或者选择恰好多少个个案数量。
- “基于时间或个案范围”：自行设置从第几个个案到第几个个案。
- “使用过滤变量”：筛选时，会剔除选中的变量为零的情况。

本例中，在“选择”栏中选择第二项“如果条件满足”→【如果】。

下面的“输出”栏可以根据具体情况进行设置，一般保持默认设置即可。

3. 选择个案：If

如图 3.7.3 所示，我们要选择月平均收入[x]介于 5000 元到 10000 元之间，并且生活满意度[y]值大于 6 的个案，则在对话框中输入限制条件。

右侧框中的 x 和 y 均是通过箭头按钮选入的，用圆圈圈出的符号“&”表示“且”的意思，即同时满足该符号前后的条件，输入的语句是“x>5000 & x<10000 & y>6”，单击【继续】按钮。

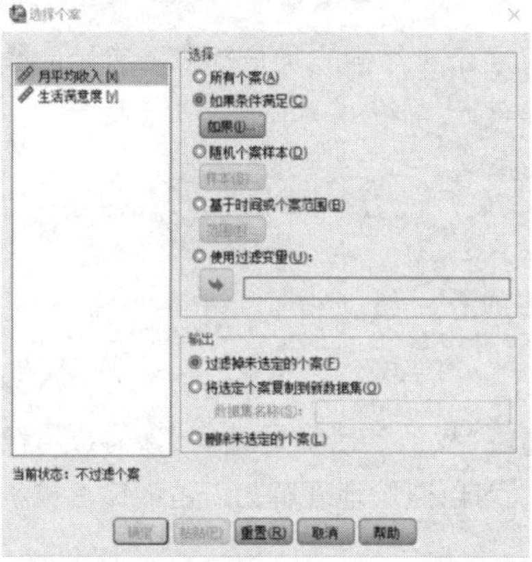

图 3.7.2　选择个案选项设置

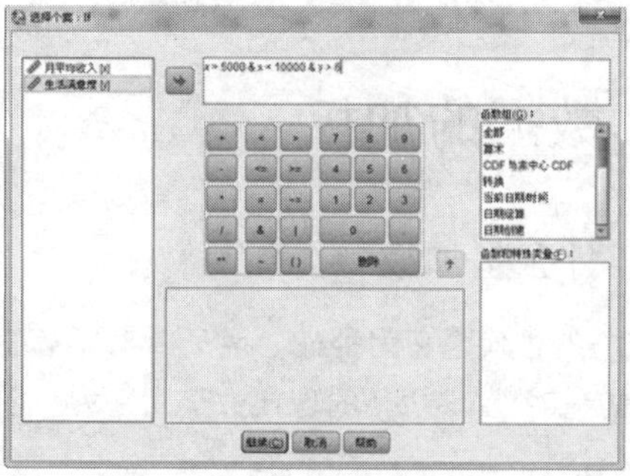

图 3.7.3　选择个案：If

4. 设置“输出”选项

如图 3.7.4 所示，在“输出”栏中有 3 个选项。

- “过滤掉未选定的个案”：即剔除不符合条件的个案。
- “将选定个案复制到新数据集”：在该选项下面可以设置新数据集的名称。
- “删除未选定的个案”：即只留下符合条件的个案。

上述选项均可根据实际情况自行选择，本例中，我们选择“过滤掉未选定的个案”，如图 3.7.4 所示，单击【确定】按钮。

5. 输出结果

如图 3.7.5 所示，不符合设置条件的个案均被过滤掉，剩下的都是我们筛选出来的结果。

图 3.7.4 设置“输出”选项

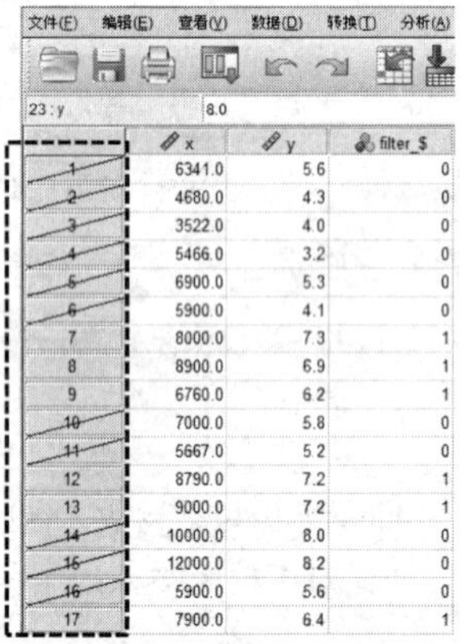

图 3.7.5 输出结果

其实保证数据准确无误的最好方法便是将计算机中呈现的数据与原始数据进行对比补充，然而，对于海量的数据，这几乎是不现实的，因此，最好的选择便是借助软件来进行筛选。

SPSS 软件提供了强大的数据筛选功能，本节只展示了其中一种最简单、常用的数据筛选方法，读者可以根据实际情况和需求去设置筛选条件。

3.8 数据的加权

3.8.1 什么是加权

“权”的古代含义为秤砣。孟子曾对梁惠王言道：“权，然后知轻重。”译为：用秤称一称,才能知道轻重。“权”的现代数学意义为“权重”，可以通俗地理解为所占的比重或所拥有的系数。

3.8.2 “春节回家吗？”分析：数据的加权

1. 个案加权

打开案例文件“春节回家吗？.sav”，依次单击菜单栏中的【数据】→【个案加权】命令，如图 3.8.1 所示。

图 3.8.1 【数据】→【个案加权】

2. 个案加权选项设置

如图 3.8.2 所示，弹出【个案加权】对话框，选择“个案加权系数”，将“人数”选入“频率变量”栏中，单击【确定】按钮。至此，加权工作完成。

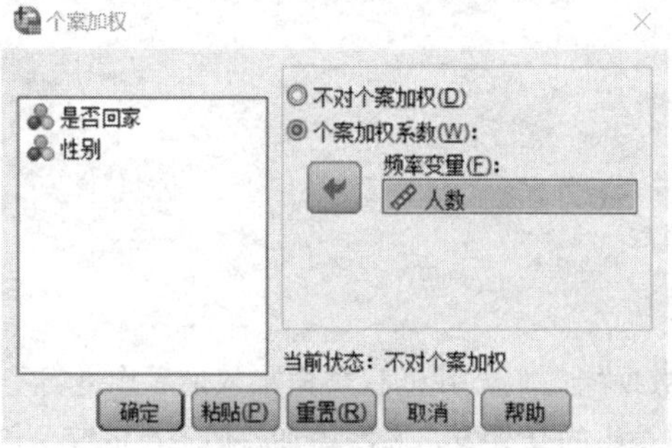

图 3.8.2 个案加权选项设置

3.8.3 为什么要加权

加权与否对数据的结构或者使用有何影响呢？接下来，我们通过输出交叉表来比较加权前后的区别，从交叉表上看为什么要加权。

1. 交叉表

依次单击菜单栏中的【分析】→【描述统计】→【交叉表】命令，如图 3.8.3 所示。

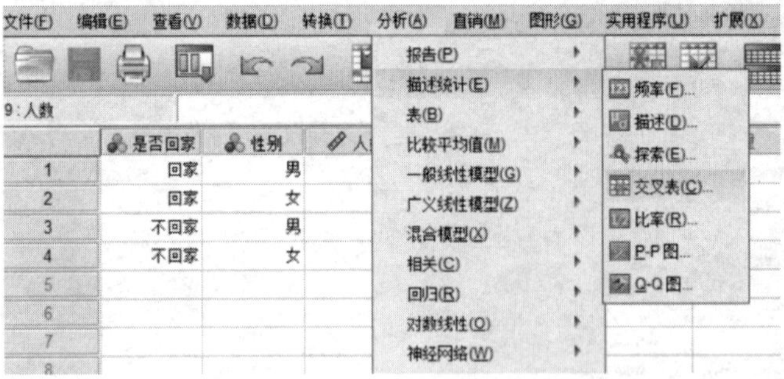

图 3.8.3 【分析】→【描述统计】→【交叉表】

2. 交叉表选项设置

如图 3.8.4 所示，弹出【交叉表】对话框，将“是否回家”选为行变量，将“性别”选为列变量，单击【确定】按钮。

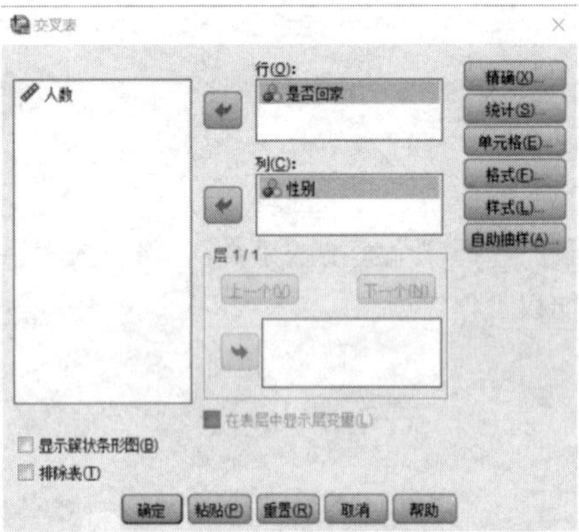

图 3.8.4 交叉表选项设置

3. 输出结果

SPSS 自动输出交叉表。为了解加权对数据的影响，我们在数据加权前后均进行了交叉表分析，如图 3.8.5 所示，其中左图为加权前输出的交叉表，右图为加权后输出的交叉表。

是否回家 * 性别 交叉表

计数

		性别		
		男	女	总计
是否回家	回家	1	1	2
	不回家	1	1	2
总计		2	2	4

是否回家 * 性别 交叉表

计数

		性别		
		男	女	总计
是否回家	回家	32	37	69
	不回家	4	6	10
总计		36	43	79

图 3.8.5 加权前后交叉表对比

可以看出：加权前，SPSS 只将一行数据当作一个观测量进行交叉表分析；加权后，各行数据对应的“系数”（或者说“比重”）都会被纳入交叉表分析之中。

3.8.4　总结

加权在绘制散点图、直方图、交叉表和进行回归分析等过程中都有着非常重要的作用。

在加权时，请注意：

- “个案加权系数”应代表某观测量的计数信息。
- “个案加权系数”可以为小数（在符合实际意义的情况下）。
- “个案加权系数”为 0、负数、缺失值时，会被自动剔除。
- 如果该分析不需要“个案加权”，则请取消加权处理，即依次单击【数据】→【个案加权】命令后，在【个案加权】对话框中选择“不对个案加权”。

3.9　数据的汇总

数据的汇总指根据指定的分界变量对其观测值分组并求出指定的描述统计量。

3.9.1　化学成绩分析：简单数据汇总

案例 1：某校要了解不同性别学生的化学平均成绩，原始数据如图 3.9.1 所示。

	编号	班级	性别	化学成绩
1	1	1	2	62
2	2	1	1	88
3	3	1	2	76
4	4	2	1	92
5	5	1	1	80
6	6	1	2	77
7	7	2	1	89
8	8	2	2	90
9	9	2	2	65
10	10	2	1	55
11	11	1	1	74
12	12	1	1	82
13	13	2	2	86
14	14	2	1	72
15	15	1	1	63
16	16	1	2	77
17	17	2	2	69
18	18	2	2	58
19	19	2	1	84
20	20	1	1	83

图 3.9.1　原始数据

1．打开文件

打开案例文件“一班、二班化学成绩.sav”，依次单击菜单栏中的【数据】→【汇总】命令。

2. 汇总数据选项设置

如图 3.9.2 所示，将“性别”选入“分界变量”栏中，将“化学成绩”选入“变量摘要”栏中，系统自动默认为描述平均数，可以单击【函数】按钮选择其他描述。

- “分界变量”用于分组描述，在左侧栏中选择相应的分类变量。
- “变量摘要”用于描述统计量，在左侧栏中选择相应的连续变量。
- “个案数”指在结果中显示每个类别的个案数，在 SPSS 中默认为 N_BREAK，可以自行更改。
- “保存”用于保存描述结果，包括：
  - “将汇总变量添加到活动数据集”指将汇总变量添加到当前的数据集中。
  - “创建只包含汇总变量的新数据集”指将汇总变量添加到新建的数据集中，可以自己命名数据集。（**本例选择此项**）
  - “创建只包含汇总变量的新数据文件”指将汇总变量保存到一个新的 SPSS 文件中，可以自己选择保存路径。
- “用于大型数据集的选项”用于处理较大的数据集，包括：
  - “文件已按分界变量进行排序”，如果事前按照分界变量进行了排序，则选择此项。
  - “汇总前对文件进行排序”，如果事前未进行排序，选择此项则会在数据视图中显示按分界变量进行升序排列的结果。

3. 函数选项设置

单击【函数】按钮，在【汇总数据：汇总函数】对话框中选择“平均值”，如图 3.9.3 所示。

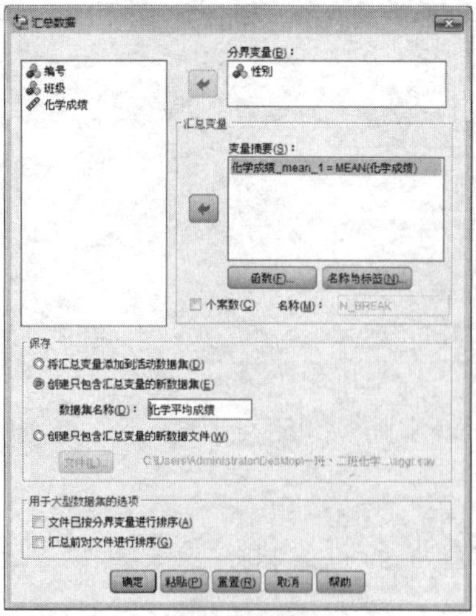

图 3.9.2　汇总数据选项设置

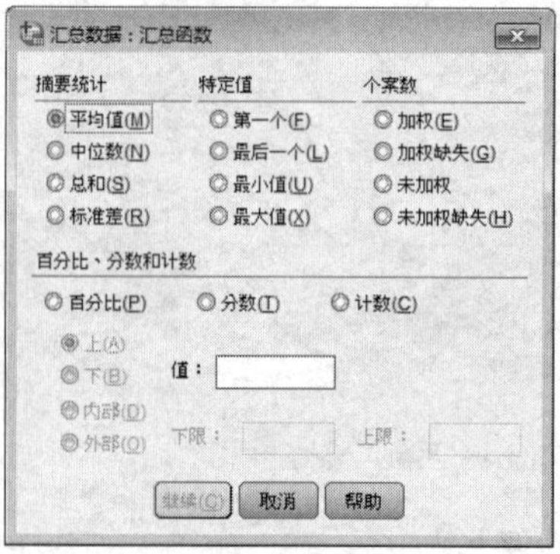

图 3.9.3　函数选项设置

汇总函数主要有 6 种。

- “摘要统计”：主要为概括型函数，包括平均值、中位数、总和、标准差。
- “特定值”：选择特定的数值，包括分组内的第一个数值、最后一个数值、最小值、最大值。
- “个案数”：汇总观测数目，包括加权的观测数目、加权的缺失值数目、未加权的观测数目、未加权的缺失值数目。
- “百分比、分数和计数”：“百分比”指以百分比的形式表示观测数目；“分数”指以分数的形式表示观测数目；“计数”指以数字的形式表示观测数目。
  - “上”代表大于指定值的观测数目占总观测数目的百分比。
  - “下”代表小于指定值的观测数目占总观测数目的百分比。
  - “值”指根据输入的指定值按上、下来描述。
  - “内部”指在上限和下限这一区间内（包括上限和下限的值）的观测数目占总观测数目的百分比。
  - “外部”指在上限和下限这一区间外（不包括上限和下限的值）的观测数目占总观测数目的百分比。
  - “上限”和“下限”指根据输入的指定值按内部、外部来描述。

4. 输出结果

如图 3.9.4 所示，创建一个新的数据文件，在数据视图中只包含不同性别学生的化学平均成绩，男生的化学平均成绩为 78.36，女生的化学平均成绩为 73.33。

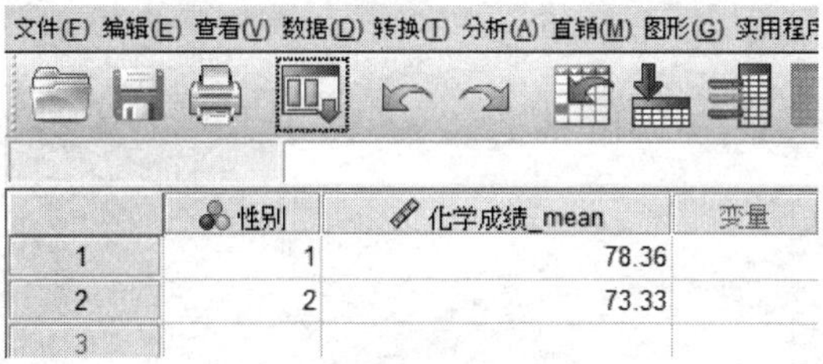

图 3.9.4　输出结果

3.9.2　化学成绩分析：多重数据汇总

案例 2：某校要分别了解不同班级、不同性别学生的化学平均成绩，原始数据如图 3.9.5 所示。

图 3.9.5　原始数据

1. 打开文件

打开案例文件“一班、二班化学成绩.sav”，依次单击菜单栏中的【数据】→【汇总】命令。

2. 汇总数据选项设置

如图 3.9.6 所示，将“班级”“性别”选入“分界变量”栏中，将“化学成绩”选入“变量摘要”栏中，选择“汇总前对文件进行排序”（结果会按照升序排列）。

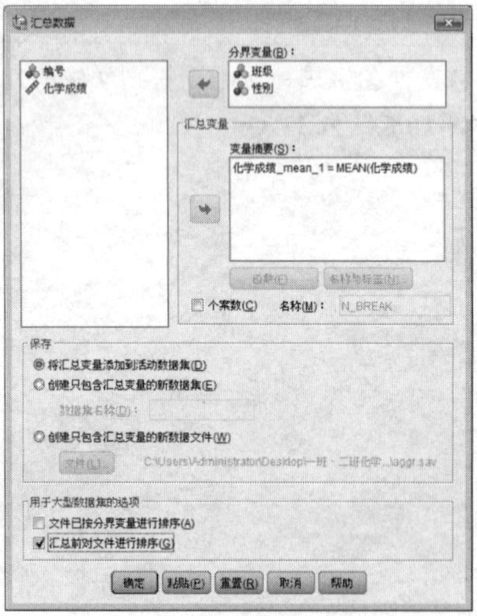

图 3.9.6　汇总数据选项设置

提示：“分界变量”中的前后次序决定了汇总的先后顺序。（此例中“班级”为主分界变量，“性别”为第二分界变量，所以在结果中的排序为一班的男生、女生，二班的男生、女生。）

---

3. 输出结果

如图 3.9.7 所示，在当前的数据文件中添加了新的变量“化学成绩_mean_1”，按照先“班级”后“性别”升序排列，得出汇总后的化学平均成绩。一班男生的化学平均成绩为78.33，女生的化学平均成绩为 73.00；二班男生的化学平均成绩为 78.40，女生的化学平均成绩为 73.60。

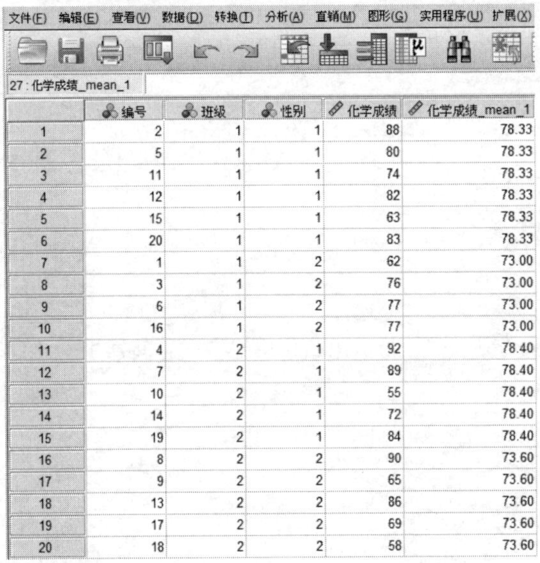

	编号	班级	性别	化学成绩	化学成绩_mean_1
1	2	1	1	88	78.33
2	5	1	1	80	78.33
3	11	1	1	74	78.33
4	12	1	1	82	78.33
5	15	1	1	63	78.33
6	20	1	1	83	78.33
7	1	1	2	62	73.00
8	3	1	2	76	73.00
9	6	1	2	77	73.00
10	16	1	2	77	73.00
11	4	2	1	92	78.40
12	7	2	1	89	78.40
13	10	2	1	55	78.40
14	14	2	1	72	78.40
15	19	2	1	84	78.40
16	8	2	2	90	73.60
17	9	2	2	65	73.60
18	13	2	2	86	73.60
19	17	2	2	69	73.60
20	18	2	2	58	73.60

图 3.9.7　输出结果

为了使结果简单明了，也可以与“案例 1”一样选择“创建只包含汇总变量的新数据集”，创建一个新的数据文件，在数据视图中只包含一班、二班不同性别学生的化学平均成绩。

3.10 新变量的生成

利用 SPSS 进行数据分析时，有时候我们会发现有的数据无法满足实际需求，这时就需要在原始数据的基础上做进一步处理。

当然，处理数据的方法有很多，最常见的就是运用 Excel 工具，但是如果你正在用 SPSS，又不想把数据导出到 Excel 中进行再处理，那么就可以使用 SPSS 中的“计算变量”功能，它能让我们更加方便、高效地达成目标。

案例 1：本例收集了 A 班学生三门课程成绩，请创建一个新变量“A 班平均成绩”。原始数据如图 3.10.1 所示。

图 3.10.1　原始数据

3.10.1　课程成绩分析：生成新变量

1. 打开文件

打开案例文件“A 班学生三门课程成绩.sav”，依次单击菜单栏中的【转换】→【计算变量】命令，如图 3.10.2 所示。

图 3.10.2　【转换】→【计算变量】

2. 计算变量选项设置

首先，在“目标变量”栏中输入一个新的变量名，本例中输入“A 班平均成绩”，如图 3.10.3 中区域 1 所示，在“类型和标签”中可以写上相应的标签。

然后，根据实际需求选择“函数组”下的函数类型，SPSS 提供了 70 多种函数，可以根据实际业务需求自行选择。如果不清楚自己所选择的函数到底有什么用途，我们可以看到系统默认的一些函数，每个函数的用途和功能都有说明，如图 3.10.3 中区域 3 所示。本例中我们选择“统计”函数下的“Mean”表达式，如图 3.10.3 中区域 2 所示。

最后，把左侧的变量移至右边的“数字表达式”栏中，本例中为三门课程成绩的均数，如图 3.10.3 中区域 4 所示。SPSS 提供了小键盘，我们也可以自己手动输入。

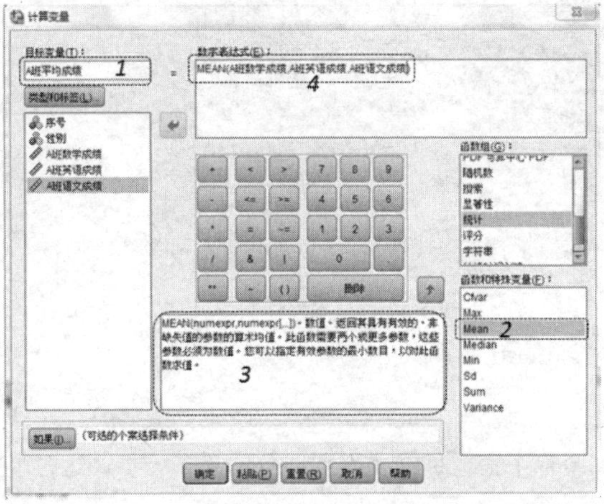

图 3.10.3　计算变量选项设置

3．输出结果

如图 3.10.4 所示，在数据视图中生成了一个新的变量“A 班平均成绩”。

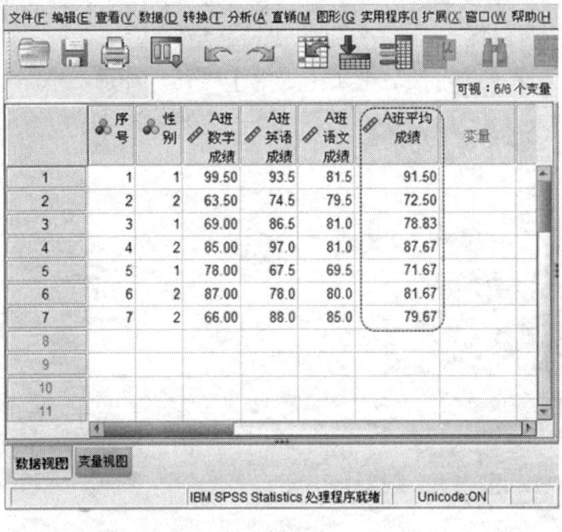

图 3.10.4　输出结果

3.10.2　“如果”按钮

如图 3.10.5 所示，细心的读者肯定会发现，在【计算变量】对话框下面还有一个“如果”按钮，那这个按钮有什么用处呢?

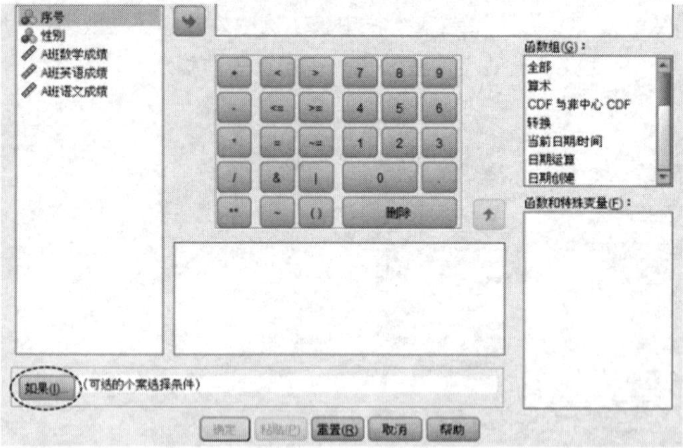

图 3.10.5　“如果”按钮

在实际业务中，我们可能不会用到全部个案，只需要用到部分信息来分析，这时就需要用到“如果”这一选项。

案例 2：请求出 A 班女生三门课程的平均成绩。

1．计算变量：If 个案设置

在 3.10.1 节“计算变量选项设置”的基础上，单击【如果】按钮，弹出【计算变量：If 个案】对话框，选择“在个案满足条件时包括”，将“性别”变量移至右边的“在个案满足条件时包括”栏中，输入“性别=2”，表示女生，然后单击【继续】按钮，如图 3.10.6 所示。

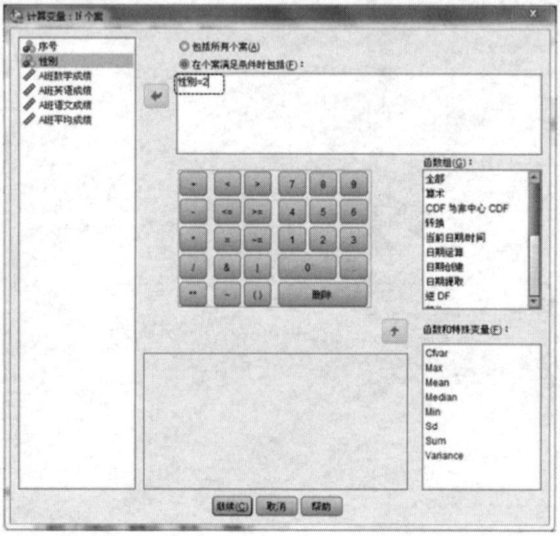

图 3.10.6　计算变量：If 个案设置

2. 输出结果

如图 3.10.7 所示，在数据视图中生成了一个新的变量“A 班女生平均成绩”。

图 3.10.7　输出结果

通过上述案例操作，我们知道“计算变量”功能可以实现：

- 帮助生成新变量。
- 通过 If 选项实现类似于 Excel 中的筛选功能。

3.11　个案中值的计数

在前期整理数据的过程中，我们通常会遇到需要对满足某一个观测条件的值进行统计的情况。例如，在职工满意度评分中需要计算出每一位职工得到“非常满意”这一等级的个数，或者在某次比赛中需要统计有多少个同学的成绩为“优”等，在遇到这些情况时就需要用到本节介绍的“个案中值的计数”功能。

3.11.1　满意度分析：统计个案中值

案例：请统计出每位老师得到的“满意”等级的评价个数（满意分数>8 分的为高满意度），原始数据如图 3.11.1 所示。

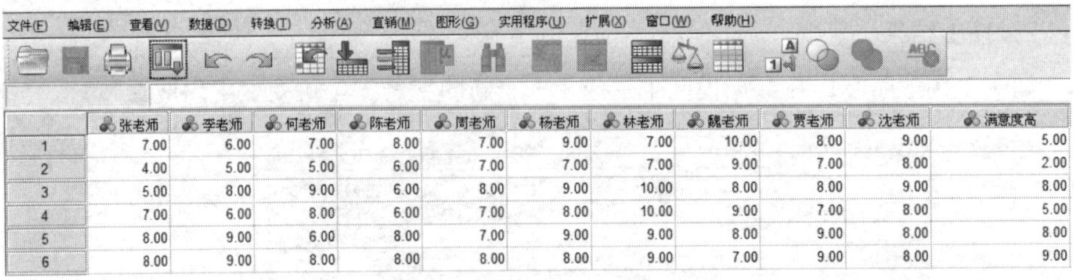

	张老师	李老师	何老师	陈老师	周老师	杨老师	林老师	魏老师	贾老师	沈老师	满意度高
1	7.00	6.00	7.00	8.00	7.00	9.00	7.00	10.00	8.00	9.00	5.00
2	4.00	5.00	5.00	6.00	7.00	7.00	7.00	9.00	7.00	8.00	2.00
3	5.00	8.00	9.00	6.00	8.00	9.00	10.00	8.00	8.00	9.00	8.00
4	7.00	6.00	8.00	6.00	7.00	8.00	10.00	9.00	7.00	8.00	5.00
5	8.00	9.00	6.00	8.00	7.00	9.00	9.00	8.00	9.00	8.00	8.00
6	8.00	9.00	8.00	8.00	8.00	8.00	9.00	7.00	9.00	8.00	9.00

图 3.11.1　原始数据

1. 打开文件

打开案例文件“个案内值的计数.sav”，依次单击菜单栏中的【转换】→【对个案中的值进行计数】命令，如图 3.11.2 所示。

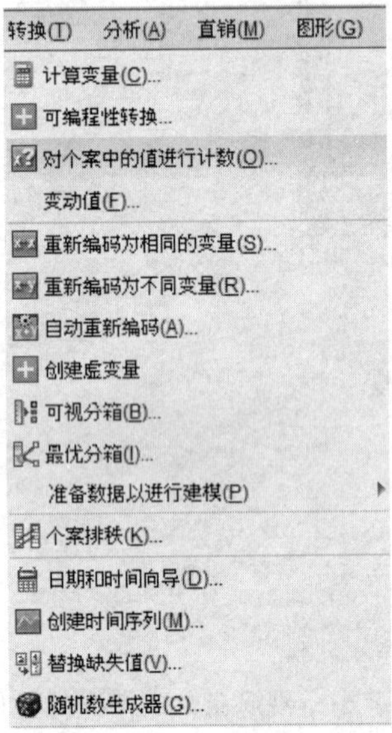

图 3.11.2　【转换】→【对个案中的值进行计数】

2. 计算个案中值的出现次数选项设置

如图 3.11.3 所示，弹出【计算个案中值的出现次数】对话框。

- “目标变量”：输入将要产生计数变量的变量名称。我们要统计的是每位老师得到的“满意”等级的评价个数，故这里的目标变量为“满意度高”。
- “目标标签”：对目标变量进行解释。
- “数字变量”：将左侧变量栏中需要进行计数的变量选入右边的“数字变量”栏中，本例选入所有老师，【定义值】选项被激活。

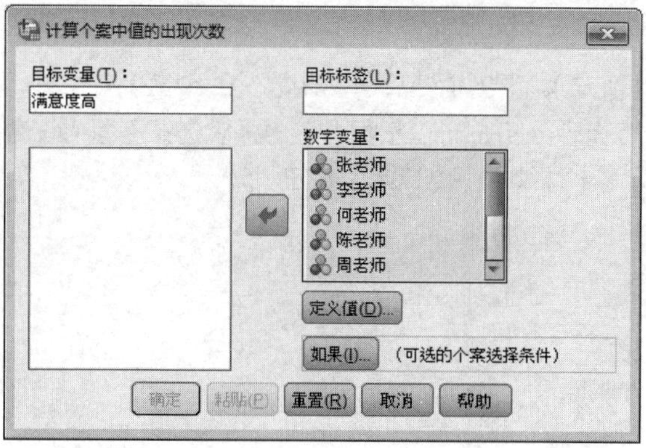

图 3.11.3　计算个案中值的出现次数选项设置

3．选择“值”的种类

单击【定义值】按钮，弹出【对个案中的值进行计数：要计数的值】对话框，如图 3.11.4 所示。在左侧区域设定目标值的条件。

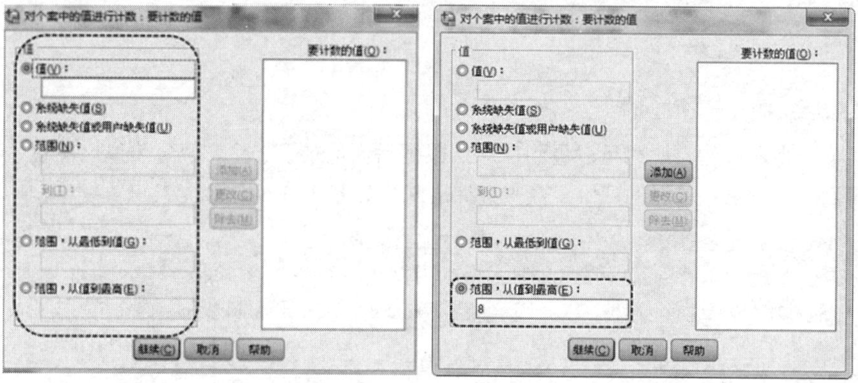

图 3.11.4　选择值的种类

- “值”：输入将要计数的目标。
- “系统缺失值”：将系统缺失值作为计数的目标。
- “系统缺失值或用户缺失值”：将系统缺失值或用户缺失值作为计数的目标。
- “范围”：输入一个取值范围，在这个范围内的值都是计数的目标。
- “范围，从最低到值”：输入一个值，计数的范围是从个案中的最小值到该值。
- “范围，从值到最高”：输入一个值，计数的范围是从这个值到个案中的最大值。

此处，我们选择的是“范围，从值到最高”，并输入 8，表示从 8 分到数据中的最大值为“满意”等级，单击【添加】按钮。设置好要计数的值后，单击【继续】按钮，返回上一级对话框。

4．设置个案总数

单击【如果】按钮（如图 3.11.3 所示），弹出【计算出现此数：If 个案】对话框，如图 3.11.5 所示，在这里可以设置个案选择条件，用户可以根据自己的需求选择不同的设置。本例中，我们选择【包括所有个案】，单击【继续】→【确定】按钮。

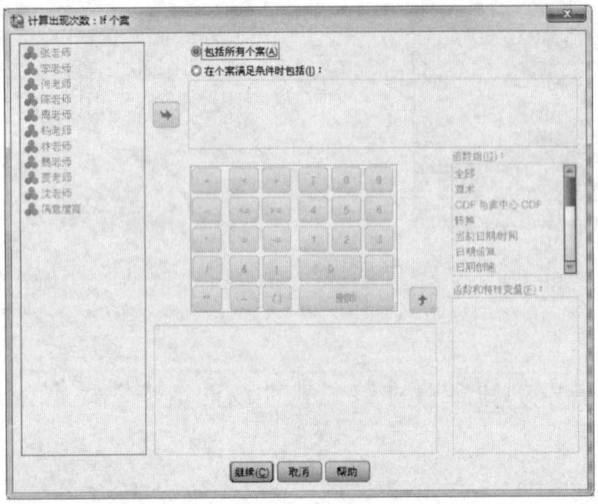

图 3.11.5　设置个案总数

5．输出结果

返回数据视图查看，此时可以看到在原始数据后新增加了一个“满意度高”变量，每位老师所得到的“满意”等级的评价个数被统计出来，如图 3.11.6 所示。

	张老师	李老师	何老师	陈老师	周老师	杨老师	林老师	魏老师	贾老师	沈老师	满意度高
1	7.00	6.00	7.00	8.00	7.00	9.00	7.00	10.00	8.00	9.00	5.00
2	4.00	5.00	5.00	6.00	7.00	7.00	7.00	9.00	7.00	8.00	2.00
3	5.00	8.00	9.00	6.00	8.00	9.00	10.00	8.00	8.00	9.00	9.00
4	7.00	6.00	8.00	6.00	7.00	8.00	10.00	9.00	7.00	8.00	5.00
5	8.00	9.00	6.00	8.00	7.00	9.00	9.00	8.00	9.00	8.00	9.00
6	8.00	9.00	8.00	8.00	8.00	8.00	9.00	7.00	9.00	8.00	10.00
7	8.00	9.00	7.00	8.00	9.00	7.00	9.00	8.00	9.00	7.00	7.00
8	6.00	7.00	8.00	8.00	9.00	8.00	7.00	8.00	8.00	9.00	7.00
9	7.00	8.00	8.00	9.00	7.00	5.00	7.00	8.00	9.00	9.00	6.00
10	8.00	8.00	9.00	8.00	7.00	7.00	8.00	9.00	8.00	8.00	9.00
11	8.00	8.00	9.00	10.00	7.00	6.00	7.00	8.00	7.00	8.00	6.00
12	6.00	7.00	9.00	8.00	8.00	6.00	8.00	7.00	9.00	7.00	[illegible]

图 3.11.6　输出结果

在有大量数据的情况下，这个功能就显示出了它的优越性。需要注意的是，在对个案中的值进行计数时，应充分结合实际情况进行选项的设置。

3.11.2　拓展知识

在描述变量的频数分布时，除了使用上述的频数统计方法，我们通常也会使用百分比、分位值和统计图形等进行描述。

计算个案的百分比即计算符合要求的变量在各个变量值上取值的个案数占总个案数的比例。需要注意的是，有效百分比是指不包含缺失值的所有个案中各个频数变量取值的比例；累计百分比是指所有百分比的合计，值为 100%。分位值是指统计变量在个案的不同的百分位点上的取值，其侧重于说明数据的离散程度，不同分位值之间的差距越大，则表示数据在该段分布的离散程度越大。统计图可直观清晰地展示出变量的取值情况，常用的统计图有条形图、直方图等。这些内容在后续章节中都会陆续出现。

3.12 对变量重新赋值

对变量重新赋值是指将变量的原始值重新加以设定。例如，将反向问题重新计分、将连续变量的数值分为若干等级（即分组）、合并变量等。在 SPSS 中提供了两种对变量重新赋值的方式，分别是重新编码为不同变量和重新编码为相同变量。一般来说，我们通常使用重新编码为不同变量的方式，此方式可以更好地保持原始数据的完整性，下面将具体展开讲解。

3.12.1 信用评分分析：重新编码为不同变量

案例 1：请将受访者的信用评分按等级划分，将信用分为 5 等：90 分以上为 1 等、80～89 分为 2 等、70～79 分为 3 等、60～69 分为 4 等、59 分以下为 5 等。部分原始数据如图 3.12.1 所示。

1. 打开文件

打开案例文件“信用评分.sav”，依次单击菜单栏中的【转换】→【重新编码为不同变量】命令，弹出【重新编码为不同变量】对话框。

“输出变量”栏显示为转换后的新变量名及变量标签，将左侧框中的“credit（信用）”选入“数字变量->输出变量”栏中，在“名称”框中输入“creditlevel”作为新变量名，“标签”框可选填，本例填入“信用等级”，单击【变化量】按钮，如图 3.12.2 所示。

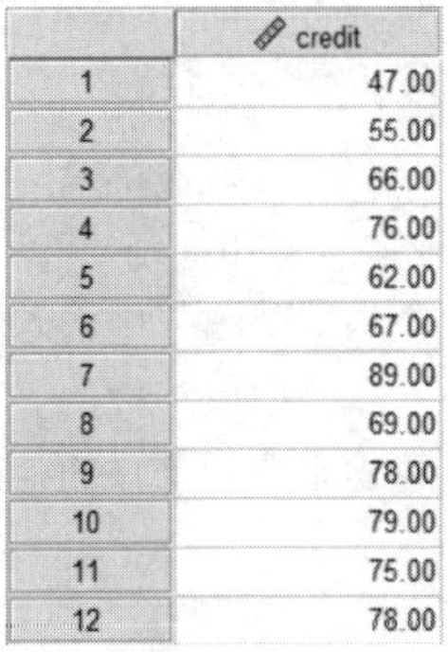

	credit
1	47.00
2	55.00
3	66.00
4	76.00
5	62.00
6	67.00
7	89.00
8	69.00
9	78.00
10	79.00
11	75.00
12	78.00

图 3.12.1 原始数据（部分）

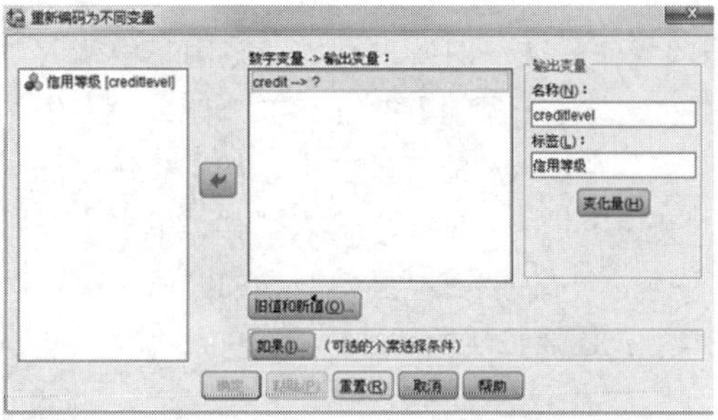

图 3.12.2 【重新编码为不同变量】对话框

注意：若重新编码的个案有一定的条件规则，则需要设置【如果】选项，单击【如果】按钮，弹出【重新编码为相同变量：If 个案】对话框，在“在个案满足条件时包括”栏中输入筛选个案的条件规则（具体步骤在“案例 2”中讲解）。

2．“旧值和新值”选项设置

单击【旧值和新值】按钮，弹出【重新编码到其他变量：旧值和新值】对话框，在“旧值”栏中选择“范围，从值到最高”并输入 90，在“新值”栏中选择“值”并填入“1”，单击【添加】按钮，结果如图 3.12.3 所示。

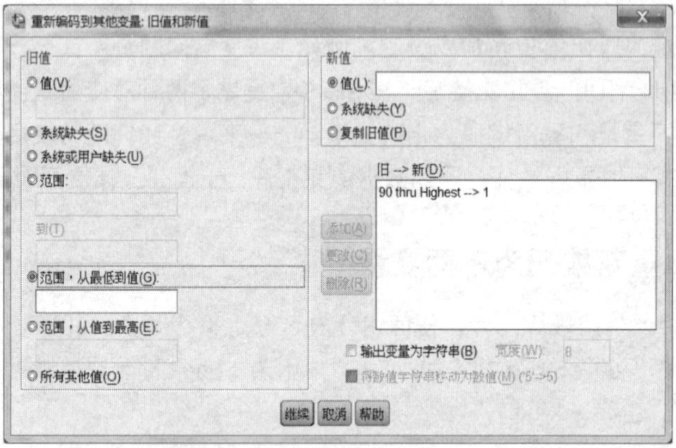

图 3.12.3　旧值和新值选项设置 1

- “值”表示需要重新赋值的旧值。
- “系统缺失”表示旧值中的系统缺失值，对此进行重新编码。
- “系统或用户缺失”表示旧值中的系统缺失值或用户缺失值，需要对这些值进行重新编码。
- “范围”指旧值中的上限与下限，包含端点。
- “范围，从最低到值”指旧值中的指定值为上限，一直到最低，左开右闭。
- “范围，从值到最高”指旧值中的指定值为下限，一直到最高，左闭右开。

执行类似的操作，在“旧值”栏的“范围”中输入“80”到“89”，在“新值”栏的“值”中输入“2”，单击【添加】按钮；在“旧值”栏的“范围”中输入“70”到“79”，在“新值”栏的“值”中输入“3”，单击【添加】按钮；在“旧值”栏的“范围”中输入“60”到“69”，在“新值”栏的“值”中输入“4”，单击【添加】按钮；在“旧值”栏的“范围，从最低到值”中输入“59”，在“新值”栏的“值”中输入“5”，单击【添加】按钮，所有的旧值赋值完毕，如图 3.12.4 所示。

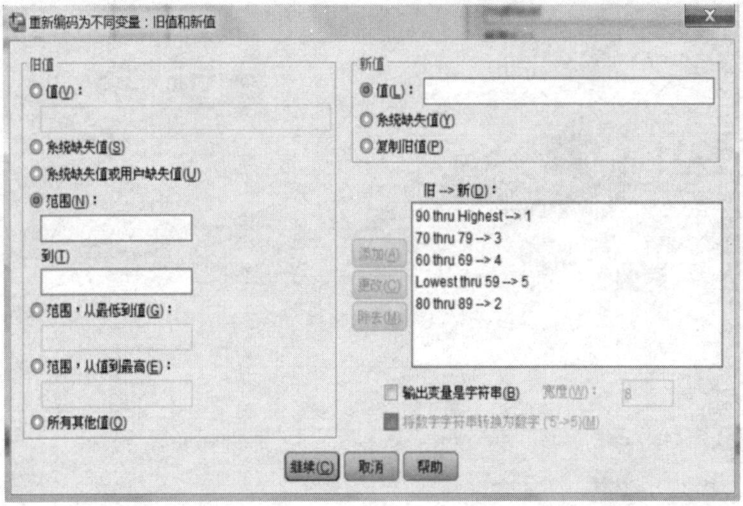

图 3.12.4　旧值和新值选项设置 2

3. 输出结果

单击【继续】按钮，返回上一级对话框，单击【确定】按钮，具体结果如图 3.12.5 所示，此时创建了一个新的变量 creditlevel（信用等级），所有的信用评分都按照规则进行了等级划分。

	credit	creditlevel
1	47.00	5.00
2	55.00	5.00
3	66.00	4.00
4	76.00	3.00
5	62.00	4.00
6	67.00	4.00
7	89.00	2.00
8	69.00	4.00
9	78.00	3.00
10	79.00	3.00
11	75.00	3.00
12	78.00	3.00
13	78.00	3.00
14	87.00	2.00

图 3.12.5　输出结果

3.12.2　职工奖金分析：重新编码为相同的变量

案例 2：某公司利润下滑，为了压缩成本，对奖金发放规则进行调整，原奖金金额大于或等于 2500 元的，现统一为 2500 元；原奖金金额大于或等于 1500 元且小于 2500 元的，现统一为 1500 元；原奖金金额低于 1500 元的，则维持不变。原始数据如图 3.12.6 所示。

	奖金	变量
1	2600.00	
2	1700.00	
3	1200.00	
4	1320.00	
5	1800.00	
6	1350.00	
7	1900.00	
8	975.00	
9	1275.00	
10	1850.00	
11	1700.00	
12	1200.00	
13	1425.00	
14	1900.00	
15	1350.00	

图 3.12.6　原始数据

1．打开文件

打开案例文件“职工奖金.sav”，依次单击菜单栏中的【转换】→【重新编码为相同的变量】命令。

弹出【重新编码为相同的变量】对话框，将左侧框中的“奖金”选入“数字变量”栏中，如图 3.12.7 所示。

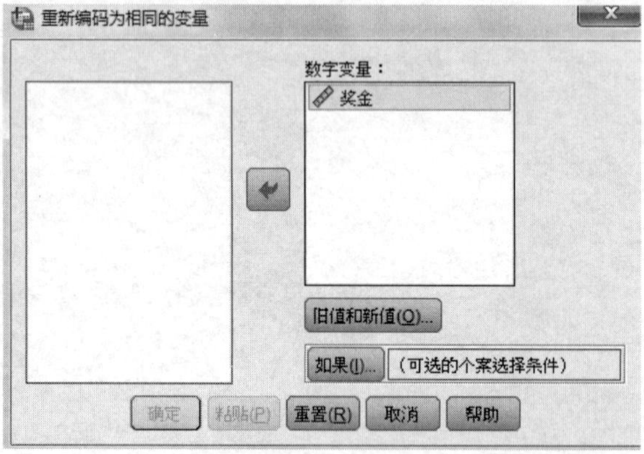

图 3.12.7　【重新编码为相同的变量】对话框

2．个案选择条件设置

单击【如果】按钮，弹出【重新编码为相同变量：If 个案】对话框，系统默认设置【包括所有个案】，即 SPSS 默认对所有个案进行重新编码，这里我们选择“在个案满足条件时包括”，在 IF 条件编辑框内编辑条件：奖金>1500，如图 3.12.8 所示。

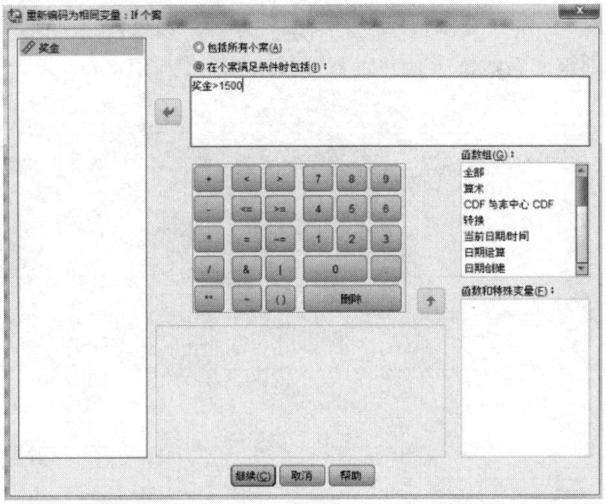

图 3.12.8　个案选择条件设置

在“函数组”栏中提供了 SPSS 内置的各种计算函数，可根据实际需要选用。

3. 旧值和新值选项设置

单击【继续】按钮，返回上一级对话框，单击【旧值和新值】按钮，在“旧值”栏中选择“范围，从值到最高”并输入“2500”，在“新值”栏中选择“值”并输入“2500”，单击【添加】按钮；在“旧值”栏的“范围”中输入“1500”到“2500”，在“新值”栏的“值”中输入“1500”，单击【添加】按钮，如图 3.12.9 所示。

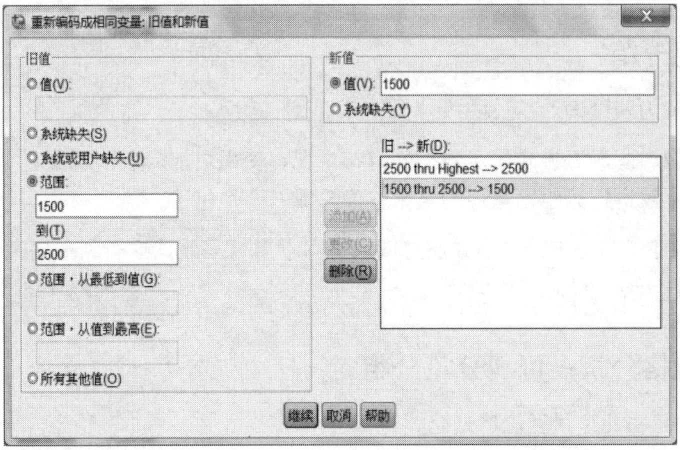

图 3.12.9　旧值和新值选项设置

4. 输出结果

单击【继续】按钮，返回上一级对话框，单击【确定】按钮，具体结果如图 3.12.10 所示，此时在数据视图中生成了新的“奖金”变量，但是“奖金”并未全部被重新赋值，而是符合 IF 条件的一部分数据按照规则被重新赋值了，并且直接替换了变量原值。

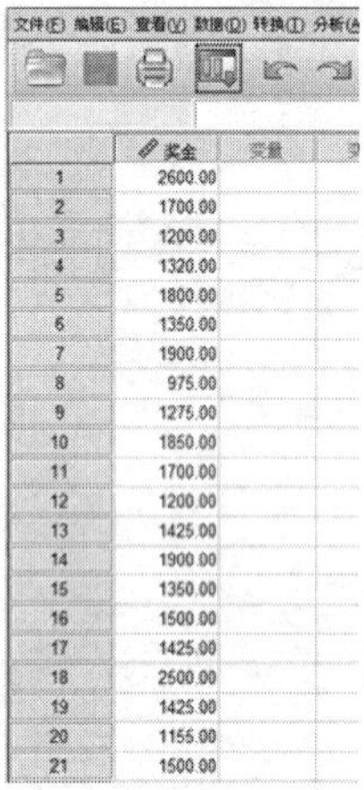

图 3.12.10　输出结果

3.13　可视化分段

如何对连续变量进行快速并且有规律的分组呢？除前文介绍的对变量重新赋值的方法之外，还有更便捷的方法——可视分箱。

温故而知新：了解“对变量重新赋值”，请复习 3.12 节的内容。

3.13.1　什么是可视分箱

“可视分箱”可以拆解为两个词：“可视” + “分箱”。

- “可视”：通过图像、图表等方式显示数据的分布情况，使之更加清晰、易懂。
- “分箱”：对连续变量进行分组，呈现的结果就像分成一个个箱子。

可视分箱可以将大量连续数据进行分组并通过图表等可视方式呈现，这有利于研究者了解数据的分布并进行后续的分析。

3.13.2　北京月度价格分析：可视分箱分组

案例：请利用可视分箱将北京月度价格分组。

1．打开文件

打开案例文件“北京月度价格.sav”，依次单击菜单栏中的【转换】→【可视分箱】命令，如图 3.13.1 所示。

2. 选择变量

将要进行分箱操作的连续变量“月度价格”选入右侧的“要分箱的变量”栏中，单击【继续】按钮，如图 3.13.2 所示。

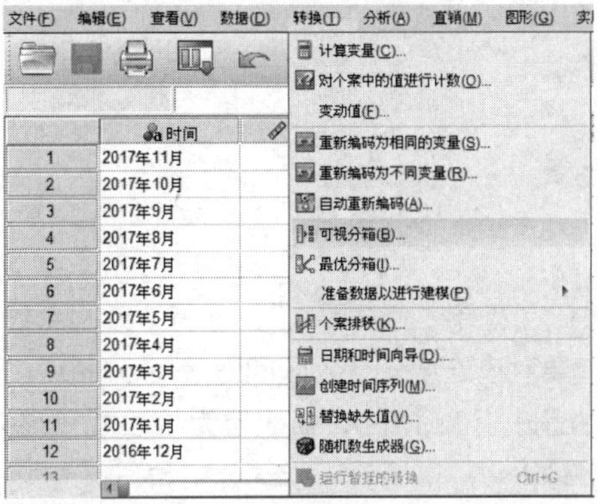

图 3.13.1 【转换】→【可视分箱】

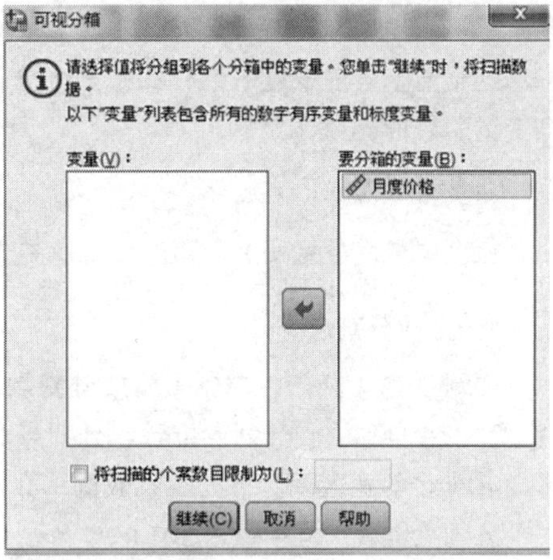

图 3.13.2 选择变量

3.【可视分箱】对话框解释。

如图 3.13.3 所示，弹出【可视分箱】对话框。

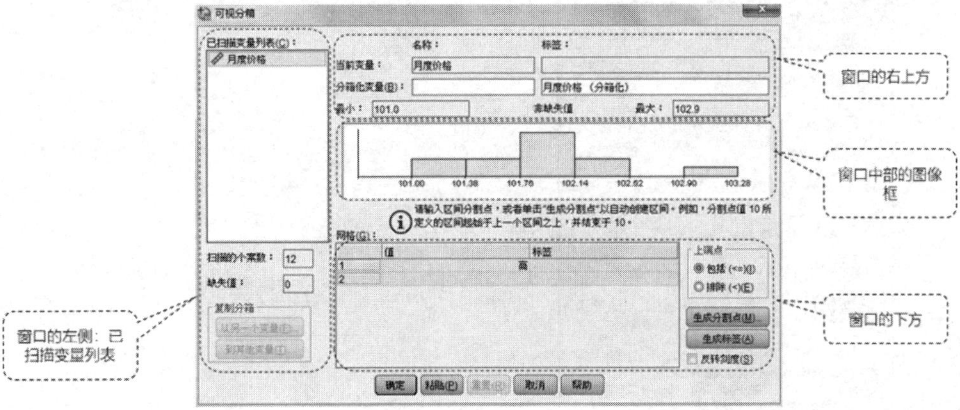

图 3.13.3 【可视分箱】对话框

各个区域的含义如下。

（1）对话框中部的图像框

变量“月度价格”的分布以直方图的形式呈现在对话框中部的图像框中，可以借此图表了解该变量的离散情况。

（2）对话框的左侧

上方为“已扫描变量列表”，即呈现上一步选入“要分箱的变量”栏中的变量；下方呈现该变量对应的扫描个案数和缺失值。

（3）对话框的右上方

这里显示当前变量的名称和标签，分箱后的名称和标签也可以在这里设置。下方显示扫描变量的最值。

（4）对话框的下方

在这里可以设置变量分箱的分割点并生成标签。

4．生成分割点

如图 3.13.4 所示，单击【生成分割点】 按钮，选择“等宽区间”，填写“分割点数”和“宽度”，会自动生成分割点位置。分割点数是指要对该连续变量的区间做 n 个分割点，使之形成 n+1 个等宽区间。首先观察数据，数据中的最小值为 101.0，最大值为 102.9，则在“第一个分割点位置”框中输入 101.0，“分割点数”输入 4，“宽度”输入 0.55，单击【应用】按钮。

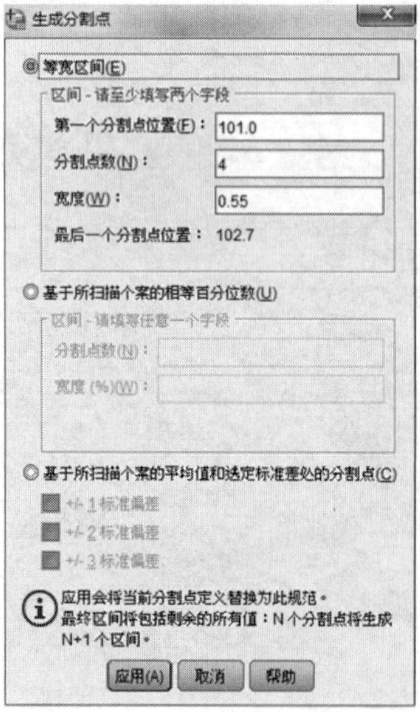

图 3.13.4　生成分割点

提示：可以只设定“第一个分割点位置”和“分割点数”，不设定宽度，SPSS 会自动匹配宽度。本例中手动调整了宽度，是为了使数据更加简洁（若宽度是自动生成的，则分割点值为 2 位小数，经手动调整，分割值为 1 位小数）。

5. 可视分箱设置

在【可视分箱】对话框的图像框中以明显的直线画出分割点，可以借此看到分箱情况。

单击【生成标签】按钮，在“网格”栏中会自动生成对应的标签，此栏中的值便是我们设置的分割点值。

在图像框的上方设置“分箱化变量”的名称为“月度价格_2”，单击“确定”按钮，如图 3.13.5 所示。

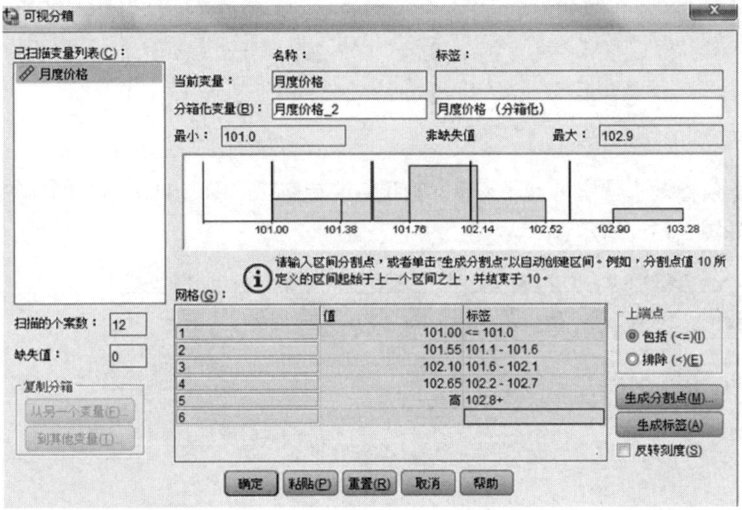

图 3.13.5　可视分箱设置

6. 创建新变量

弹出创建新变量的提示对话框，单击【确定】按钮，如图 3.13.6 所示。

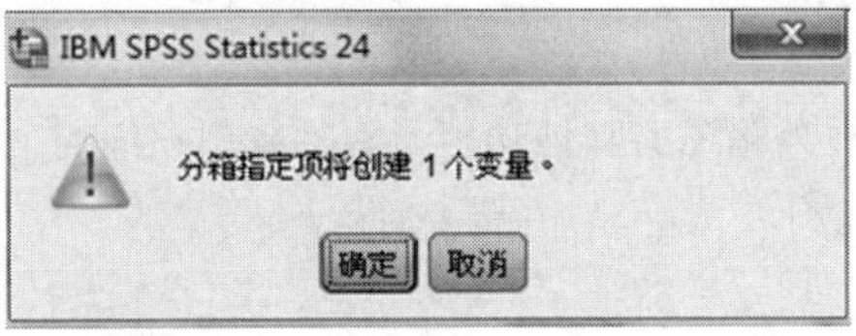

图 3.13.6　创建新变量的提示

7. 输出结果

如图 3.13.7 所示，在数据视图中生成一个新的变量“月度价格_2”，这是根据“月度价格”变量进行**等距分箱**得到的，结果分为 5 组，分别为 <=101.0、101.1 ~ 101.6、101.6 ~ 102.1、102.2 ~ 102.7、102.8+。

	时间	月度价格	月度价格_2	变量	变量	变量	变量
1	2017年11月	102.0	3				
2	2017年10月	101.8	3				
3	2017年9月	101.6	3				
4	2017年8月	101.9	3				
5	2017年7月	101.7	3				
6	2017年6月	102.5	4				
7	2017年5月	102.5	4				
8	2017年4月	101.9	3				
9	2017年3月	101.0	1				
10	2017年2月	101.1	2				
11	2017年1月	102.9	5				
12	2016年12月	102.1	3				

图 3.13.7 输出结果

单击右上角的【值标签】按钮，可以实现标签和值的转换，由图 3.13.7 所示的标签转换成了分段的数值，如图 3.13.8 所示。

	时间	月度价格	月度价格_2	变量	变量	变量	变量
1	2017年11月	102.0	101.6 - 102.1				
2	2017年10月	101.8	101.6 - 102.1				
3	2017年9月	101.6	101.6 - 102.1				
4	2017年8月	101.9	101.6 - 102.1				
5	2017年7月	101.7	101.6 - 102.1				
6	2017年6月	102.5	102.2 - 102.7				
7	2017年5月	102.5	102.2 - 102.7				
8	2017年4月	101.9	101.6 - 102.1				
9	2017年3月	101.0	<= 101.0				
10	2017年2月	101.1	101.1 - 101.6				
11	2017年1月	102.9	102.8+				
12	2016年12月	102.1	101.6 - 102.1				

图 3.13.8 值标签

本案例中笔者只介绍了最常用的功能，可视分箱还有其他功能，包括限制扫描的个案数、不同的分割点设置方式等，感兴趣的读者可以自行尝试。

3.14 个案排秩

简单来说，个案排秩就是求某一观测值在一个序列里的位置（等级）。个案排秩一般用于排名次，但是很多时候在进行非参数检验时，需要先将原始数据转换成秩次再做后续的分析。本节着重于对排名次操作的讲解，关于非参数检验详见第 9 章内容。

案例：请根据某班学生的化学成绩进行排名，原始数据如图 3.14.1 所示。

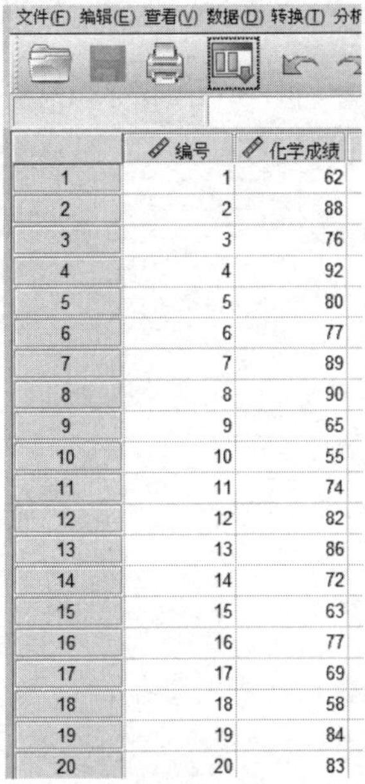

	编号	化学成绩
1	1	62
2	2	88
3	3	76
4	4	92
5	5	80
6	6	77
7	7	89
8	8	90
9	9	65
10	10	55
11	11	74
12	12	82
13	13	86
14	14	72
15	15	63
16	16	77
17	17	69
18	18	58
19	19	84
20	20	83

图 3.14.1　原始数据

3.14.1　化学成绩分析：利用个案排秩

1. 打开文件

打开案例文件“化学成绩.sav”，依次单击菜单栏中的【转换】→【个案排秩】命令。

2. 个案排秩选项设置

如图 3.14.2 所示，弹出【个案排秩】对话框，将“化学成绩”选入“变量”栏中，在“将秩 1 赋予”栏中选中“最大值”（此处选择赋予最大值是指将成绩最高的设置为第一名）。“依据”指若有分组变量且需要进行分组排序，则将分组变量选入“依据”栏中（如以不同的性别来分组）。“显示摘要表”指在结果窗口中输出相关报表。

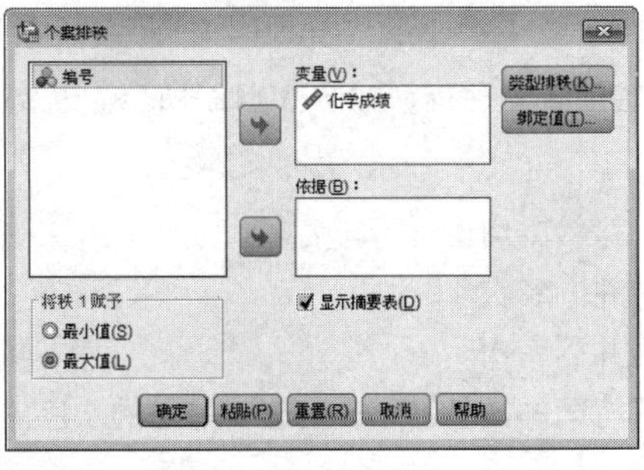

图 3.14.2　个案排秩选项设置

3. 类型排秩选项设置

单击【类型排秩】按钮，弹出【个案排秩：类型】对话框，如图 3.14.3 所示。一般默认设置为“秩”，本例全部选中。

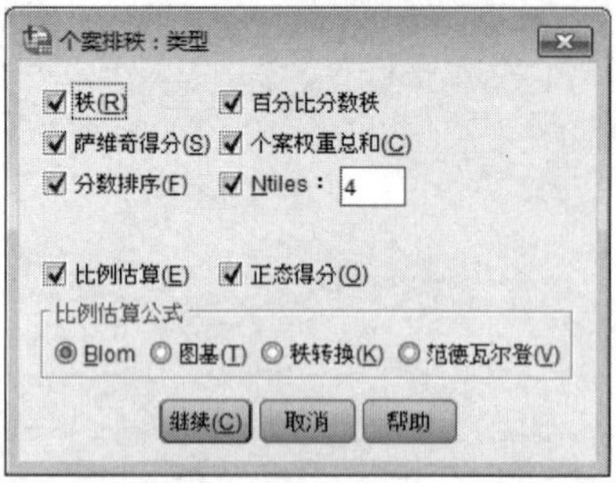

图 3.14.3　类型排秩选项设置

设置等级排序的方法有 8 种。

- “秩”：根据变量数值的高低排名次。
- “萨维奇得分”：将指数分布的 Savage 得分作为等级排序的依据。
- “分数排序”：按照变量数值的大小转换成等级后，用秩次除以有效样本数所得的分数。
- “百分比分数秩”：用每个等级除以带有有效值的个案数，再乘以 100，以百分数来显示。
- “个案权重总和”：有效样本的个案总数。
- “Ntiles”：设定原始数据平均分为几个等级（1 ~ 9 之间），在 SPSS 中默认为 4，即按四分位数进行划分（25%以下、25% ~ 50%、50% ~ 75%、75%以上）。
- “比例估算”：根据某种特殊秩化比例估算公式，来估计数据正态化累积百分比。
- “正态得分”：将“比例估算”的结果转换为 Z 分数。

选择“比例估算”和“正态得分”会有 4 种公式。

4. 绑定值选项设置

单击【绑定值】按钮，弹出【个案排秩：绑定值】对话框，如图 3.14.4 所示。**若绑定值出现同分的情况，该如何处理？**

- “平均值”：若有相同得分的，则取相同等级的平均值进行排名。
- “低”：若得分相同，则取排名低的等级为并列名次。
- “高”：若得分相同，则取排名高的等级为并列名次。
- “顺序秩到唯一值”：若得分相同，则保留相同的排名且不改变下一等级的次序。

前 3 种方式很好理解，我们重点看看“顺序秩到唯一值”，故本例选择“顺序秩到唯一值”。

5. 输出结果

如图 3.14.5 所示，在数据视图中显示了各种类型的排秩结果。由于有同分题，选择的处理方式是“顺序秩到唯一值”，因此保留排名相同的等级且不改变下一等级的次序，**本例以“R 化学”即化学成绩名次来升序排列**，可以看出编号 6 与编号 16 的化学成绩相同，名次为并列第 10 名，下一个名次仍按顺序排列，即第 11 名。请读者自行比较各种绑定值的差别，根据实际需求选择相应的方式。

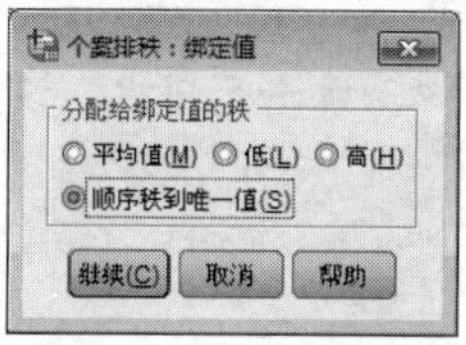

图 3.14.4 绑定值选项设置

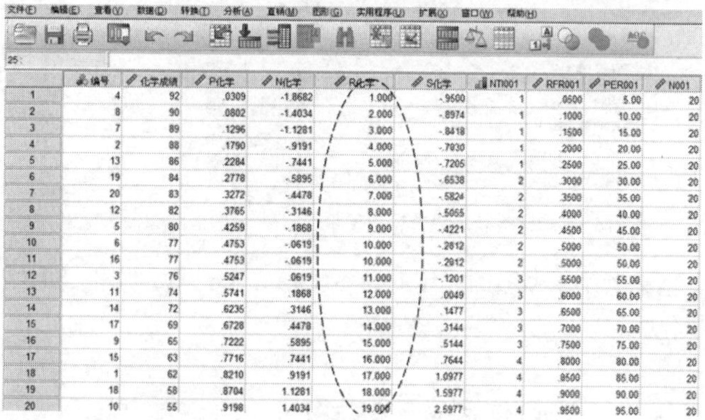

	编号	化学成绩	P化学	N化学	R化学	S化学	NTI001	RFR001	PER001	N001
1	4	92	.0309	-1.8682	1.000	-.9500	1	.0500	5.00	20
2	8	90	.0802	-1.4034	2.000	-.8974	1	.1000	10.00	20
3	7	89	.1296	-1.1281	3.000	-.8418	1	.1500	15.00	20
4	2	88	.1790	-.9191	4.000	-.7830	1	.2000	20.00	20
5	13	86	.2284	-.7441	5.000	-.7205	1	.2500	25.00	20
6	19	84	.2778	-.5895	6.000	-.6538	2	.3000	30.00	20
7	20	83	.3272	-.4478	7.000	-.5824	2	.3500	35.00	20
8	12	82	.3765	-.3146	8.000	-.5055	2	.4000	40.00	20
9	5	80	.4259	-.1868	9.000	-.4221	2	.4500	45.00	20
10	6	77	.4753	-.0619	10.000	-.2812	2	.5000	50.00	20
11	16	77	.4753	-.0619	10.000	-.2812	2	.5000	50.00	20
12	3	76	.5247	.0619	11.000	-.1201	3	.5500	55.00	20
13	11	74	.5741	.1868	12.000	.0049	3	.6000	60.00	20
14	14	72	.6235	.3146	13.000	.1477	3	.6500	65.00	20
15	17	69	.6728	.4478	14.000	.3144	3	.7000	70.00	20
16	9	65	.7222	.5895	15.000	.5144	3	.7500	75.00	20
17	15	63	.7716	.7441	16.000	.7644	4	.8000	80.00	20
18	1	62	.8210	.9191	17.000	1.0977	4	.8500	85.00	20
19	18	58	.8704	1.1281	18.000	1.5977	4	.9000	90.00	20
20	10	55	.9198	1.4034	19.000	2.5977	4	.9500	95.00	20

图 3.14.5 输出结果

3.14.2 化学成绩分析：利用自动重新编码

若只需要将连续变量转换为次序变量，即仅对某一变量排名次，则可用“自动重新编码”来实现。

1. 打开文件

打开案例文件“化学成绩.sav”，依次单击菜单栏中的【转换】→【自动重新编码】命令。

2. 自动重新编码选项设置

如图 3.14.6 所示，弹出【自动重新编码】对话框，将“化学成绩”选入“变量->新名称”栏中，在“新名称”框中输入“化学排名”，再单击【添加新名称】按钮；“重新编码起点”选择“最大值”。

3. 输出结果

如图 3.14.7 所示，在数据视图中创建了一个新的有序变量“化学排名”，此时排名是以乱序形式出现的，将化学排名按升序排列，则得到了从第 1 名到第 19 名的顺序排名。若有相同得分，则保留排名相同的等级且不改变下一等级的次序（等同于个案排秩中的“顺序秩到唯一值”）。

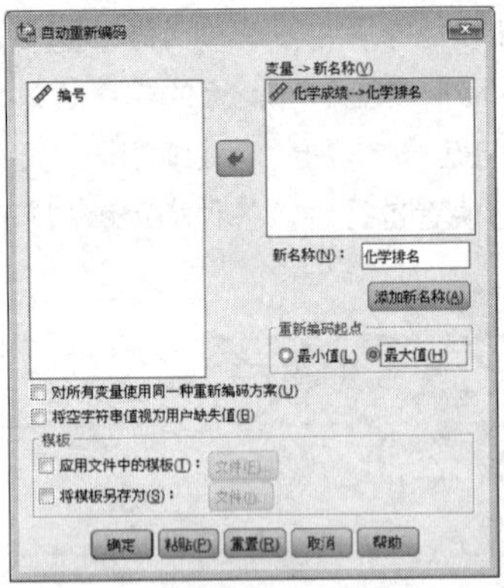

图 3.14.6 自动重新编码选项设置

	编号	化学成绩	化学排名
1	4	92	1
2	8	90	2
3	7	89	3
4	2	88	4
5	13	86	5
6	19	84	6
7	20	83	7
8	12	82	8
9	5	80	9
10	6	77	10
11	16	77	10
12	3	76	11
13	11	74	12
14	14	72	13
15	17	69	14
16	9	66	15
17	15	63	16
18	1	62	17
19	18	58	18
20	10	55	19

图 3.14.7 输出结果

掌握了以上案例操作的读者不妨思考一下：如果按照性别对化学成绩进行排秩，该如何操作呢？

3.15 缺失值的处理

数据缺失怎么办？大家在撰写论文或者进行数据分析的过程中可能都会遇到数据缺失的情况，这种情况最容易干扰到分析结果，那么有哪些方法可以解决这个问题呢？

有人会提出：删除这些缺失的数据，可以保持数据的完整性。

这时有人就会说：我搜集到的数据本身就比较少，不能删除。

案例：本例选自"历年来某地区人均全年消费性支出"（全年消费性支出单位：亿元；人均消费性支出：元），由于某种原因 2004 年的数据有缺失，那么如何处理呢？原始数据如图 3.15.1 所示。

	年份	全年消费性支出	人均消费性支出
1	2000	60184.35	5300.20
2	2001	70457.32	6204.90
3	2002	74045.53	6520.90
4	2003	81553.53	7182.10
5	2004	90191.36	.
6	2005	96033.15	8346.30
7	2006	98514.66	8675.80
8	2007	102248.22	9004.60
9	2008	113536.33	9998.70
10	2009	117475.42	10345.60
11	2010	128831.67	11345.70
12	2011	142730.32	12569.70
13	2012	179210.88	15782.40
14	2013	190128.82	16743.90

图 3.15.1 原始数据

3.15.1　人均消费性支出分析：替换缺失值

1. 打开文件

打开案例文件“历年来某地区人均全年消费性支出.sav”，依次单击菜单栏中的【转换】→【替换缺失值】命令。

2. 替换缺失值选项设置

如图 3.15.2 所示，将带有缺失值的变量“人均消费性支出”移至右边的“新变量”栏中，此时系统会生成一个默认的新变量。如果需要自定义变量的名称，则可在“名称”框中进行编辑，然后单击【变化量】按钮即完成更改。

3. 替换缺失值的方法选择

一般系统默认选择的方法是“序列平均值”。因本例考虑到当地平均收入水平与消费性支出会成一定的比例，而且也与国民经济发展的速度有关，为了与实际更贴合，这里选择了“临近点的平均值”方法，如图 3.15.3 所示。

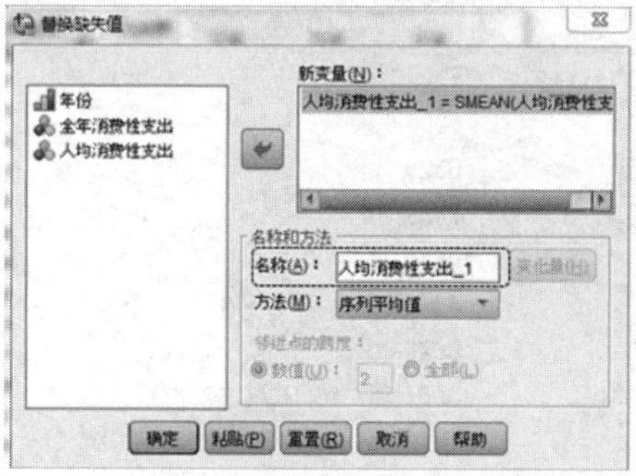

图 3.15.2　替换缺失值选项设置

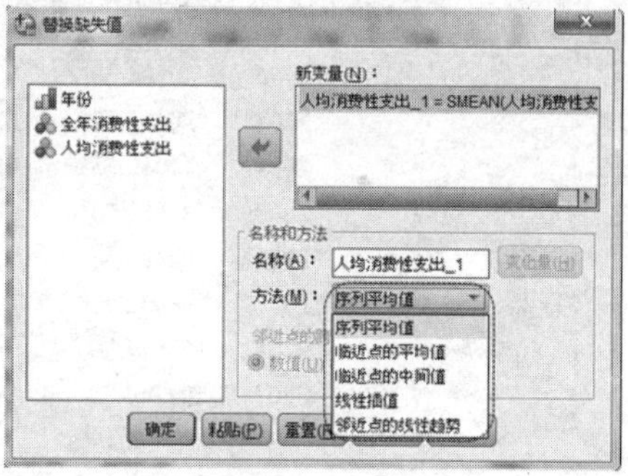

图 3.15.3　方法选择

在“方法”下拉列表中有多种方法，下面进行一一说明。

- 序列平均值：系统将使用所有非缺失值的平均值替换缺失值。
- 临近点的平均值：系统计算时会使用缺失值临近的非缺失值的平均值替换缺失值，用户可以在“邻近点的跨度”框中定义临近非缺失值的个数。
- 临近点的中间值：系统计算时将使用缺失值临近的非缺失值的中位数替换缺失值，同样可以在“邻近点的跨度”框中定义临近非缺失值的个数。
- 线性插值：系统将使用缺失值相邻两点的中点处的取值替换缺失值，其计算原理类似于“临近点的平均值”。
- 邻近点的线性趋势：系统将采取线性拟合的方法确定替换值。

4．输出结果

完成上述操作后，会出现两个输出结果，如图 3.15.4 所示，统计出本例的缺失值共计 1 个。

结果变量

	结果变量	替换的缺失值数	非缺失值的个案编号		有效个案数	创建函数
			第一个	最后一个		
1	人均消费性支出_1	1	1	18	18	SMEAN(人均消费性支出)

图 3.15.4　输出结果 1

从图 3.15.5 中可以看出，新变量“人均消费性支出_1”2004 年的缺失值已经被替换了。

文件(F) 编辑(E) 查看(V) 数据(D) 转换(T) 分析(A) 直销(M) 图形(G) 实用程序(U) 扩展(X)

7 : 人均消费性支出　8675.80

	年份	全年消费性支出	人均消费性支出	人均消费性支出_1
1	2000	60184.35	5300.20	5300.20
2	2001	70457.32	6204.90	6204.90
3	2002	74045.53	6520.90	6520.90
4	2003	81553.53	7182.10	7182.10
5	2004	90191.36	.	15640.21
6	2005	96033.15	8346.30	8346.30
7	2006	98514.66	8675.80	8675.80
8	2007	102248.22	9004.60	9004.60

图 3.15.5　输出结果 2

3.15.2　删除缺失值

除了替换缺失值，还有一种方法就是直接删除缺失值,因为删除并不会影响要分析的数据库中的数据，只是样本数量减少了。

值得注意的一点是，在 SPSS 功能界面中并没有提供直接删除缺失值的菜单（按钮），这个功能的实现一般涵盖在一些分析功能的选项对话框中，比如相关分析、卡方检验、t 检验以及回归分析等。

接下来同样以“历年来某地区人均全年消费性支出”为例来进行操作和展示。

1．相关分析缺失值选项设置

在进行相关分析（不管是双变量相关性还是偏相关性分析）时，在【选项】对话框中就有“缺失值”选项，SPSS 默认设置为“成对排除个案”，如图 3.15.6 所示。

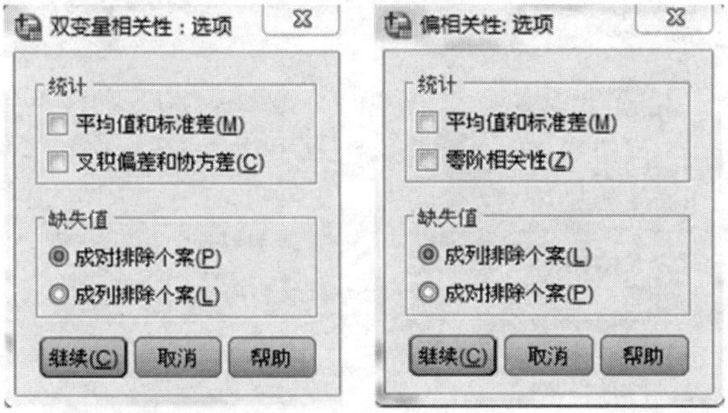

图 3.15.6　相关分析缺失值选项设置

2．*t* 检验缺失值选项设置

同样地，在【独立样本 T 检验：选项】和【成对样本 T 检验：选项】对话框中都有一个默认设置的“缺失值”选项，如图 3.15.7 所示。

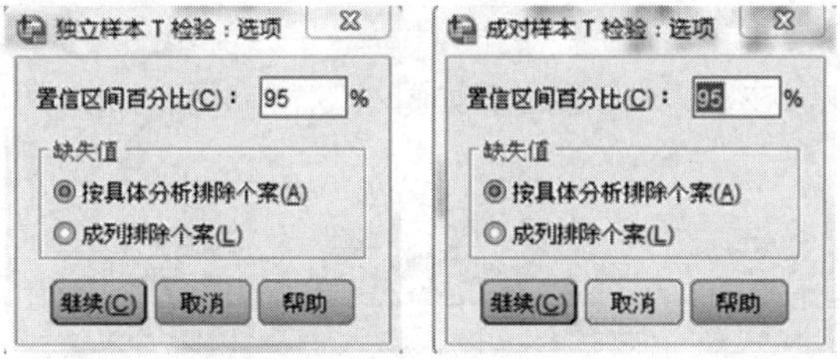

图 3.15.7　*t* 检验缺失值选项设置

3．卡方检验缺失值选项设置

在做卡方检验时，在【卡方校验：选项】对话框中也有一个缺失值的默认设置选项，如图 3.15.8 所示。

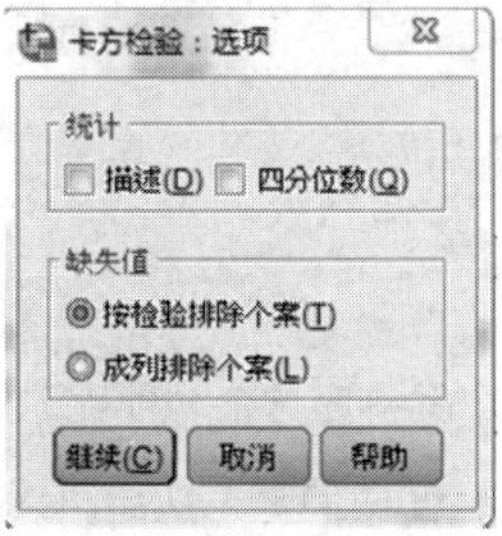

图 3.15.8　卡方检验缺失值选项设置

4．回归分析缺失值选项设置

在进行线性回归时，在【线性回归：选项】对话框中包含了缺失值选项设置，如图 3.15.9 所示。

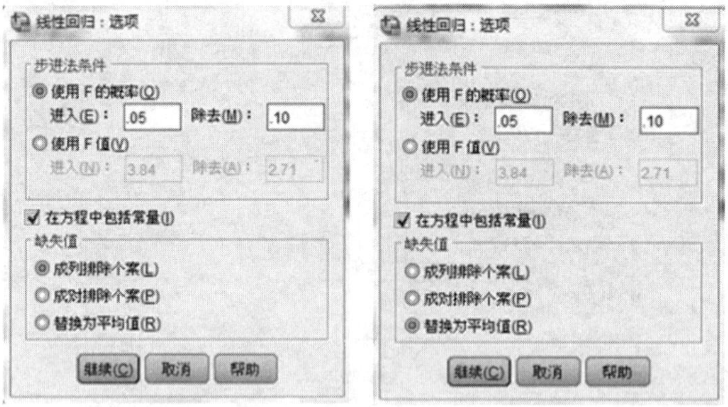

图 3.15.9　线性回归缺失值选项设置

我们会发现，与前面一些分析方法的选项不同的是，线性回归的“缺失值”多了一个选项，就是“替换为平均值”，那么选择“成列排除个案”与选择“替换为平均值”有什么区别呢?

经过实践操作，发现其最大的区别就在于样本数量上，如图 3.15.10 和图 3.15.11 所示。

描述统计

	平均值	标准偏差	个案数
全年消费性支出	177670.4349	145123.9840	17
人均消费性支出	15640.2118	12402.71856	17

图 3.15.10　“成列排除个案”结果

描述统计

	平均值	标准偏差	个案数
全年消费性支出	172810.4865	142292.7752	18
人均消费性支出	15640.2118	12402.71856	18

图 3.15.11　“替换为平均值”结果

很显然，图 3.15.10 由于删除了缺失值，所以比图 3.15.11 中的个案数少了 1 个，但是变量“人均消费性支出”的平均值是相等的。**这里需要注意的是，本例中只有“人均消费性支出”变量有缺失值。**

本节介绍了两种处理缺失值的方法：替换缺失值和删除缺失值，大家可以根据实际需求去选择。

3.16　数据的排序

本节我们要讲解如何对个案排序，那么在什么情况下会用到个案排序这个功能呢?

通常来说，在前期整理数据的过程中会遇到杂乱无章的数据，使我们毫无头绪，对个案排序即对数据进行升序或者降序排列，会让我们对数据有一个更加直观的感受。

数据排序分为两种情况：当只有一个变量需要排序时为单变量排序，只需要按照变量的大小对个案排序即可；当有多个变量时为多重排序，需要根据主次变量来排序。

本节不介绍单变量的个案排序，而是重点介绍多变量的单向排序和混合排序。

案例 1：请对数据案例中的“总成绩”和“量化”进行升序排列，原始数据如图 3.16.1 所示。

	总成绩	量化	变量	变量	变量	变量
1	562	8				
2	592	5				
3	609	9				
4	623	4				
5	593	6				
6	981	7				
7	564	5				
8	596	8				
9	666	4				
10	546	8				
11	582	6				
12	594	7				
13	608	5				
14	653	6				
15	601	5				

图 3.16.1 原始数据

3.16.1 多变量的单向排序

1. 打开文件

打开案例文件“个案排序.sav”,依次单击菜单栏中的【数据】→【个案排序】命令。

2. 个案排序选项设置

如图 3.16.2 所示，弹出【个案排序】对话框，将“总成绩”和“量化”变量依次选入“排序依据”栏中。

注意：在本案例中，我们是先将“总成绩”选入“排序依据”栏中的，这意味着在个案排序的操作中，SPSS 会先按照第一变量（总成绩）的大小来排序，若总成绩的排序相同，再按照第二变量（量化）的大小来排序，所以之后我们会看到排序完的个案是按照“总成绩”的高低顺序排列的。

如图 3.16.3 所示，“排列顺序”选择“升序”，然后单击【确定】按钮。

图 3.16.2　个案排序选项设置

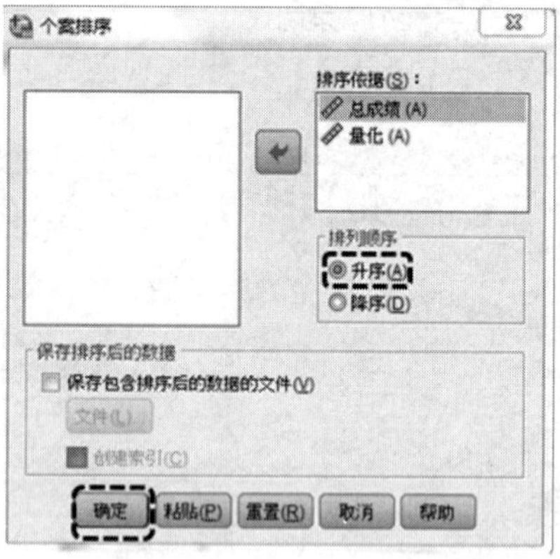

图 3.16.3　选择排列顺序

3．输出结果

如图 3.16.4 所示，在数据视图中得到了“总成绩”和“量化”的排序结果。“总成绩”按照由低到高的顺序升序排列，当总成绩相同时（如第 7 个和第 8 个个案的总成绩相同），再按照“量化”的大小进行升序排列，此例中量化值小的排在前面。

图 3.16.4　输出结果

3.16.2　多变量的混合排序

多变量的混合排序是指在多个变量中，有些变量是按照升序排列的，有些变量则是按照降序排列的，需要根据主次变量的顺序来确定最终的排序情况。

案例 2：请将“收入”按照升序排列，将“量化等级”按照降序排列，原始数据如图

3.16.5 所示。

图 3.16.5　原始数据

1．打开文件

打开案例文件“收入与其量化等级.sav”，依次单击菜单栏中的【数据】→【个案排序】命令。

2．个案排序选项设置

如图 3.16.6 所示，弹出【个案排序】对话框，先将“收入”作为主变量选入“排序依据”栏中，“排列顺序”选择“升序”；然后将“量化等级”作为次变量选入“排序依据”栏中，“排列顺序”选择“降序”。单击【确定】按钮。

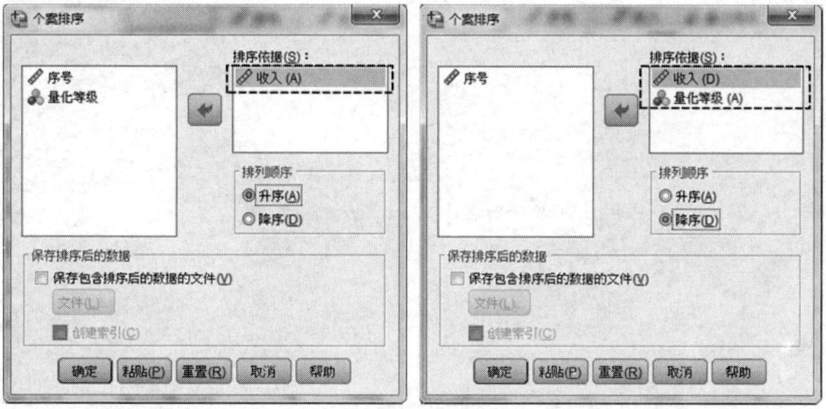

图 3.16.6　个案排序选项设置

3. 输出结果

如图 3.16.7 所示，主变量“收入”按照升序排列；当主变量相同时，次变量“量化等级”按照降序排列。这与“案例 1”的处理结果不同。

	序号	收入	量化等级	变量	变量	变量
1	6	2500	3			
2	7	3600	5			
3	8	4000	6			
4	2	4000	5			
5	9	4000	4			
6	10	5000	7			
7	1	5000	4			
8	4	5700	4			
9	3	6000	9			
10	11	8000	6			
11	5	8300	6			
12	15	8500	6			
13	12	9000	7			
14	13	11000	9			
15	16	15000	8			
16	14	20000	10			
17						

图 3.16.7　输出结果

总结：对于多变量的单向排序，主变量说了算，次变量的升降顺序跟随主变量，主变量就是选入【排序依据】栏中的第一顺位的那个变量。

对于多变量的混合排序，主变量和次变量的排序可以相互独立，也就是说，次变量可以自行设置升序或者降序排列。当主变量的数值相同时，次变量则按照自身设置的排列顺序进行排序。比如，如果主变量设置了升序排列，次变量设置了降序排列，那么当主变量的数值相同时，次变量按照降序排列。

第4章
报表的生成

4.1 交叉表

4.1.1 交叉表概述

交叉表也被称为列联表，是用 SPSS 进行列联表分析时生成的表格，通常用于对计数资料或等级资料进行描述统计和卡方检验，还可以进行 Fisher 精确检验、对数似然比检验、相关性检验等。

4.1.2 制作交叉表

案例：如果想知道一个人的文化程度和他的月消费水平之间的频数分布，这两个变量均为有序变量，那么就可以用交叉表来进行分析。原始数据如图 4.1.1 所示。

	文化程度	月消费水平
1	1	1
2	3	3
3	2	3
4	4	3
5	3	2
6	3	2
7	4	2
8	4	2

图 4.1.1 原始数据

1. 打开文件

打开案例文件“交叉表数据.sav”，依次单击菜单栏中的【分析】→【描述统计】→【交叉表】命令。

2．交叉表选项设置

如图 4.1.2 所示，弹出【交叉表】对话框，将“文化程度”选入右侧的“行”栏中；将“月消费水平”选入右侧的“列”栏中。

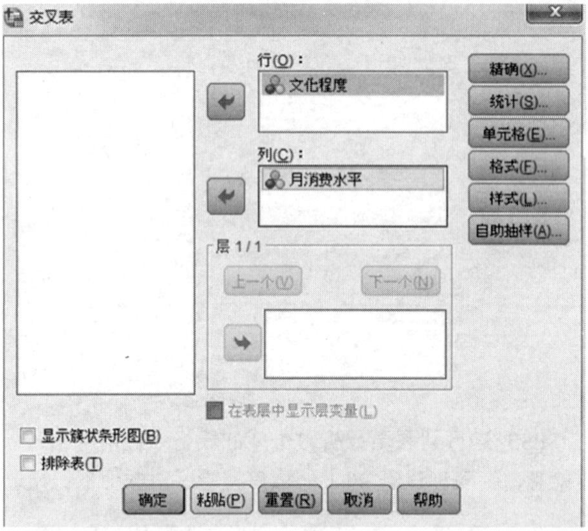

图 4.1.2　交叉表选项设置

3．检验方法设置

单击图 4.1.2 右侧的【精确】按钮，打开【精确检验】对话框，如图 4.1.3 所示，SPSS 默认设置为【仅渐进法】。

- “仅渐进法”：适用于渐进分布的大样本数据。
- “蒙特卡洛法”：该方法不需要样本具有渐进分布作为假设前提，是精确显著性水平的无偏估计，能够非常有效地计算出精确的显著性水平。“置信度级别”默认为 99%，“样本数”默认为 10 000 次。
- “精确”：在给定时间限制下计算显著性水平，一般在计算限制允许时，将使用精确方法代替蒙特卡洛法。

4．统计选项设置

单击图 4.1.2 右侧的【统计】按钮，打开【交叉表：统计】对话框，如图 4.1.4 所示，对统计选项进行设置，即对输出统计量进行设置。

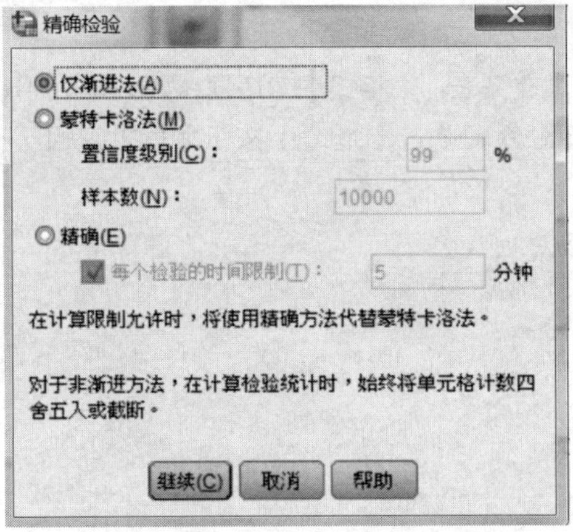

图 4.1.3 检验方法设置

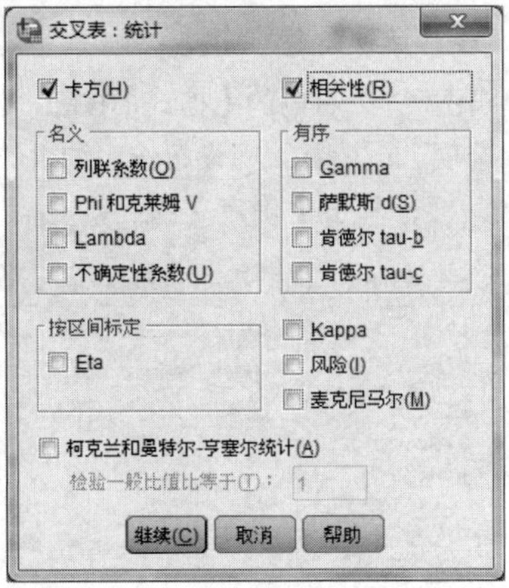

图 4.1.4 统计选项设置

- “卡方”主要是对行变量和列变量的独立性进行检验。
- “相关性”主要是对行变量和列变量的相关性进行检验，分为“名义”和“有序”两种变量类型，它们又各自有不同的检验方法。
- “名义”变量有 4 种方法：“列联系数”表示行变量和列变量之间的相关性，取值介于 0 和 1 之间；“Phi 和克莱姆 V”为两个基于卡方的相关性统计量；“Lambda”和“不确定性参数”表示由自变量预测因变量时的误差缩减比例，取值介于 0 和 1 之间。
- “有序”变量也有 4 种方法：“Gamma”表示两个有序变量相关性的对称度量，取值介于−1 和 1 之间；“萨默斯 d”表示两个有序变量相关性的非对称度量，取值介于−1 和 1 之间；“肯德尔 tau-b”和“肯德尔 tau-c”表示有序变量相关性的非参数统计量，取值介于−1 和 1 之间。
- “按区间标定”表示如果一个变量为分类变量，另一个变量为连续变量，则勾选“Eta”复选框。
- “Kappa”用于衡量两种方法评价同一个对象时的一致性，取值介于 0 和 1 之间。
- “风险”应用于 2×2 表格，此统计量用于衡量某个因素和某个事件发生与否的相关性大小。
- “麦克尼马尔”用于两个二分类变量的非参数检验，用于卡方分布检验响应的改变。
- “柯克兰和曼特尔-亨赛尔统计”用于检验两个二分类变量独立性的统计量。

5. 单元格选项设置

单击图 4.1.2 右侧的【单元格】按钮，打开【交叉表：单元格显示】对话框，如图 4.1.5 所示，对单元格选项进行设置，也用于输出量的设置，包括计数、百分比、z-检验、残差 4 大项。

6. 格式选项设置

单击图 4.1.2 右侧的【格式】按钮，打开【交叉表：表格式】对话框，如图 4.1.6 所示，对格式选项进行设置，即设置输出结果的显示顺序，单击【继续】按钮之后，返回【交叉表】对话框，单击【确定】按钮。

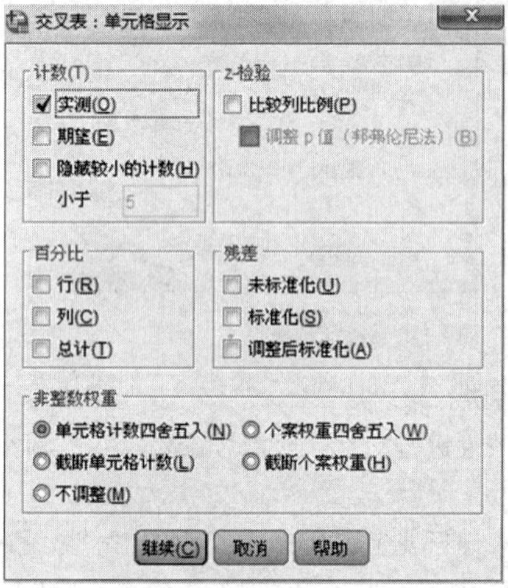

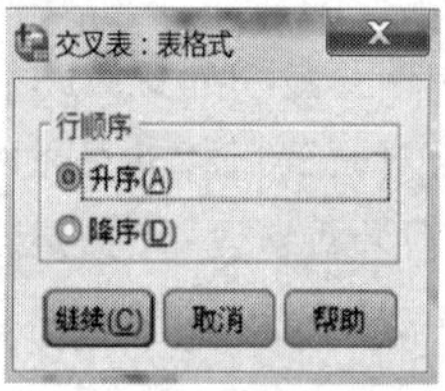

图 4.1.6　格式选项设置　　　图 4.1.5　单元格选项设置

7. 输出结果

如图 4.1.7 所示，结果是单纯的交叉表，显示了“文化程度”与“月消费水平”的交叉频数分布情况。

个案处理摘要

	个案					
	有效		缺失		总计	
	N	百分比	N	百分比	N	百分比
文化程度 * 月消费水平	30	100.0%	0	0.0%	30	100.0%

文化程度 * 月消费水平 交叉表

计数

		月消费水平			
		每月消费大于3000元	每月消费大于5000元	每月消费大于10000元	总计
文化程度	初中及已下学历	1	1	1	3
	高中学历	0	3	2	5
	本科学历	3	11	3	17
	硕士及以上学历	1	3	1	5
总计		5	18	7	30

图 4.1.7　输出结果

4.2 定制表

4.2.1 定制表概述

SPSS 中的定制表是 SPSS 产品线的一个附加模块，使你能针对不同的客户轻松定制不同风格的报表，对数据进行描述。该模块在创建表格的同时能够实时更新，使你可以随时了解表格的外观。SPSS 中的定制表功能较为完善，在报告中经常会用到。SPSS 所提供的定制表功能繁多，下面将对定制表中的各项功能做详细讲解。

4.2.2 定制表的各项功能

1. 打开 SPSS

依次单击菜单栏中的【分析】→【表】→【定制表】命令，打开【定制表】对话框，如图 4.2.1 所示。

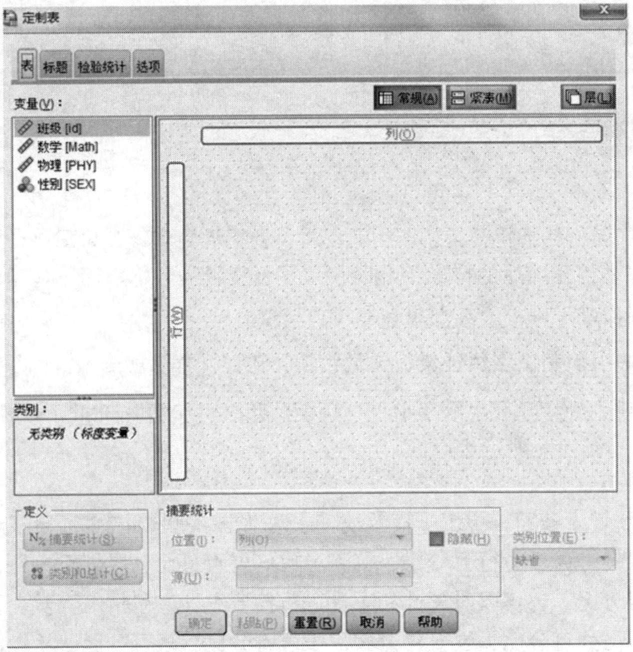

图 4.2.1 【定制表】对话框

2. 表选项设置

如图 4.2.2 所示，在【表】选项卡中选中左侧的变量，按住鼠标左键，将其拖曳到右侧空白区域的“行”中（本例以“性别”做演示）。

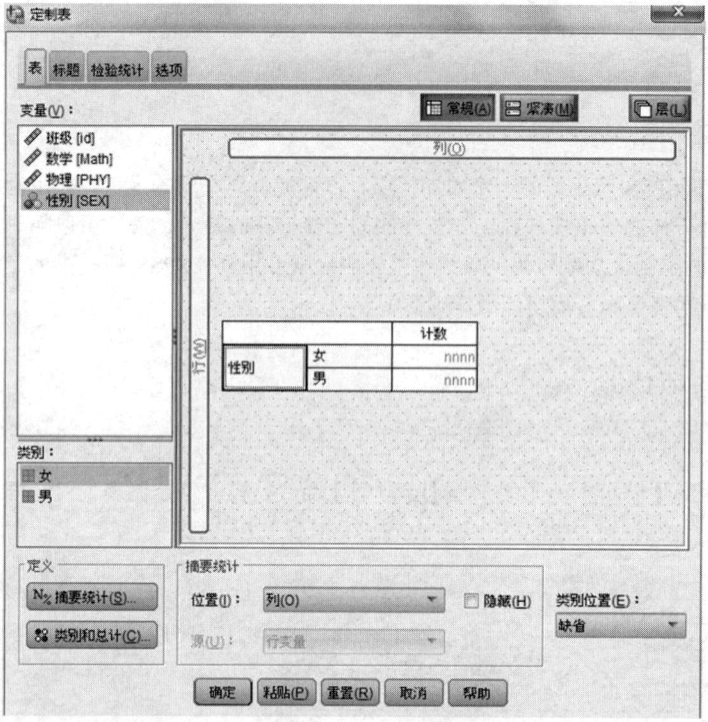

图 4.2.2　表选项设置

表格有 3 种显示样式：常规、紧凑和层。如图 4.2.2 所示是常规样式，当变量不多时通常显示为常规样式；紧凑是将表格压缩后的样式，此时将只显示变量的名称，而不显示表格；层则是将每个类别显示为一层，或者将每个类别组合显示为一层。

"摘要统计"栏中的"位置"用于设置统计量显示的位置，可以选择列或者行。

接下来，我们单击表格中的"性别"，左侧"定义"栏中的两个按钮被激活。

3. 摘要统计选项设置

单击图 4.2.2 中的【摘要统计】按钮，弹出【摘要统计】对话框，如图 4.2.3 所示，可以对变量计算不同的统计量，包括：计数、行百分比、列百分比、层百分比、层列百分比、层行百分比、子表百分比、表百分比；也可以对总计和小计进行摘要统计，包括：计数、行百分比、列百分比、层百分比、层列百分比、层行百分比、子表百分比、表百分比、平均值、中位数、众数、总和、百分位数。选中相应的统计量，单击右侧的箭头按钮即可。

在"显示"栏可以调整统计量的名称、格式、小数位数，若有多个统计量，则可以通过右侧的上、下箭头按钮调整顺序。

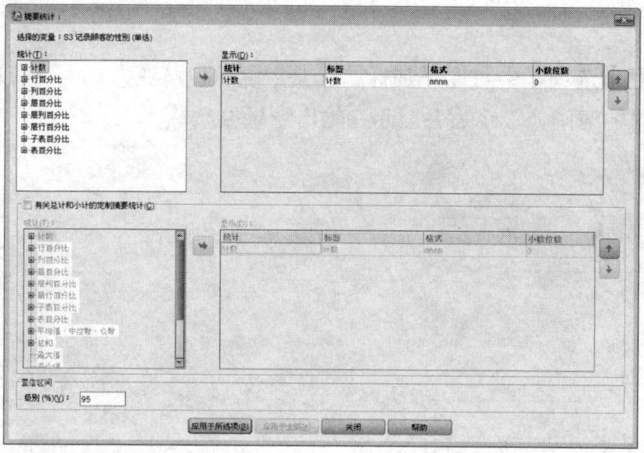

图 4.2.3　摘要统计选项设置

4．类别和总计选项设置

单击图 4.2.2 中的【类别和总计】按钮，弹出【分类和总计】对话框，如图 4.2.4 所示，在“输出”栏的“值”中显示了全部的变量值，若有不需要的则可以排除，也可以重新调整顺序。

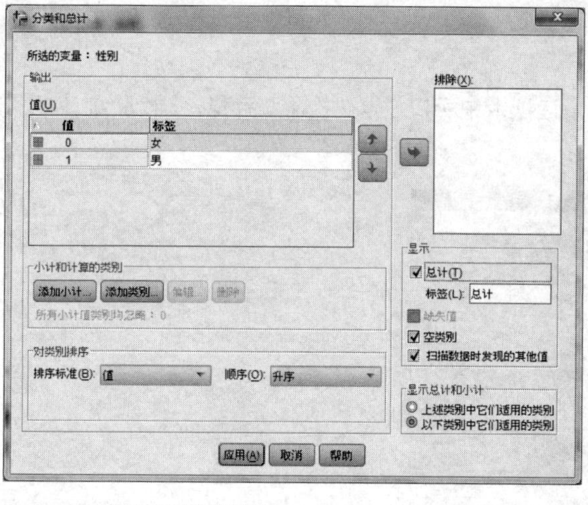

图 4.2.4　类别和总计选项设置

若要为表格添加小计，则单击【添加小计】按钮，在表格中显示男、女人数的小计。

若要显示总人数，则勾选【总计】复选框，显示总人数。

总计和小计有两种显示位置：既可以位于类别的上方，也可以位于类别的下方，根据实际需求选择相应的选项即可。

对类别排序有 3 种依据：值、标签和计数；顺序分为升序和降序。

5. 标题选项设置

如图 4.2.5 所示，在【标题】选项卡中可以添加标题、文字说明和角注，右上方有日期和时间，均为当天的日期和当时的时间，设定后会显示在输出结果中。

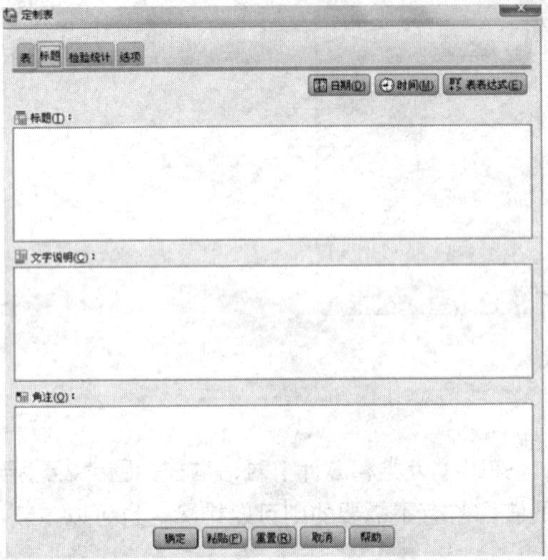

图 4.2.5　标题选项设置

6. 检验统计选项设置

如图 4.2.6 所示，在【检验统计】选项卡中可以设置 t 检验统计量、z 检验统计量、卡方检验统计量以及对应的显著性水平。

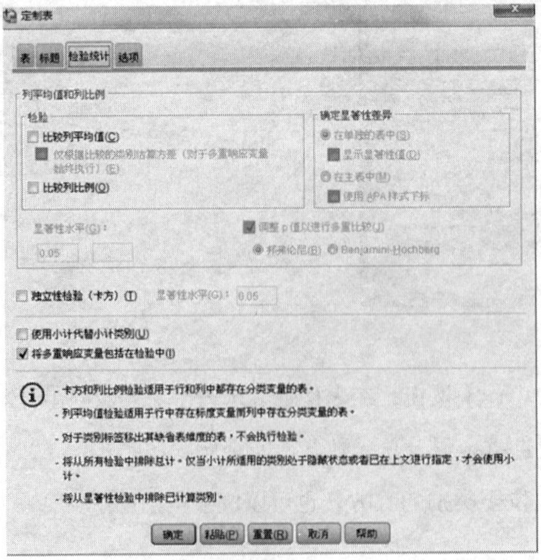

图 4.2.6　检验统计选项设置

7．选项设置

如图 4.2.7 所示，在【选项】选项卡中可以对数据单元格外观、数据列的宽度、缺失值的处理方式、有效基数、表样式进行设置。

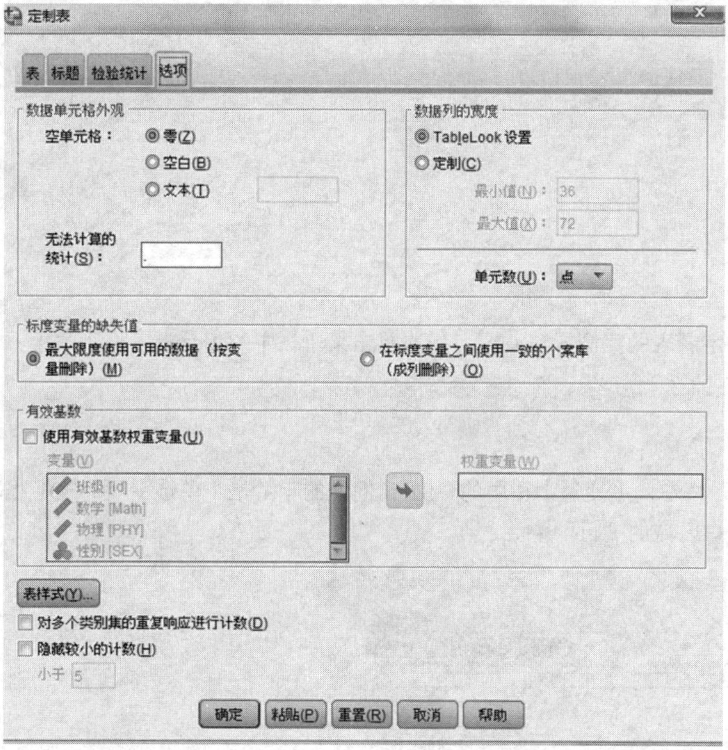

图 4.2.7　选项设置

以上就是定制表的各项功能介绍，下一节会通过一个实例来展现，希望各位读者能进一步学习和理解。

4.3　定制表的实例操作

在上一节中，我们学习了 SPSS 定制表的各项功能，本节我们通过两个案例来分别体验连续变量和分类变量的定制表的制作。

4.3.1　问卷调查分析：制作定制表

案例 1：某商场对部分顾客进行了问卷调查，请根据调查结果制作连续变量“顾客年龄”和“推荐倾向”的简单报表。原始数据如图 4.3.1 所示。

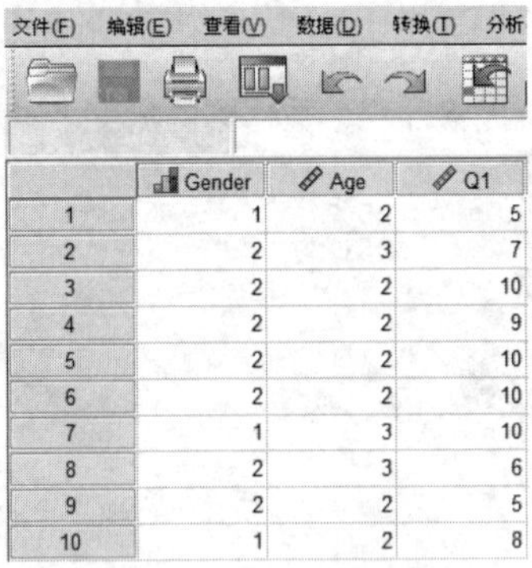

	Gender	Age	Q1
1	1	2	5
2	2	3	7
3	2	2	10
4	2	2	9
5	2	2	10
6	2	2	10
7	1	3	10
8	2	3	6
9	2	2	5
10	1	2	8

图 4.3.1　原始数据

1. 打开文件

打开案例文件“定制表的实例操作.sav”，依次单击菜单栏中的【分析】→【表】→【定制表】命令。

2. 定制表编辑

如图 4.3.2 所示，将左侧【变量】栏中的“S2 请问您的年龄是（单选）”和“Q1 推荐倾向”先后拖入右侧空白区域的“行”中。

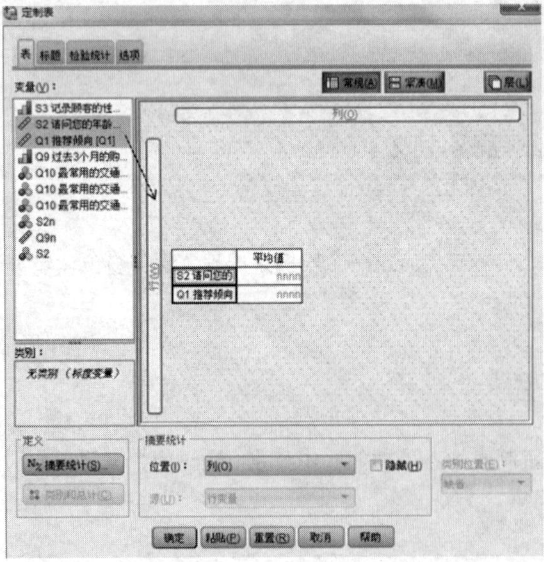

图 4.3.2　定制表编辑

3. 摘要统计选项设置

单击图 4.3.2 右侧表格中的“S2 请问您的年龄是（单选）”，则左下角的“摘要统计”按钮被激活。单击【摘要统计】按钮，由于两个变量为连续变量，我们更希望了解其分布情况，因此在【摘要统计】对话框中将“平均值”“最大值”“最小值”“中位数”“众数”选入右侧的“显示”栏中，如图 4.3.3 所示。单击【应用于全部】→【关闭】→【确定】按钮。

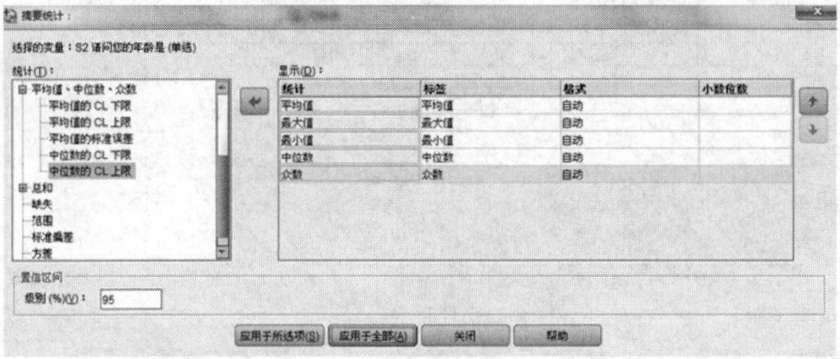

图 4.3.3　摘要统计选项设置

4. 输出结果

所得到的表格如图 4.3.4 所示，表格中的数字即为所需要的值，如分析第二行：我们将顾客的推荐程度由 0（非常不推荐）到 10（非常推荐）划分为 11 个梯度，则得分的平均值为 8，最大值为 10，最小值为 0，中位数为 8，众数为 8。需要注意的是，在这里我们将年龄划分为几个区间范围，分别用数字表示，因此表格中表示年龄的数字并不是具体的年龄值。

	平均值	最大值	最小值	中位数	众数
S2 请问您的年龄是 (单选)	2	3	2	2	2
Q1 推荐倾向	8	10	0	8	8

图 4.3.4　输出结果

“案例 1”主要是针对连续变量进行分析的，而“案例 2”是针对分类变量进行分析的，它们的操作步骤基本相同。

4.3.2　购物频次分析：制作定制表

案例 2：某商场记录了顾客的性别和过去 3 个月的购物频次，希望用定制表对不同性别的顾客及全部顾客进行购物频次的分析。原始数据如图 4.3.1 所示。

1. 打开文件

具体操作同“案例 1”中的步骤 1。

2. 定制表编辑

如图 4.3.5 所示，将左侧【变量】栏中的“S3 记录顾客的性别（单选）”拖入右侧空白区域的“行”中，将“Q9 过去 3 个月的购物频次”拖入右侧空白区域的“列”中。

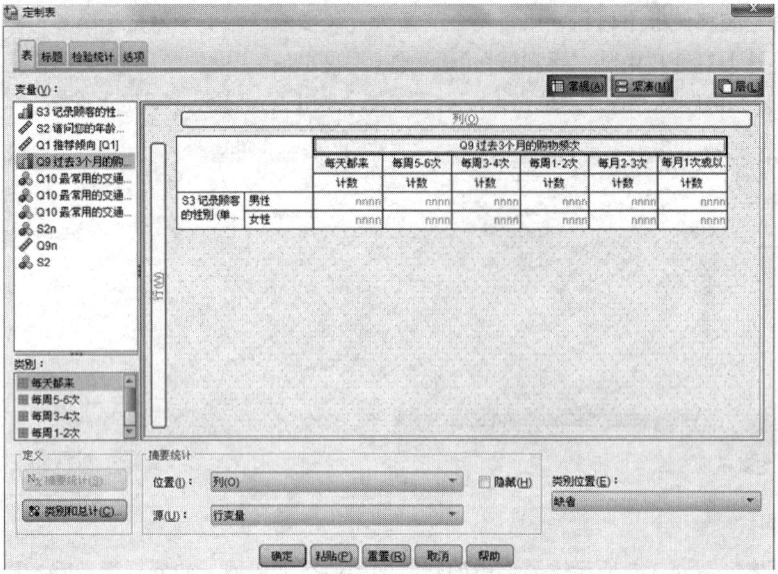

图 4.3.5　定制表编辑

3．类别和总计选项设置

单击图 4.3.5 右侧表格中的“S3 记录顾客的性别（单选）”，则左下角的“摘要统计”和“类别和总计”按钮被激活。单击【类别和总计】按钮，打开【分类和总计】对话框，如图 4.3.6 所示，勾选【总计】复选框，单击【应用】按钮，则在【表】选项卡中的男性和女性下出现了“总计”一列。

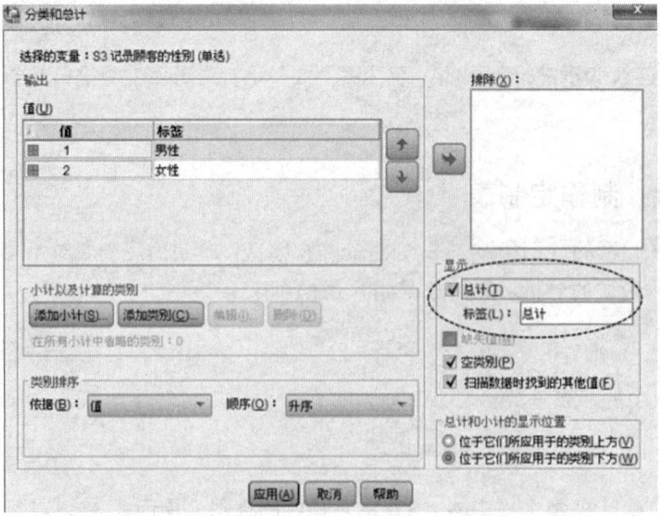

图 4.3.6　类别和总计选项设置

4. 摘要统计选项设置

单击【摘要统计】按钮，打开【摘要统计】对话框，如图 4.3.7 所示，将左侧【统计】栏中所需的变量选入右侧的“显示”栏中（单击右移箭头）。在本案例中，我们选择“表百分比”下的“表 N%”，并将其移入右侧。单击【应用于所选项】→【关闭】按钮，回到【定制表】对话框后，单击【确定】按钮。

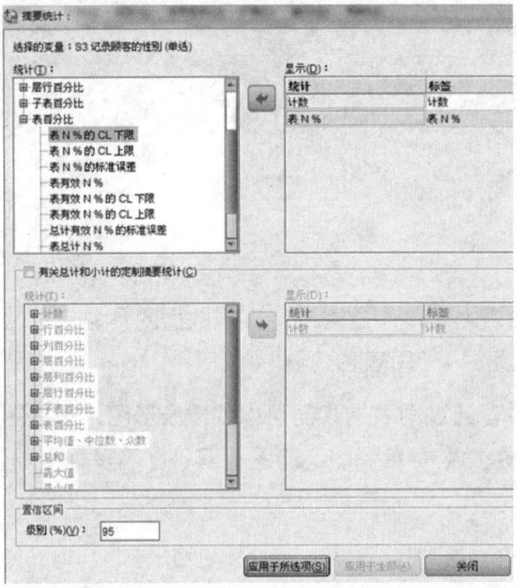

图 4.3.7　摘要统计选项设置

5. 输出结果

所得到的表格如图 4.3.8 所示，表格中的数字即为所需要的值，如分析第一行前两个数字，我们可以看出“男性，且每天都来的人数为 8 人，占该问题（Q3 过去 3 个月的购物频次）的比例为 1.6%”。

		Q9 过去3个月的购物频次											
		每天都来		每周5-6次		每周3-4次		每周1-2次		每月2-3次		每月1次或以下	
		计数	表N%	计数	表N%	计数	表N%	计数	表N%	计数	表N%	计数	表N%
S3 记录顾客的性别(单选)	男性	8	1.6%	4	0.8%	25	5.1%	89	18.2%	62	12.7%	10	2.0%
	女性	10	2.0%	11	2.2%	45	9.2%	141	28.8%	57	11.6%	28	5.7%
	总计	18	3.7%	15	3.1%	70	14.3%	230	46.9%	119	24.3%	38	7.8%

图 4.3.8　输出结果

由上述案例比较可以看出，若同时存在多个行变量，则要求输出的统计量相同，且需要选择【应用于全部】。同时，与分类变量不同的是，连续变量更适合运用集中趋势和离散趋势指标进行描述，因此系统默认选择“平均值”而非“计数”。

本节介绍的是定制表的基本操作，但是在实际分析中，需要统计的变量应依据具体内容而定，具体操作和设置并不局限于本节所讲的内容，请各位读者多多练习。

第 5 章 图形的生成

5.1 图表构建器介绍

在学习了关于数据录入和简单处理的知识之后，你是否期待实现数据的具象、生动的呈现呢？本章将介绍 SPSS 中的数据可视化神器——“图表构建器”。

图表构建器是 SPSS 中创建图表的入口，通过图表构建器可以创建条形图、折线图、面积图、饼图/极坐标图、散点图/点图、直方图、盘高-盘低图、箱图、双轴图等多种图表。

5.1.1 如何使用“图表构建器”

需要特别注意的是，**在使用图表构建器前需要确认分类变量已经定义好值标签。**

注意：示例文件 Insurance2.sav 中年龄变量的值分别指代不同的年龄段，1：<25 岁，2：25～29 岁，3：30～35 岁，4：>35 岁。

1．打开文件

如图 5.1.1 所示，打开 Insurance2.sav 文件，依次单击菜单栏中的【图形】→【图表构建器】命令。

图 5.1.1 【图形】→【图表构建器】

2．定义值标签确认

如图 5.1.2 所示，弹出图表构建器的提示对话框，提示“使用前需要确认分类变量已经定义好值标签”，提醒使用者确认是否已定义好值标签。

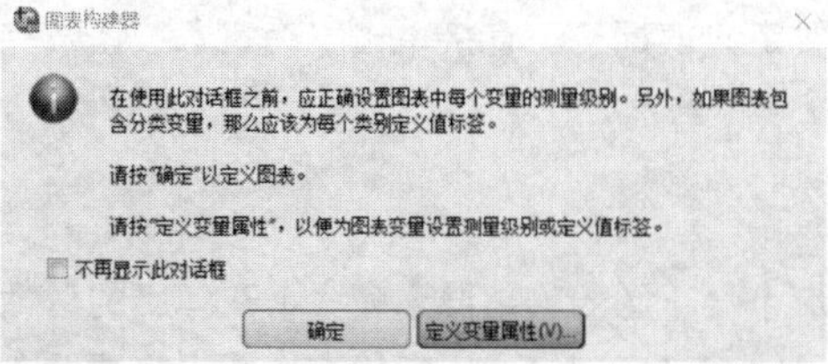

图 5.1.2　定义值标签确认提示

为什么要有确认是否定义值标签这一步呢？这是因为在图表呈现中，如果分类变量还只是值（1、2、3 之类的），不能够很好地展现它代表什么，则会导致阅读者产生疑惑。

3. 要扫描的变量

单击【定义变量属性】按钮，弹出【定义变量属性】对话框，如图 5.1.3 所示，将需要用到的变量选入“要扫描的变量”栏中，单击【继续】按钮。此处选入所有变量，是为了让大家后面可以具体地看到每一个变量的表现效果。

4. 获知值标签定义情况

如图 5.1.4 所示，在左侧列表中显示了上一步选入“要扫描的变量”栏中的所有变量。“未标注”列显示方框表示该变量已标注，显示方框里打个叉表示该变量未标注，即没有定义值标签。单击某个变量，右侧就会显示扫描该变量的所有情况。

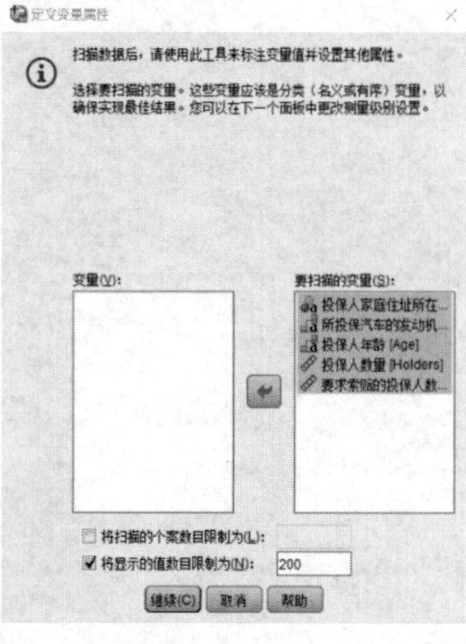

图 5.1.3　要扫描的变量

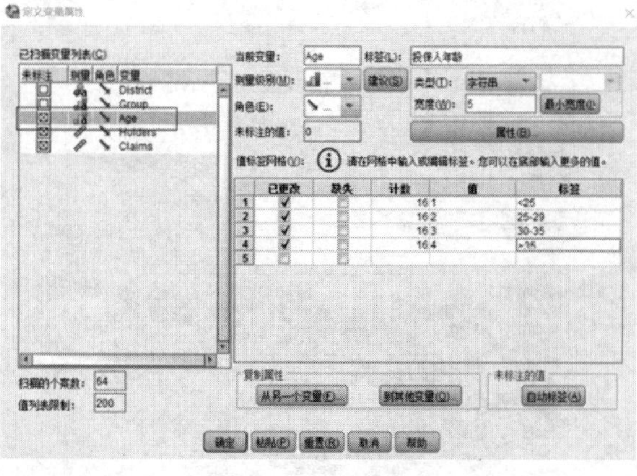

图 5.1.4　获知值标签定义情况

从“已扫描变量列表”栏中可以看到，Age 变量没有标注，单击该变量，从右下方的“值标签网格”中可以看到这个变量只有 4 个值，分别为 1～4，值标签均为空。根据数据背景我们知道，它们分别代表 4 个年龄段，把 4 个年龄段填入“标签”列中。

另外两个未标注变量为连续变量，不需要定义值标签。直接单击【确定】按钮，完成定义变量属性的过程。

5.【图表构建器】对话框说明

重复步骤 1，依次单击菜单栏中的【图形】→【图表构建器】命令，在弹出的对话框中直接单击【确定】按钮。因为该定义的变量已经定义完成，所以直接在【图表构建器】对话框中将所需的图表类型和变量类型拖曳到相应的位置就可以了。

如图 5.1.5 所示，【图表构建器】对话框分为 3 个部分。

- 左上方为变量列表（标号①），展示该图表构建器可以使用的变量，可以直接在列表中选择所需的变量构建图表。
- 右上方为图表预览区（标号②），将需要构建的图表类型拖曳到该区域即可预览图表。
- 下方为属性设置区域（标号③），共有 4 个选项卡，其中“图库”选项卡分为左、右两个部分，左侧列表展示了图表类型的名称，单击对应的图表类型会在右侧的框中展示其具体呈现效果，将目标效果拖动至图表预览区可进行预览和进一步设置；“基本元素”选项卡则展示轴和元素的呈现效果，通过拖动轴和元素的目标效果至预览区可进行图表的构建；“组/点 ID”选项卡用于设置图表的放置区，各放置区是否显示也都会呈现在图表预览区；“标题/脚注”选项卡用于设置图表的标题和脚注。

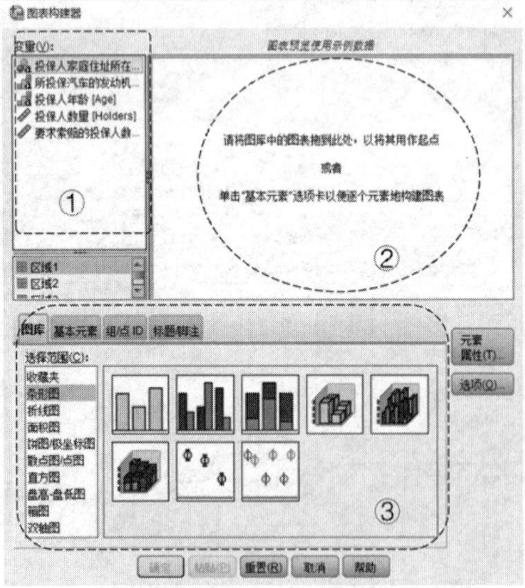

图 5.1.5 【图表构建器】对话框

5.1.2 使用图表构建器总结

- 依次单击菜单栏中的【图形】→【图表构建器】命令。

- 单击【定义变量属性】按钮，确保图表中将要用到的分类变量都已经定义值标签。
- 依次单击菜单栏中的【图形】→【图表构建器】命令，直接单击【确定】按钮进入图表构建过程。

提示： 如果习惯事先定义值标签，则可以勾选“不再显示此对话框”复选框，如图 5.1.6 所示，那么之后使用图表构建器时，软件就不会提示使用者“定义变量值标签”了，所以勾选此项需要谨慎。

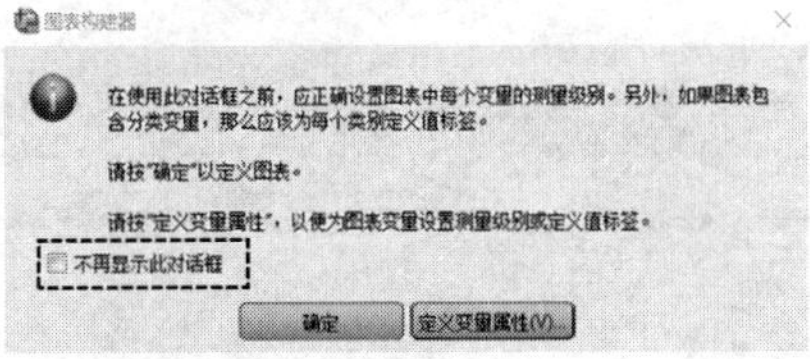

图 5.1.6　取消“定义值标签”提示

5.2 直方图

直方图用来反映连续变量的频数分布，考察其分布是否服从某种分布类型（一般为正态分布），当直方图中的长方形的宽都相等时，长方形的高表示频数的大小。

通过直方图最常得到的信息为数据整体的分布、是否有异常值及偏度。通常来说，**在频率分析或探索性分析时会包含直方图的绘制**，本节则根据“图形”菜单下的“图表构建器”和“直方图”来演示如何绘制直方图。

5.2.1 利用“图表构建器”绘制直方图

案例 1：请用直方图来描述某班化学成绩的频数分布，原始数据如图 5.2.1 所示。

	编号	班级	性别	化学成绩	变量	变量
1	1	1	2	62		
2	2	1	1	88		
3	3	1	2	76		
4	4	2	1	92		
5	5	1	1	80		
6	6	1	2	77		
7	7	2	1	89		
8	8	2	2	90		
9	9	2	2	65		
10	10	2	1	55		
11	11	1	1	74		
12	12	1	1	82		
13	13	2	2	86		
14	14	2	1	72		
15	15	1	1	63		
16	16	1	2	77		
17	17	2	2	69		
18	18	2	2	58		
19	19	2	1	84		
20	20	1	1	83		

图 5.2.1　原始数据

1. 打开文件

打开案例文件“化学成绩.sav”，依次单击菜单栏中的【图形】→【图表构建器】命令。

2. 图形构建器选项设置

在【图库】选项卡中选择“直方图”，图表构建器提供了 4 种图形：简单直方图、堆积直方图、频率多边形图、总体锥形图，最常用的是简单直方图，双击选择【简单直方图】，将“化学成绩”拖到 X 轴，此时会出现【元素属性】对话框，勾选【显示正态曲线】复选框，如图 5.2.2 所示。

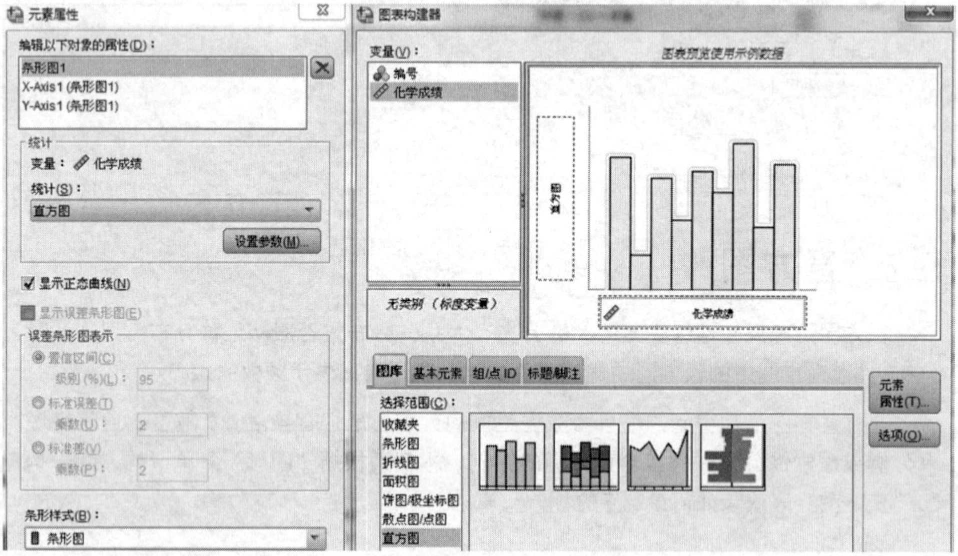

图 5.2.2　图表构建器选项设置

5.2.2　利用“直方图”菜单绘制直方图

1. 打开文件

打开案例文件“化学成绩.sav”，依次单击菜单栏中的【图形】→【旧对话】→【直方图】命令。

2. 直方图选项设置

如图 5.2.3 所示，在【直方图】对话框中，将“化学成绩”选入“变量”栏中，勾选【显示正态曲线】复选框，单击【标题】按钮。

如图 5.2.4 所示，弹出【标题】对话框，如果需要在直方图中呈现标题、子标题和脚注，则在相应的框中填写，SPSS 在输出直方图时默认在图表下方显示相应变量的名称。

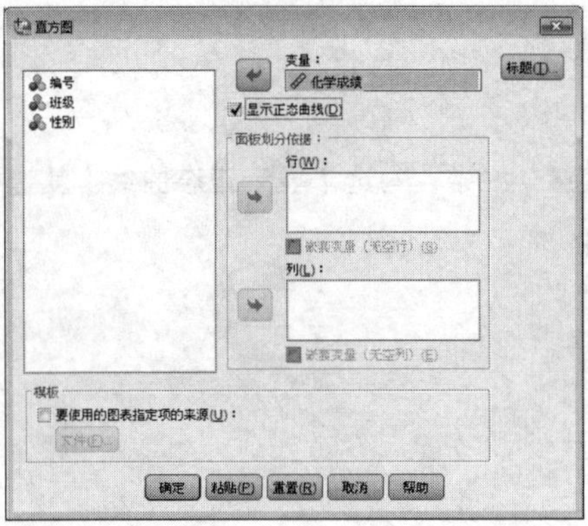

图 5.2.3　直方图选项设置

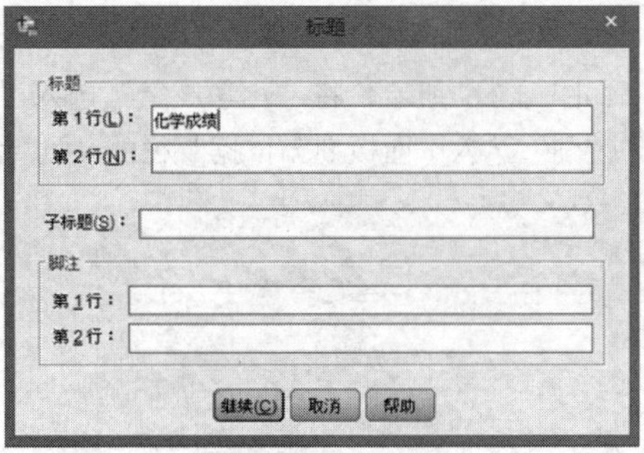

图 5.2.4　标题选项设置

3．输出结果

如图 5.2.5 所示，以上两种方法输出的结果相同。

由直方图可知，化学成绩在 50 ~ 100 分之间；在各分数段中，80 分以上的人数较多。

在图表的右上方标明了化学成绩的平均值为 76.1，标准差为 11.126，个案数为 20。

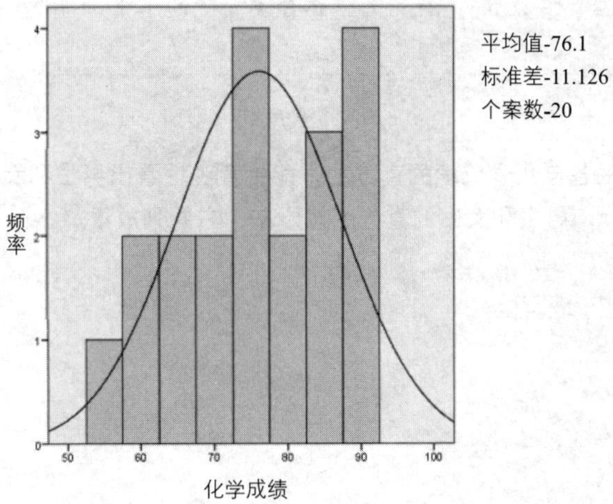

图 5.2.5　输出结果

由图 5.2.5 中的正态曲线可知，化学成绩的频数分布不完全符合正态分布（本例是由于样本量太少而导致此结果的）。

案例 2：请描述某班男生、女生各自化学成绩的频数分布，原始数据如图 5.2.1 所示。

1．打开文件

打开案例文件“化学成绩.sav”，依次单击菜单栏中的【图形】→【旧对话框】→【直方图】命令。

2. 直方图选项设置

如图 5.2.6 所示，将“化学成绩”选入“变量”栏中，勾选【显示正态曲线】复选框，将“性别”选入“面板划分依据”栏的“列”中。

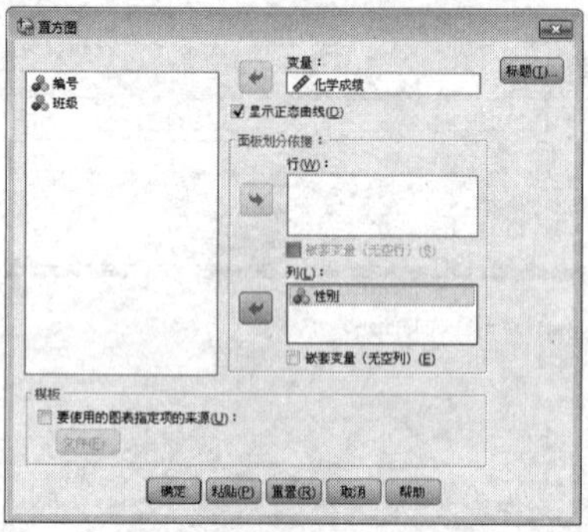

图 5.2.6　直方图选项设置

提示：面板划分依据的主要作用是如何放置直方图的位置，“列”为根据分类变量的水平，每个直方图的位置按照左、右放置；“行”为根据分类变量的水平，每个直方图的位置按照上、下放置。

---

3. 输出结果

如图 5.2.7 所示，输出男生、女生各自化学成绩的直方图，能更直观地看出男生和女生间的差异。此例将性别按“列”来划分，男生和女生的直方图按照左、右并列放置。

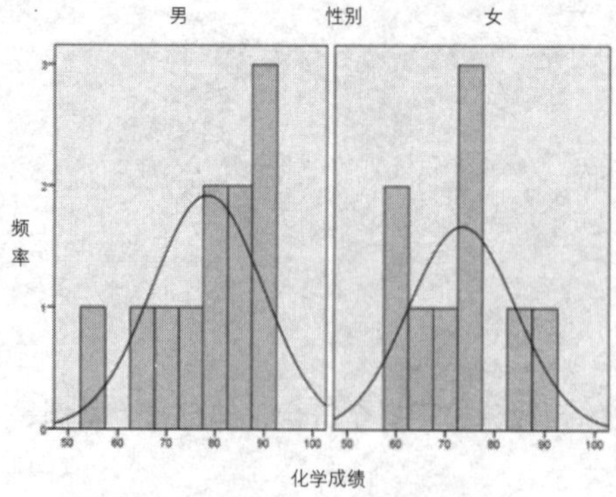

图 5.2.7　输出结果

无论是利用“图表构建器”还是“直方图”菜单绘制直方图，都可以得到我们想要的结果，具体用哪种方法请结合实际业务来选择。

5.3 折线图

上一节向读者介绍了直方图的实战操作，本节将介绍另一种图表——折线图的绘制方法。

折线图（或者称为线图）用来反映某一变量随着另一个变量变化的趋势或者说速度，一般用线段的升降来表示数值的大小变化。绘制折线图要求变量的观测值一定是一一对应的，即一个变量的观测值只对应着另一个变量的观测值，通常与直方图并用。

折线图有 3 种：简单折线图、多线折线图和垂线图，如图 5.3.1 所示。

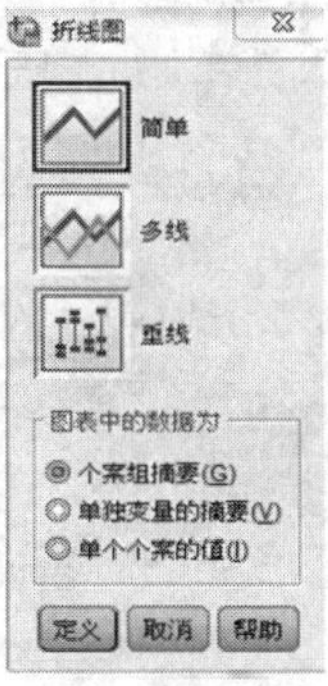

图 5.3.1　3 种折线图

案例：请根据“成绩分布情况.sav”的数据，用折线图来分析不同班级、不同性别学生的高中数学成绩情况。

5.3.1 利用“旧对话框”绘制折线图

利用“旧对话框”分别制作简单折线图、多线折线图和垂线图。

1. 简单折线图的制作

（1）打开文件

打开案例文件“成绩分布情况.sav”，依次单击菜单栏中的【图形】→【旧对话框】→【折线图】→【简单】命令。

（2）个案组摘要设置

如图 5.3.2 所示，打开【定义简单折线图：个案组摘要】对话框，在“类别轴”中选入“数学成绩”。

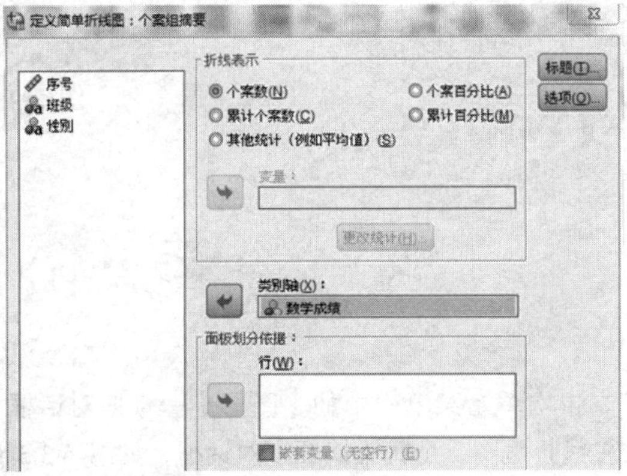

图 5.3.2　个案组摘要设置

第 5 章　图形的生成

（3）标题选项设置

如果要定义标题，单击图 5.3.2 右上角的【标题】按钮，可以定义标题的名称，本例在标题“第 1 行”中输入“数学成绩”，如图 5.3.3 所示。

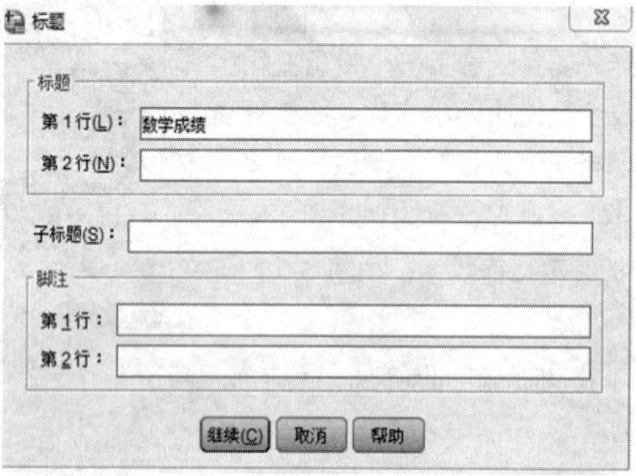

图 5.3.3　标题选项设置

（4）简单折线图结果展示

完成上述操作后，单击【确定】按钮，得到简单折线图，如图 5.3.4 所示。

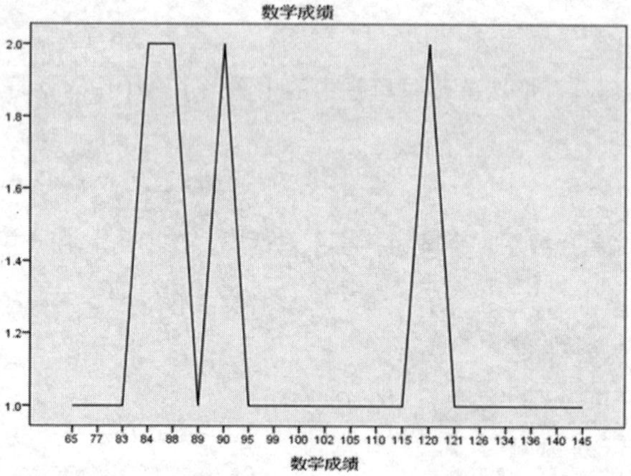

图 5.3.4　简单折线图

2. 多线折线图的制作

（1）打开文件

打开案例文件“成绩分布情况.sav”，依次单击菜单栏中的【图形】→【旧对话框】→【折线图】→【多线】命令，打开【定义多线折线图：个案组摘要】对话框，如图 5.3.5 所示。

与简单折线图不同的是，在定义多线折线图时需要选择“折线定义依据”，本例中选择了“班级”这个变量。

（2）多线折线图结果展示

完成上述操作后，得到多线折线图，如图 5.3.6 所示。

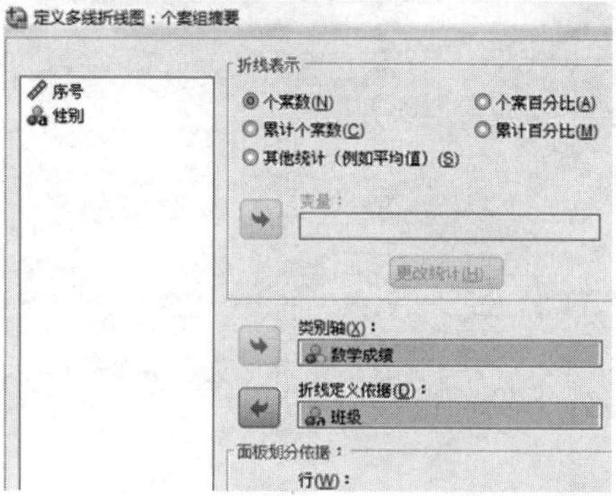

图 5.3.5　定义多线折线图

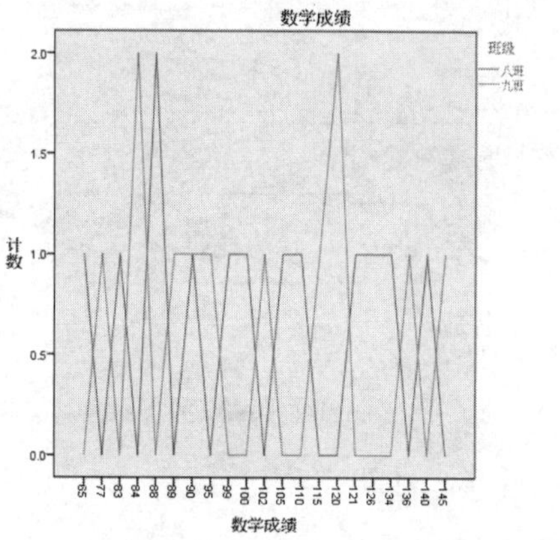

图 5.3.6　多线折线图

3．垂线图的制作

打开案例文件“成绩分布情况.sav”，依次单击菜单栏中的【图形】→【旧对话框】→【折线图】→【垂线】命令，打开【定义垂线图：个案组摘要】对话框，如图 5.3.7 所示。将“班级”变量移至“点定义依据”栏中，单击【确定】按钮，得到垂线图，如图 5.3.8 所示。

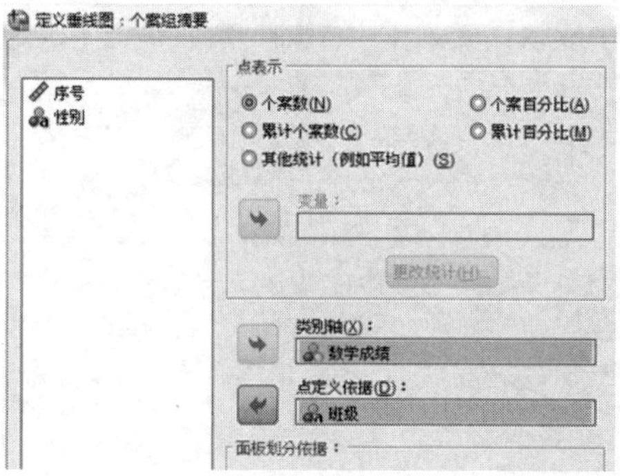

图 5.3.7　定义垂线图

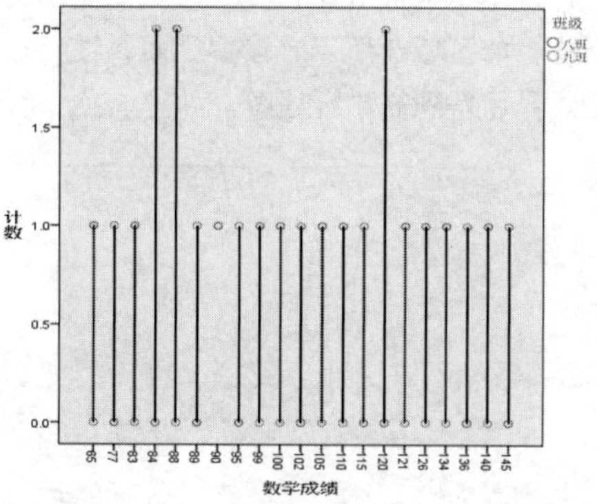

图 5.3.8　垂线图

5.3.2　利用“图表构建器”绘制折线图

与“旧对话框”不同的是，在图表构建器中的“折线图”下没有垂线图，只有简单折线图和多线折线图，如图 5.3.9 中区域 1 所示。

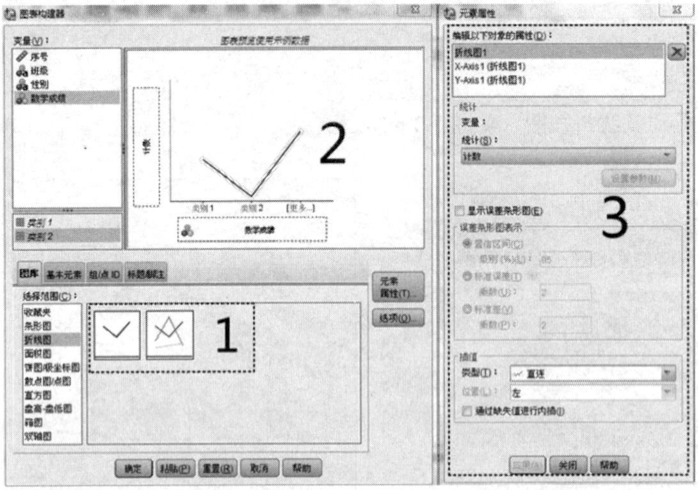

图 5.3.9 【图表构建器】对话框

1. 打开文件

打开案例文件“成绩分布情况.sav”，依次单击菜单栏中的【图形】→【图表构建器】命令，打开【图表构建器】对话框，如图 5.3.9 所示。

2. 简单折线图结果展示

选择简单折线图或者多线折线图（由于它们的操作过程类似，本例就以简单折线图为例进行操作示范），将图 5.3.9 区域 1 中所选定的图拖曳至区域 2 中，此时弹出【元素属性】对话框，如区域 3 所示，设置元素属性。把“数学成绩”变量作为 X 轴，然后单击【确定】按钮。最后得到简单折线图，如图 5.3.10 所示。

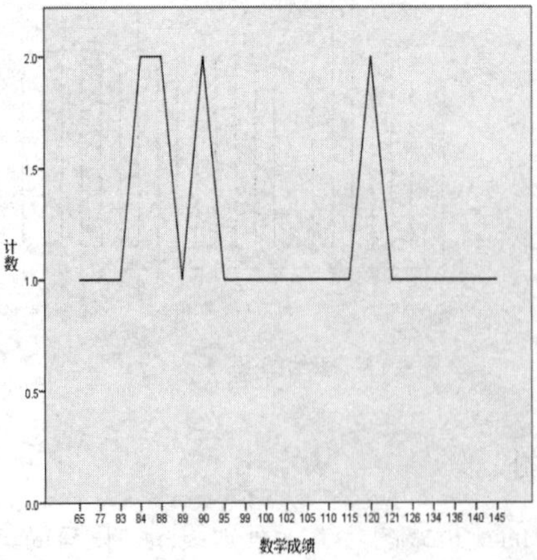

图 5.3.10 简单折线图

5.4 饼图

通常饼图用于显示一个数据系列中各项水平的大小与各项总和的比例。在饼图中，整个圆代表一个整体，每个面积不同的扇形代表不同比例的组成部分，通过饼图我们能够很直观地了解到各部分与整体之间的关系。

饼图主要适用于名义变量数据，饼图只能对同一个总体的各个部分进行比较，不能对不同的总体进行比较。

案例：某零售商设计了一份有关消费者相关信息的调查问卷，试用饼图分析消费者的教育程度。原始数据如图 5.4.1 所示。

	家庭月收入	私家车拥有量	教育程度	家庭状况	消费情况
1	9	2	4	5	4.00
2	11	1	4	1	1.00
3	7	1	3	4	2.00
4	5	2	3	8	3.00
5	1	1	2	1	1.00
6	8	2	4	5	3.00
7	6	1	4	8	1.00
8	6	2	6	4	1.00
9	5	2	3	7	4.00
10	6	1	3	2	3.00
11	11	1	2	5	4.00
12	6	2	4	4	2.00
13	3	2	5	8	1.00
14	7	2	4	2	1.00
15	8	2	5	5	1.00
16	9	2	3	1	1.00
17	7	1	3	3	1.00
18	3	2	1	5	1.00
19	7	1	3	1	2.00
20	7	1	4	5	3.00
21	7	2	3	2	1.00

图 5.4.1　原始数据

5.4.1 利用“图表构建器”绘制饼图

1. 打开文件

打开案例文件“消费分析.sav”，依次单击菜单栏中的【图形】→【图表构建器】命令。

2. 图表构建器选项设置

如图 5.4.2 所示，在【图库】选项卡中选择“饼图/极坐标图”，将其拖曳到【图表预览使用示例数据】区域，再将“您的受教育程度”拖入饼图下的横坐标区（即“分区依据”）。

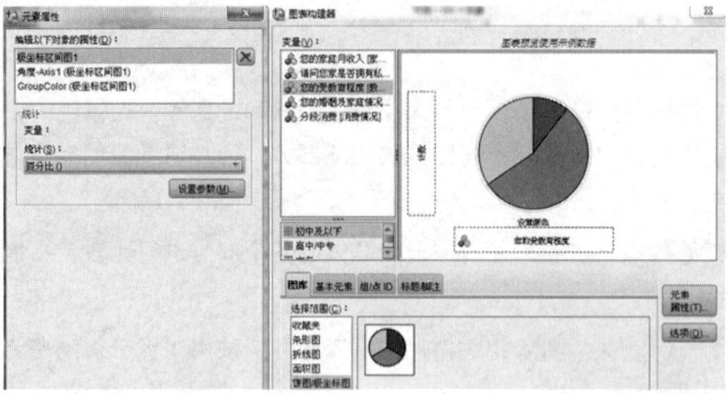

图 5.4.2　图表构建器选项设置

在【元素属性】对话框中，“统计”选择“百分比”，也可以根据实际需要选择“计数”“值”等。

单击【标题/脚注】选项卡，根据实际需要勾选相应的选项即可。

3. 输出结果

（1）设置数值

在结果输出窗口中得到了一个饼图，此饼图只用不同的颜色代表各教育程度，并未给出具体的比例。为了得到具体的数值，需要手动编辑，双击饼图，进入图表编辑器，依次单击菜单栏中的【元素】→【显示数据标签】命令，如图 5.4.3 所示。

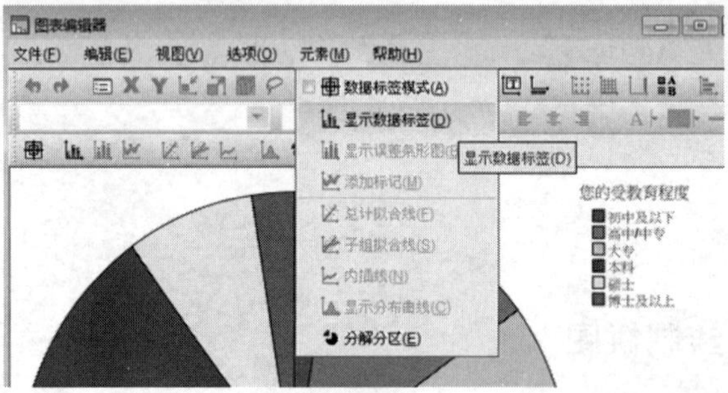

图 5.4.3　【元素】→【显示数据标签】

（2）属性选项设置

如图 5.4.4 所示，在【属性】对话框的【数据值标签】选项卡中，在“显示选项”栏不勾选【消除重叠标签】复选框（即当数据有相同的比例时，所有比例均会显示），“显示”与“不显示”根据实际需要选择，单击【应用】按钮。

还可以对【图表大小】【文本布局】【文本样式】【填充与边框】【编号格式】【变量】进行修改，选择相应的选项即可。

（3）最终结果

如图 5.4.5 所示，在饼图中不同的教育程度用不同的颜色代表，并且也显示了不同教育程度的比例。

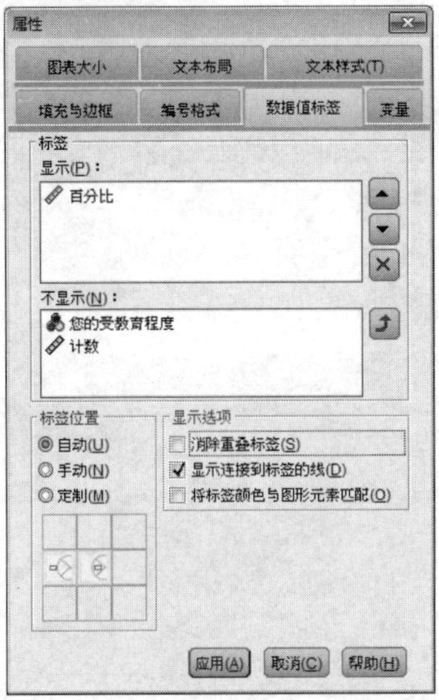

图 5.4.4　属性选项设置

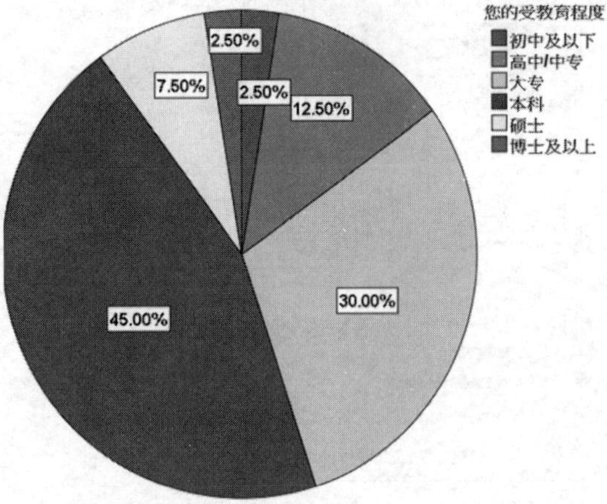

图 5.4.5　最终结果

5.4.2　利用“饼图”菜单绘制饼图

1．打开文件

打开案例文件“消费分析.sav”，依次单击菜单栏中的【图形】→【旧对话框】→【饼图】命令。

2．饼图选项设置

如图 5.4.6 所示，打开【饼图】对话框，选中【个案组摘要】单选纽，单击【定义】按钮。

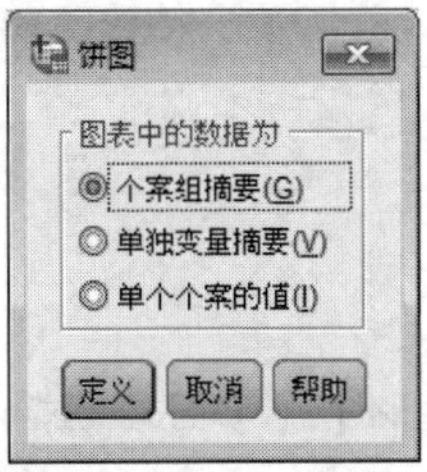

图 5.4.6　饼图选项设置

3. 定义饼图选项设置

如图 5.4.7 所示，打开【定义饼图：个案组摘要】对话框，在“分区表示”栏中选中“个案百分比”单选纽，将“您的受教育程度”选入“分区定义依据”中，单击【确定】按钮。

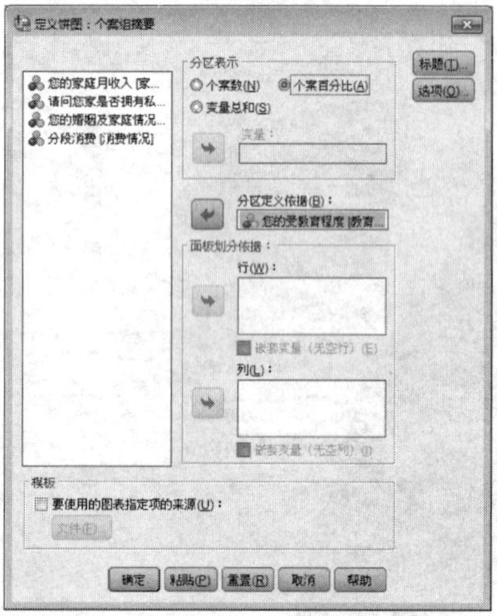

图 5.4.7 定义饼图选项设置

输出结果及后续编辑与使用“图表构建器”绘制饼图相同，在此不再赘述。

5.5 条形图

条形图用一个单位长度代表一定的数量，根据数量的多少画成长短不同的直条，然后把这些直条按一定的顺序排列起来。使用条形图可以直观地揭示或比较频数变量的频数特征值、分类变量在有关综述变量方面的特征值大小，以此发现重要组或类。

条形图有 3 种：简单条形图、簇状条形图和堆积条形图。

5.5.1 利用“旧对话框”绘制条形图

1. 简单条形图的制作

案例：请用条形图来描述历史成绩。

（1）定义简单条形图

打开案例文件“历史地理成绩.sav”，依次单击菜单栏中的【图形】→【旧对话框】→【条形图】→【简单】→【定义】命令，打开【定义简单条形图：个案组摘要】对话框，将“历史”选入“类别轴”栏中，如图 5.5.1 所示。

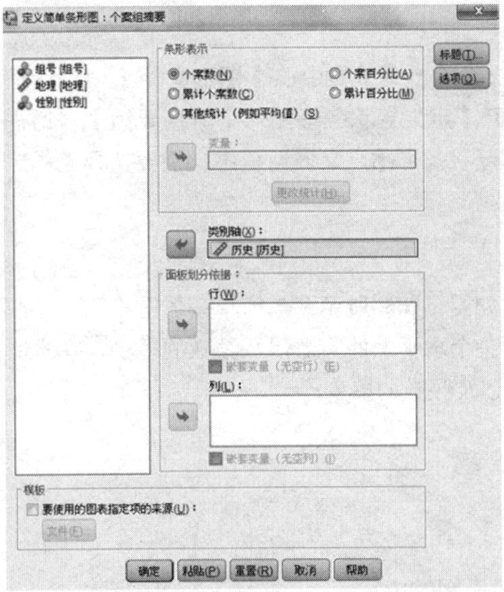

图 5.5.1　定义简单条形图

如果要定义图表标题，则单击右上角的【标题】按钮，在弹出的【标题】对话框中定义标题的名称，如图 5.5.2 所示。

（2）输出结果

单击【确定】按钮，输出简单条形图，如图 5.5.3 所示。在条形图上可以清楚地看出，历史成绩在每个分数段上的频数以及频数的多少。

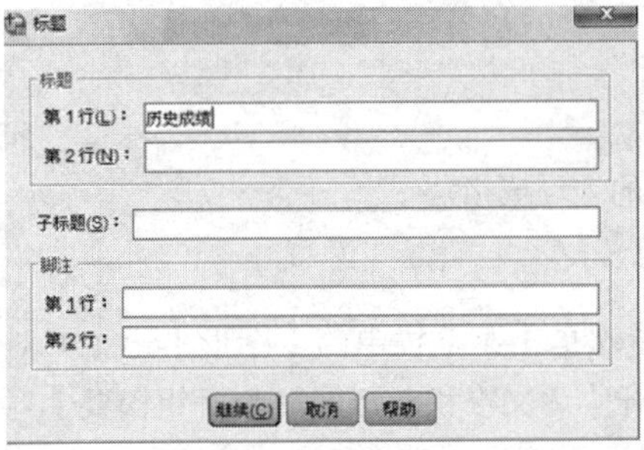

图 5.5.2　定义图表标题

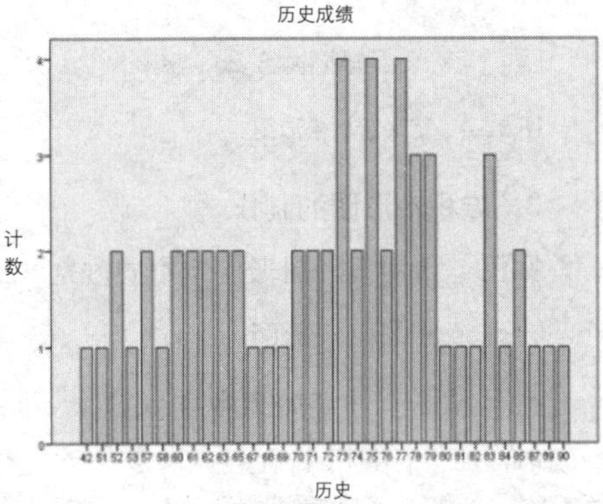

5.5.3　简单条形图

2．簇状条形图的制作

案例：请用条形图来描述不同性别学生的历史成绩。

（1）定义簇状条形图

打开案例文件“历史地理成绩.sav”，依次单击菜单栏中的【图形】→【旧对话框】→【条形图】→【簇状】→【定义】命令，打开【定义簇状条形图：个案摘要组】对话框，如图 5.5.4 所示。与简单条形图不同的是，在簇状条形图定义对话框中，需要选择聚类定义依据，本例中选择“性别”这个变量。

（2）输出结果

单击【确定】按钮，输出簇状条形图，如图 5.5.5 所示。与简单条形图不同，从簇状条形图上可以清楚地看到某变量在分类变量的各个水平上的频数以及频数的多少，在本例中可以得出历史成绩在男、女两个类别上的频数以及频数的多少。

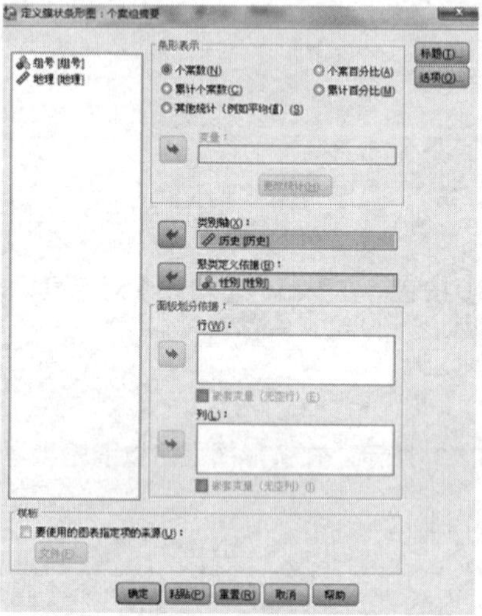

图 5.5.4　定义簇状条形图

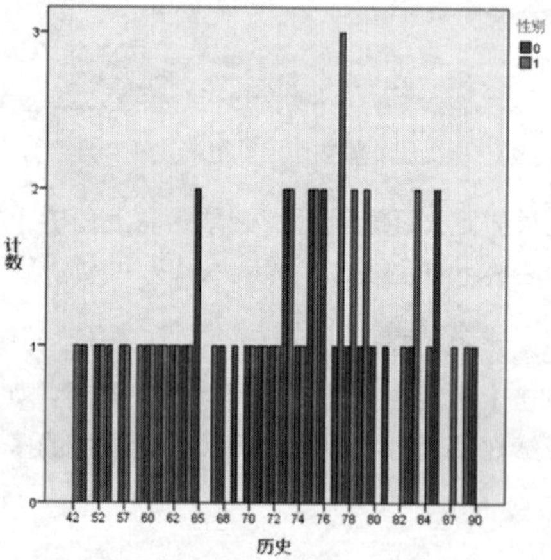

图 5.5.5　簇状条形图

3. 堆积条形图的制作

案例：请用条形图来描述不同性别学生的地理成绩。

（1）定义堆积条形图

打开案例文件“历史地理成绩.sav”，依次单击菜单栏中的【图形】→【旧对话框】→【条形图】→【堆积】→【定义】命令，打开【定义堆积条形图：个案组摘要】对话框，将“地理”变量选入“类别轴”栏中，将“性别”变量选入“堆积定义依据”栏中，如图 5.5.6 所示。

（2）输出结果

完成上述操作后，单击【确定】按钮，得到堆积条形图，如图 5.5.7 所示。与簇状条形图不同，堆积条形图是用颜色来区分某变量在分类变量的各个水平上的频数的，在本例中可以得出地理成绩在男、女两个类别上的频数以及频数的多少，是用蓝色和绿色来区分的。

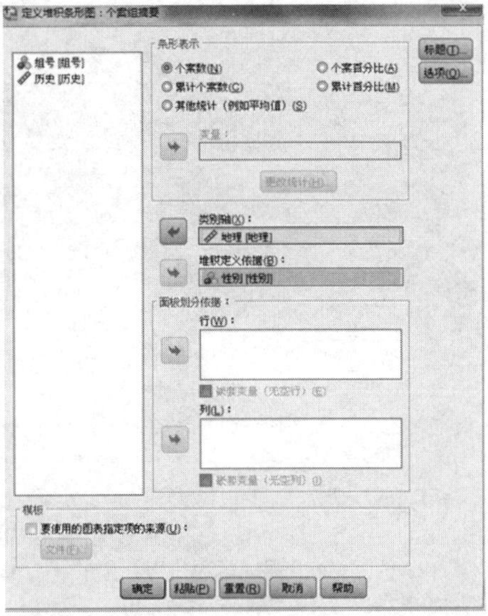

图 5.5.6　定义堆积条形图

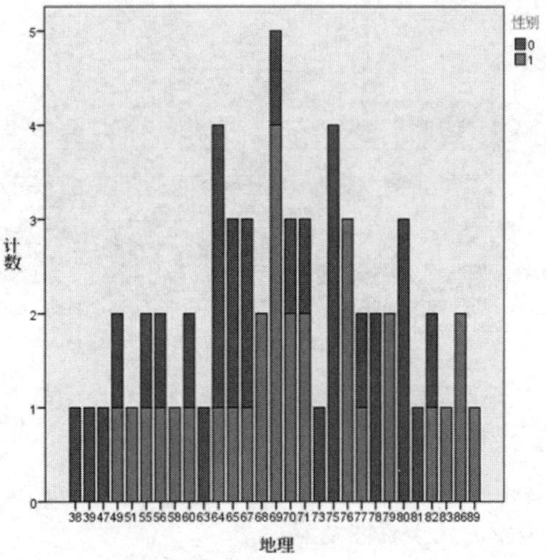

图 5.5.7　堆积条形图

5.5.2　利用“图表构建器”绘制条形图

在图表构建器中 SPSS 提供了 8 种条形图，如图 5.5.8 所示。本例选择简单条形图进行介绍，其余条形图的操作过程与之类似，感兴趣的读者不妨试着操作一下。

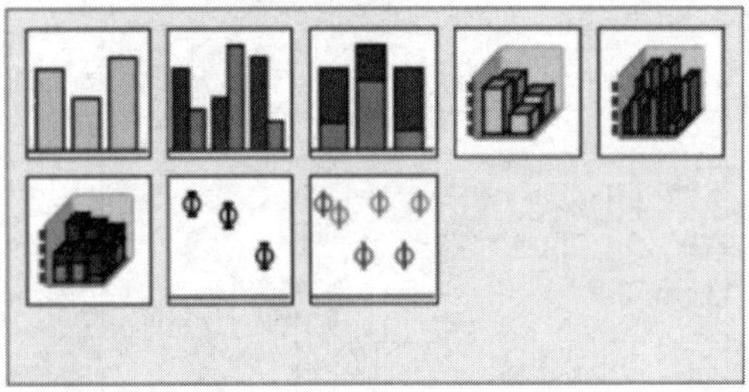

图 5.5.8　8 种条形图

1. 图表构建器设置

打开案例文件“历史地理成绩.sav”，依次单击菜单栏中的【图形】→【图表构建器】→【条形图】命令，打开【图表构建器】对话框，将简单条形图图标拖曳至【图表预览使用示例数据】区域，并将“历史”选为 X 轴，如图 5.5.9 所示。

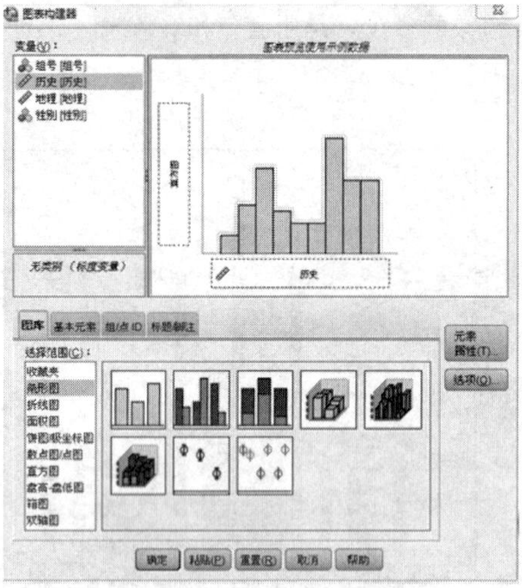

图 5.5.9　图表构建器设置

2．元素属性设置

单击【元素属性】按钮，弹出【元素属性】对话框，根据需要来选择统计量，并选择条形图样式。这里选择“统计”下拉列表中的“计数”指标，单击【应用】按钮，如图 5.5.10 所示。

3．输出结果

单击【确定】按钮，输出简单条形图，如图 5.5.11 所示。

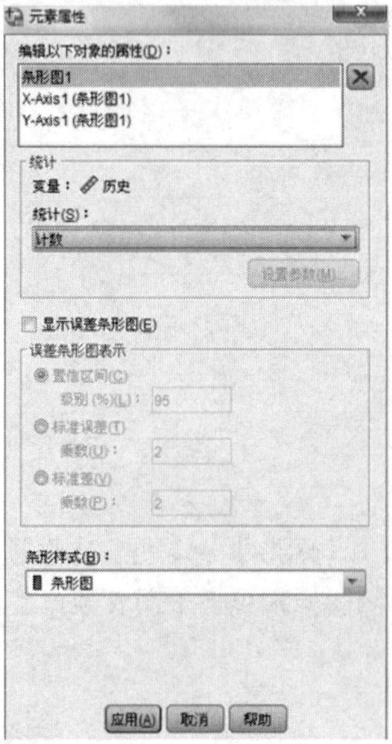

图 5.5.10　元素属性设置

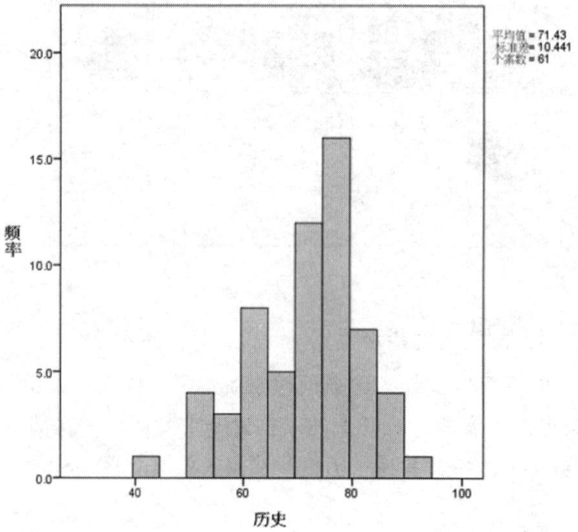

图 5.5.11　简单条形图

总结：条形图有 3 种，即简单条形图、簇状条形图和堆积条形图，可以利用“图形”菜单中的“旧对话框”来构建条形图，也可以利用“图表构建器”来构建条形图。

5.6 箱图

箱图（Boxplot）用于考察连续变量的分布情况，可以清晰、直观地表示出样本数据的中位数、四分位数和极端值。在解读箱图时，对一些线段、圆圈、星号等含义的理解至关重要。箱子最上方的线段表示数据的非异常值的极大值（称为上临界值），最下方的线段表示非异常值的极小值（称为下临界值）。在箱子部分一般会有 3 条横线，其中上方和下方的线段分别表示数据的第 3 个四分位数 Q_3 和第 1 个四分位数 Q_1，中间的粗线段表示数据的中位数，即第 2 个四分位数 Q_2。$Q_3-Q_1=\mathrm{IQR}$，（$Q_3+1.5\times\mathrm{IQR}$）和（$Q_1-1.5\times\mathrm{IQR}$）称为上、下内围，（$Q_3+3.0\times\mathrm{IQR}$）和（$Q_1-3.0\times\mathrm{IQR}$）称为上、下外围。**在箱图中内围和外围之间的圆圈表示样本数据中的异常值，超过上、下外围的数据叫作极端值，用星号表示。**

5.6.1 利用“图表构建器”绘制箱图

案例 1：请根据所给的资料分析中成药/草药费与地区的关系（利用箱图来分析）。

1. 打开文件

打开案例文件“箱图.sav”，依次单击菜单栏中的【图形】→【图表构建器】命令，如图 5.6.1 所示。

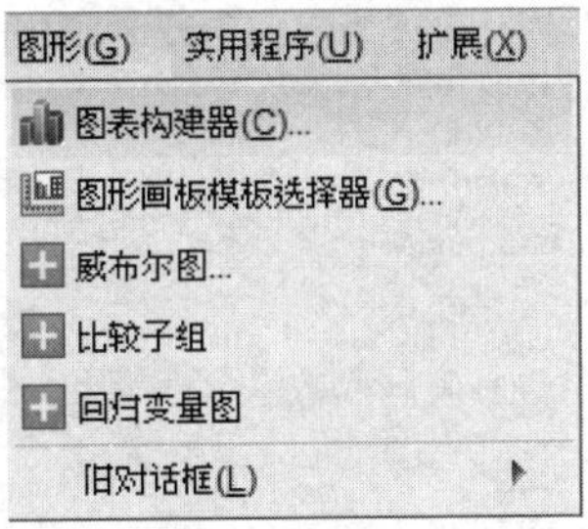

图 5.6.1 【图形】→【图表构建器】

2. 确定所选箱图的横纵坐标轴

在【图表构建器】对话框中，先单击下方【图库】选项卡中“选择范围”处的“箱图”，然后双击右侧的第一个“简单框图”，或者用鼠标将其拖入上方空白区域，在“变量”中选择“地区”并将其拖到右侧横坐标轴处，选择“中成药/草药费”并将其拖到右侧纵坐标轴处，如图 5.6.2 所示。

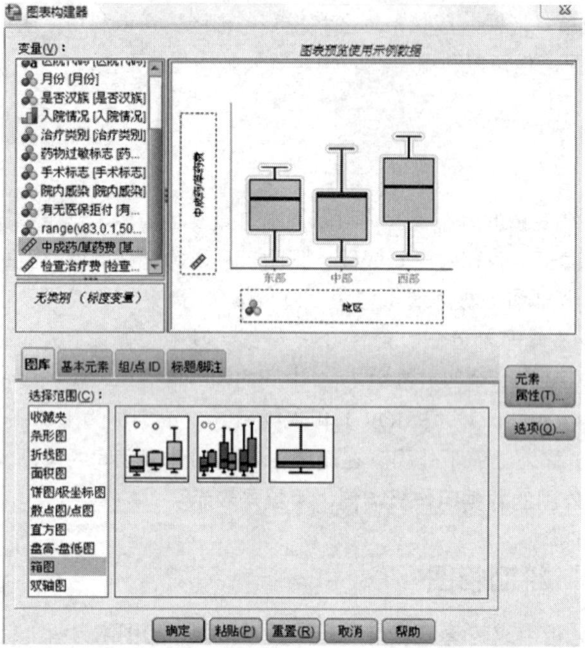

图 5.6.2　确定所选箱图的横纵坐标轴

3．设置标题

单击【标题/脚注】选项卡，勾选【标题 1】复选框。单击【元素属性】按钮，在【元素属性】对话框中的“内容”处输入标题“中成药/草药费与地区的关系”，单击【应用】→【确定】按钮，如图 5.6.3 所示。

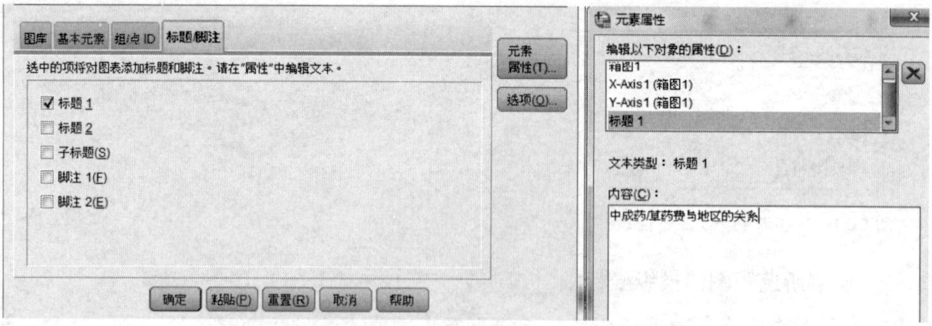

图 5.6.3　设置标题

4．输出结果

生成的箱图如图 5.6.4 所示，以西部地区的结果为例，根据箱图得出案例编号 63、98、37、36 为极端值，案例编号 28、29、87、71 为异常值，需要引起注意；箱子中粗线是中位数，箱子的高度是四分位差的距离，箱子最上方和最下方的线段分别代表数据的最大值和最小值。

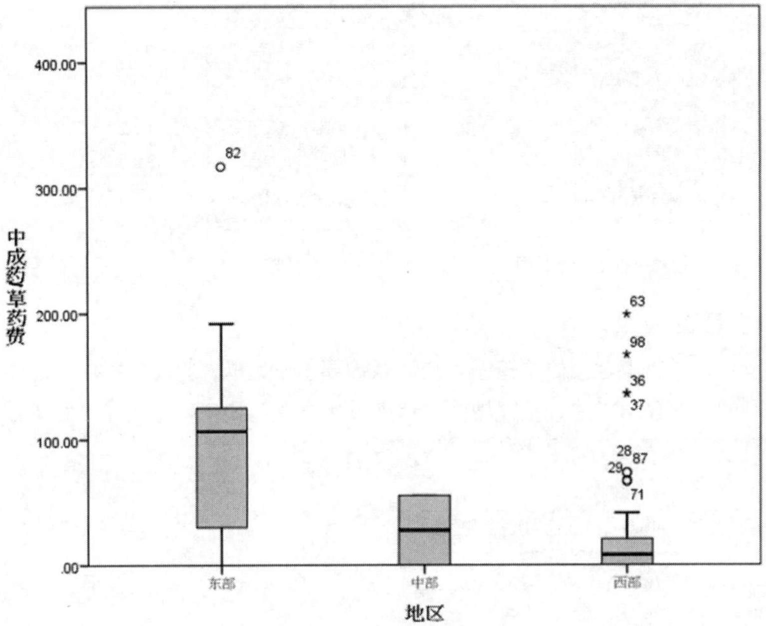

图 5.6.4 箱图

注意：要想编辑箱图的横纵坐标轴属性，只需在第 2 步的【图表构建器】对话框中选择“元素属性”进行编辑即可。

5.6.2 利用“旧对话框”绘制箱图

1. 打开文件

打开案例文件“箱图.sav”，依次单击菜单栏中的【图形】→【旧对话框】→【箱图】命令，如图 5.6.5 所示。

2. 定义箱图

如图 5.6.6 所示，打开【箱图】对话框，根据题目选择“简单”箱图。在下方的“图表中的数据为”栏中，若要绘制不同组别的箱图，则选择“个案组摘要”；若仅绘制单个变量的箱图，则选择“单独变量的摘要”，本例选择“个案组摘要”，单击【定义】按钮。

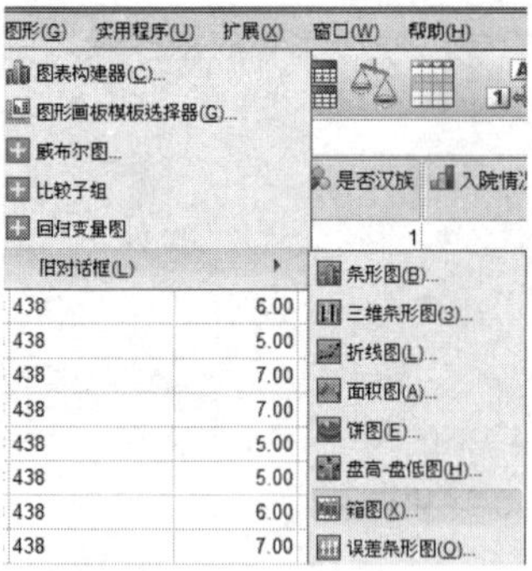

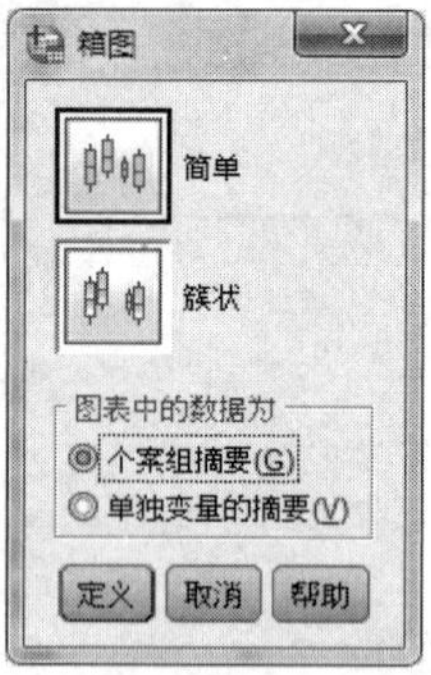

图 5.6.5 【图形】→【旧对话框】→【箱图】

图 5.6.6 定义箱图

3. 个案组摘要设置

如图 5.6.7 所示，弹出【定义简单箱图：个案组摘要】对话框，将左侧栏中的“中成药/草药费”选入右侧的“变量”栏中，将“地区”选入“类别轴”栏中，单击【确定】按钮。

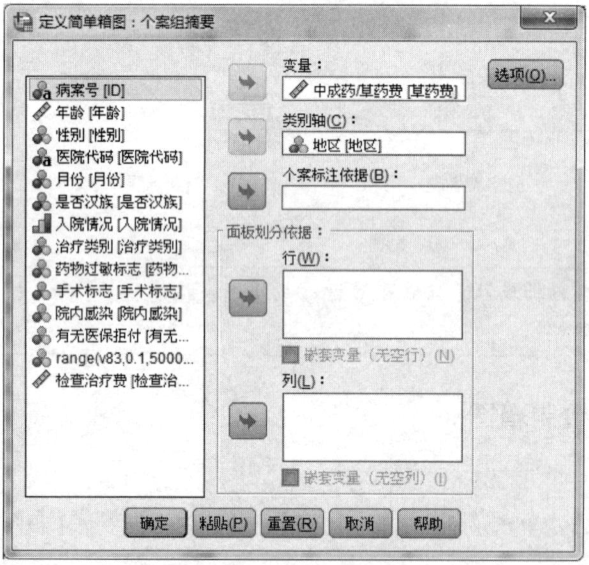

图 5.6.7 个案组摘要设置

4. 输出结果

生成的箱图如图 5.6.4 所示，结果解释同 5.6.1 节中的第 4 步。

5.6.3 利用“描述统计”制作箱图

案例 2：请利用箱图对中成药/草药费和检查治疗费的分布进行探究。

1. 操作路径

打开案例文件“箱图.sav”，依次单击菜单栏中的【分析】→【描述统计】→【探索】命令，通过此路径也可以制作箱图，如图 5.6.8 所示。

2. 定义因变量

打开【探索】对话框，将“中成药/草药费”“检查治疗费”选入“因变量列表”栏中，在下方的“输出”栏中选择“图”，再单击右侧的【图】按钮，如图 5.6.9 所示。

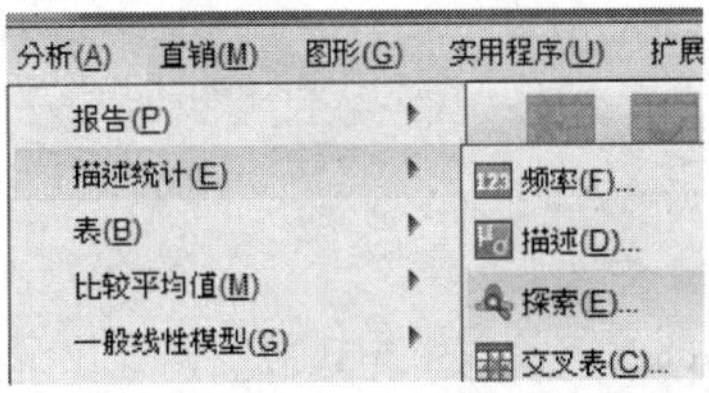

图 5.6.8 【分析】→【描述统计】→【探索】

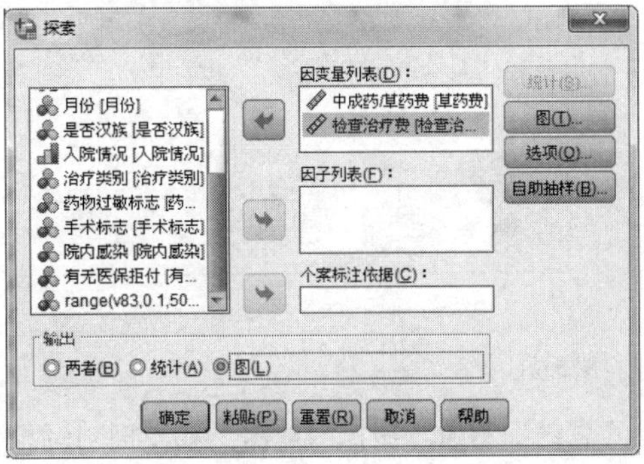

图 5.6.9 定义因变量

3. 设置“图”选项

打开【探索：图】对话框，“箱图”栏中的默认设置选项为“因子级别并置”，若保持默认设置，则两个箱图的结果会分别进行展示，不利于直观比较和观察，因此，我们选择【因变量并置】，将两个结果图放到一起，单击【继续】→【确定】按钮，如图 5.6.10 所示。

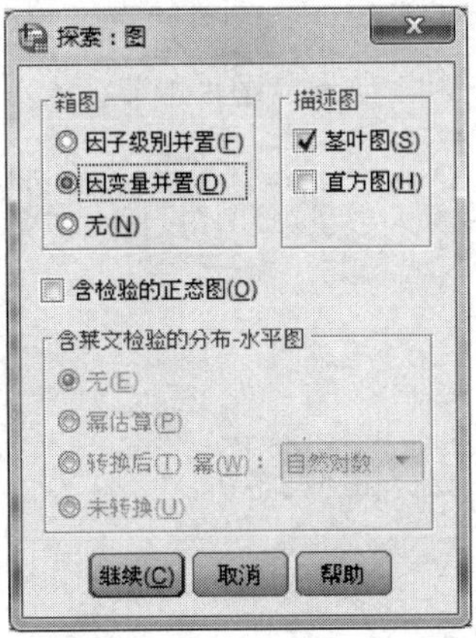

图 5.6.10 设置“图”选项

4. 输出结果

生成的箱图如图 5.6.11 所示。

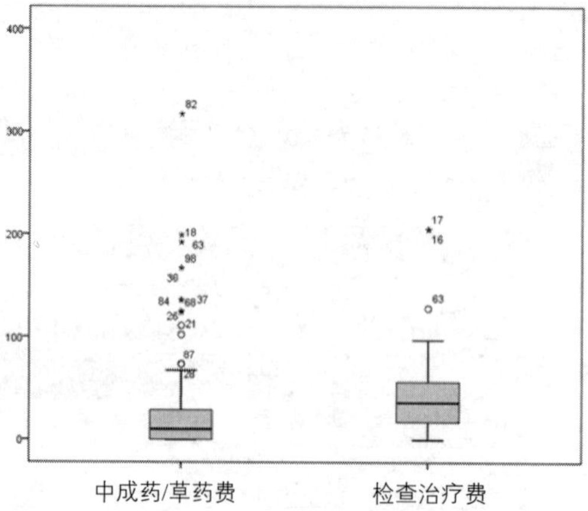

图 5.6.11　箱图

总结：利用“图标构建器”和“旧对话框”绘制箱图的方法较常用，可以体现出变量之间的关系，而利用“描述统计”制作箱图的方法能同时显示多个变量的箱图，这三种方法各有利弊，请读者根据实际需要进行选择使用。

5.7 散点图

散点图可以清晰地展现两个或两个以上变量的数据分布和相关关系，常用来判断数据该用何种方法来分析，它既可以用于连续变量，也可以用于分类变量。

散点图主要包括简单散点图、矩阵散点图、重叠散点图和三维散点图，本节将依次进行讲解。

案例 1：请根据收集到的投保信息分析“要求索赔的投保人数量”和“投保人数量”的关系。

5.7.1 简单散点图

简单散点图用于分析两个变量的相关关系，多用于相关分析和回归分析。

1. 打开文件

打开案例文件“投保信息.sav”，依次单击菜单栏中的【图形】→【图表构建器】命令。

2. 选择“简单散点图”

如图 5.7.1 所示，打开【图表构建器】对话框，在【图库】选项卡的“选择范围”中选择“散点图/点图”，然后将第一行左侧的第一个散点图（虚线框处）拖动到右上方的图表预览窗口中，或者直接双击即可。

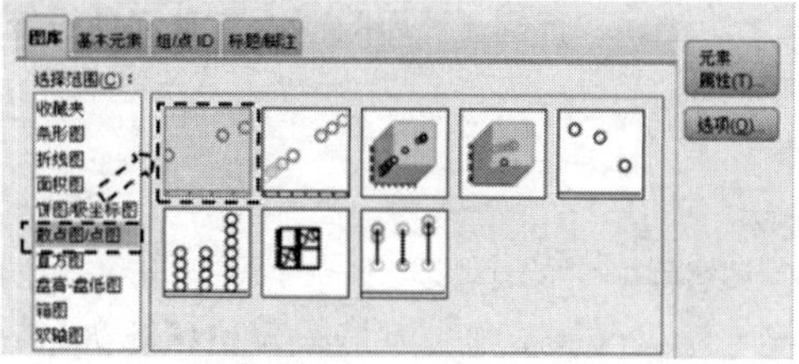

图 5.7.1　选择“简单散点图”

3．坐标轴设置

将左侧“变量”列表中的“要求索赔的投保人数量”和“投保人数量”分别拖曳到 X 轴和 Y 轴的位置，如图 5.7.2 所示。

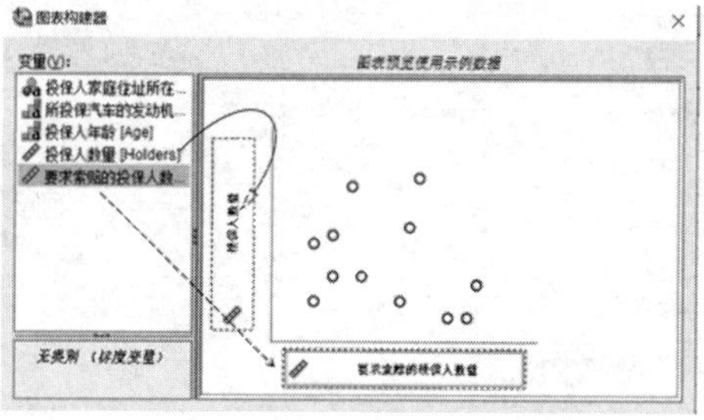

图 5.7.2　坐标轴设置

4．结果输出

单击【确定】按钮，输出图表如图 5.7.3 所示，可以看出两个变量呈现较强的线性关系。

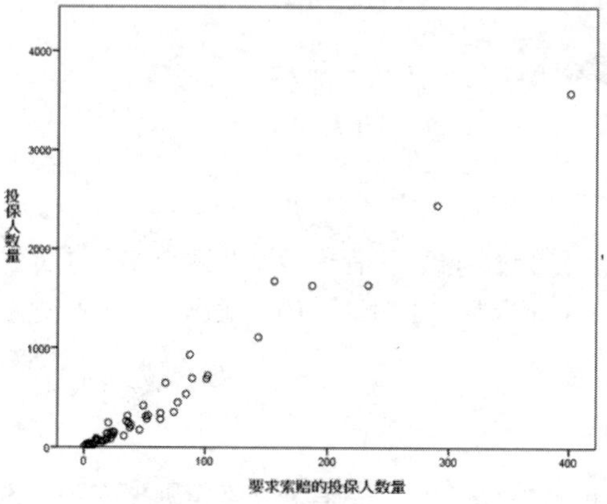

图 5.7.3　简单散点图

5.7.2 矩阵散点图

矩阵散点图是将图表划分为多个矩阵，考察多个变量的相关关系，呈现更多变量之间的分布情况，多用于多元线性回归分析。（注：本例仍以“案例 1”为例，重在演示操作步骤，在实际中若只分析两个变量，只用简单散点图即可。）

1. 打开文件

打开案例文件“投保信息.sav”，依次单击菜单栏中的【图形】→【图表构建器】命令，打开【图表构建器】对话框，将矩阵散点图（虚线框处）拖曳到图表预览区，如图 5.7.4 所示。

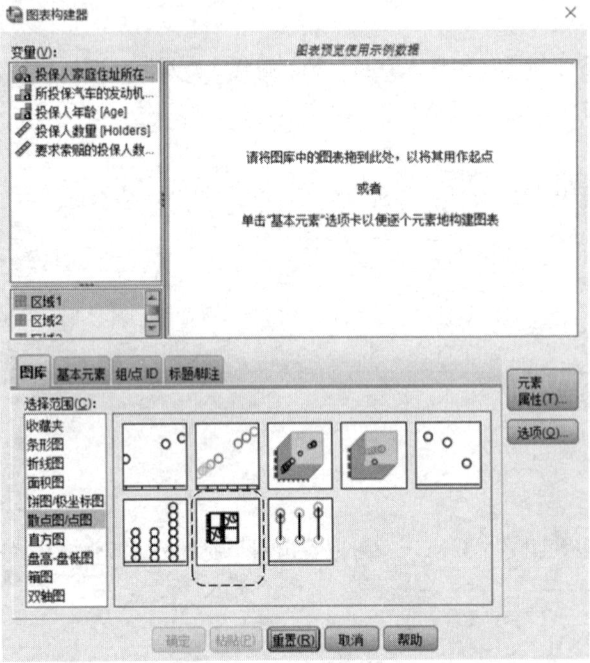

图 5.7.4 创建“矩阵散点图”

2. 变量设置

如图 5.7.5 所示，将“要求索赔的投保人数量”和“投保人数量”两个变量拖曳到“散点矩阵”的虚框中。如需调整顺序，则可在【元素属性】对话框的“顺序”列表中对变量顺序进行调整。

3. 输出结果

单击【确定】按钮，生成一个 2×2 的矩阵散点图（注意：有 n 个变量则生成 $n \times n$ 的矩阵散点图），如图 5.7.6 所示，可以看到两个变量呈现较强的线性关系。

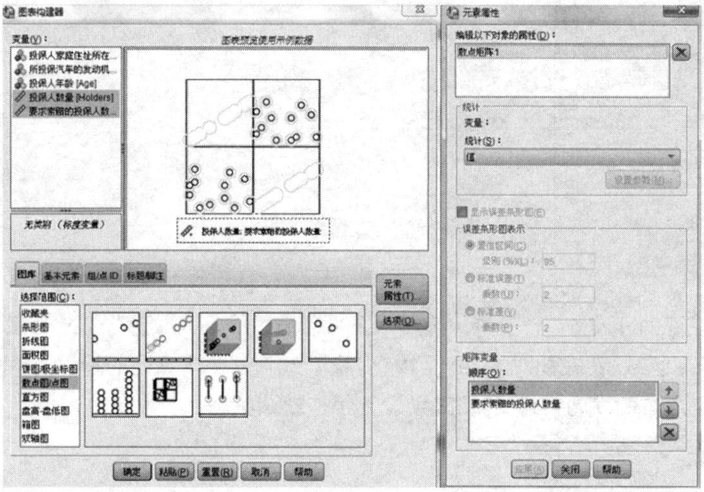

图 5.7.5　变量设置

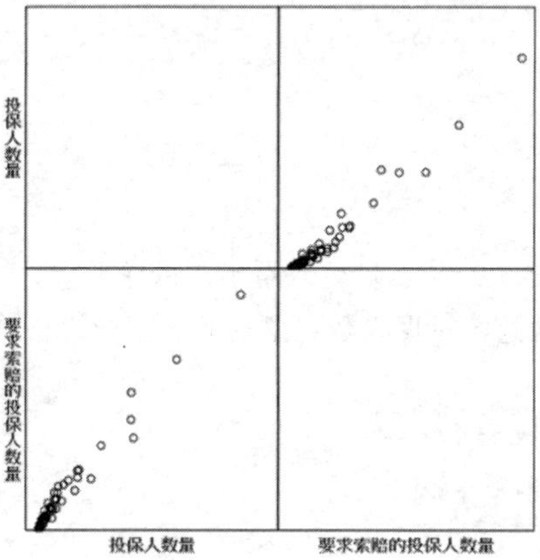

图 5.7.6　矩阵散点图

5.7.3　重叠散点图

重叠散点图主要用于将多组变量放在一个图中，便于比较彼此间的相关关系。

案例 2：请根据收集到的投保信息分析“投保人家庭住址所在区域”和“所投保汽车的发动机排量”与“要求索赔的投保人数量”的关系。

1. 定义重叠散点图

打开案例文件“投保信息.sav”，依次单击菜单栏中的【图形】→【旧对话框】→【散点图/点图】命令，打开【散点图/点图】对话框，如图 5.7.7 所示，选择【重叠散点图】，单击【定义】按钮。

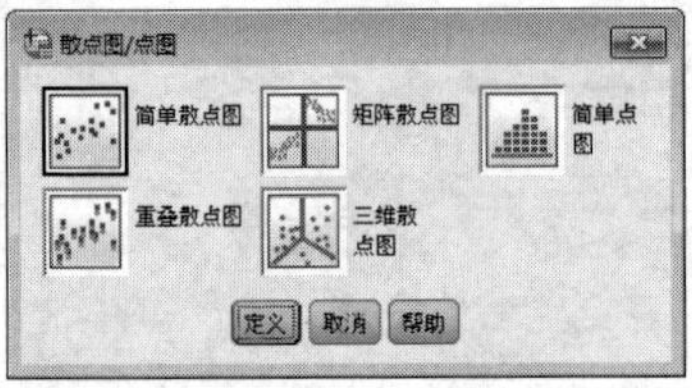

图 5.7.7　定义重叠散点图

2．变量设置

如图 5.7.8 所示，在配对 1 处，“Y 变量”选入“要求索赔的投保人数量”，“X 变量”选入“投保人家庭住址所在区域”；在配对 2 处，“Y 变量”选入“要求索赔的投保人数量”，“X 变量”选入“所投保汽车的发动机排量”，其余设置保持默认状态。

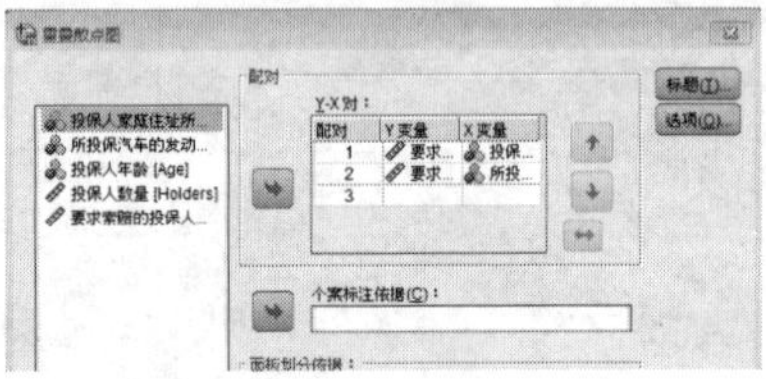

图 5.7.8　变量设置

3．输出结果

单击【确定】按钮，生成重叠散点图，如图 5.7.9 所示，可以看出“投保人家庭住址所在区域”和“所投保汽车的发动机排量”的要求索赔的投保人数量是有明显差异的。

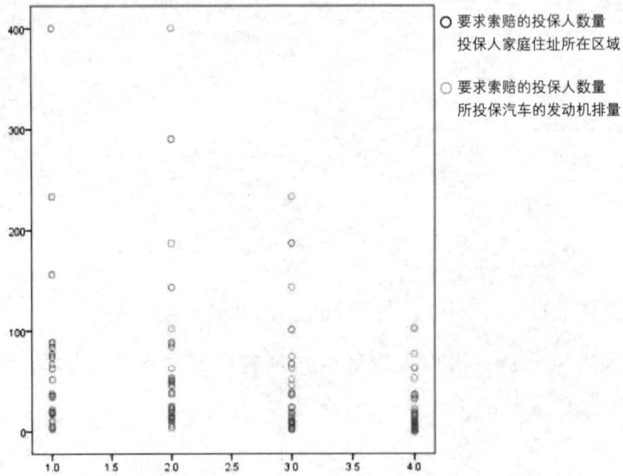

图 5.7.9　重叠散点图

5.7.4 三维散点图

三维散点图用于展现三个变量间的关系。

1. 创建三维散点图

打开案例文件“投保信息.sav”，依次单击菜单栏中的【图形】→【图表构建器】命令，打开【图表构建器】对话框，如图 5.7.10 所示，将三维散点图（虚线框处）拖曳到图表预览区。

图 5.7.10 创建三维散点图

2. 变量设置

如图 5.7.11 所示，将“投保人年龄”变量拖曳到预览区 X 轴的虚框中，将“投保人数量”变量拖曳到 Y 轴的虚框中，将“要求索赔的投保人数量”变量拖曳到 Z 轴的虚框中。

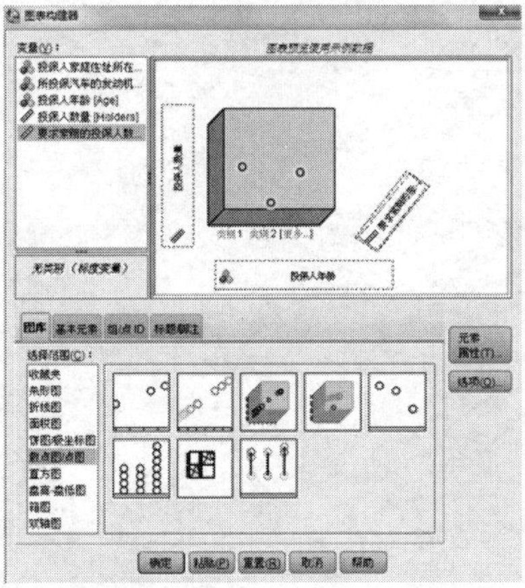

图 5.7.11 变量设置

3. 输出结果

单击【确定】按钮，生成三维散点图，如图 5.7.12 所示。在实际应用中，对三维散点图进行观察时必须要结合旋转功能，本书对于旋转不做讲解。

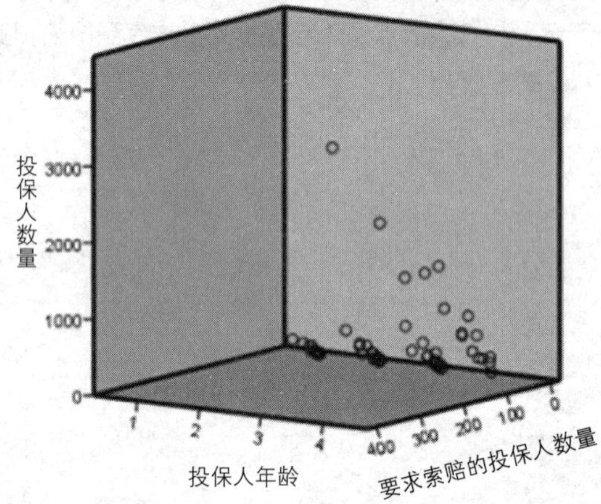

图 5.7.12 三维散点图

总结：散点图除可以通过“图表构建器”创建外，还可以通过【图形】→【旧对话框】→【散点图/点图】进行创建，请各位读者自行练习。

第 6 章 描述性分析

6.1 描述统计与变量分布形态

第 5 章中介绍的统计图表以一种直观的形式对样本数据做了初步描述，若要对数据进行更深入的挖掘，以简明的方式尽可能多地提供关键信息，就需要用几个有代表性的数值来说明一组数据的分布特征，在进行正式的描述统计之前，我们必须了解相关概念。

数据的分布特征主要有三个：数据分布的集中趋势、数据分布的离散趋势、数据频数的分布形态。

6.1.1 集中趋势

集中趋势的目的是找到最能代表整个数据的数值。

1．适用类型

- 若为定类变量→计算众数。
- 若为定序变量→计算众数或中位数。
- 若为定距及定比变量→以下 5 种指标都可以。

2．描述数据集中趋势的 5 种指标

（1）众数

众数指一组数据中出现次数最多的数值。例如在一组数据 10、12、18、24、12、20、12、15、10、23、18 中，众数为 12。

注意：如果在一组数据中所有的数值出现的次数都相同，那么这组数据中没有众数；如果只是部分数值出现的次数相同，则众数可能有多个，SPSS 会注明存在多个众数，且显示的数值为最小的那个众数，如图 6.1.1 所示。

统计

成绩		
个案数	有效	24
	缺失	0
众数		60[a]

a. 存在多个众数。显示了最小的值。

图 6.1.1　存在多个众数

（2）中位数

中位数指将数据按大小顺序排列，排在中间位置的数值。例如在一组数据 10、12、15、18、23 中，中位数为 15；在 10、12、13、15、18、23 这组数据中，中位数为 14（(13+15)/2），由此可知，中位数不一定存在于原始数据中。

注意：当有极端值、偏态分布、数据分布不对称时，使用中位数，但中位数无法反映所有样本的情况。

（3）算术平均数

算术平均数指一组数据的平衡点。若一组数据中没有极端值，则平均数考虑了所有的信息量，是最有代表性的数值；平均数易受极端值的影响，若存在极端值，则最好用截尾均数或中位数来代替平均数。

（4）截尾均数

平均数易受极端值的影响，可以通过截去极端数据（具体去掉多少根据实际情况而定），只求去掉极端值后剩下数值的均数，在 SPSS 的“探索性分析”中可以自动计算“5%剪除后平均值”。

（5）加权平均数

加权平均数指当一组数据中各个数据的重要性不一样或者各组数据的样本数量不同时，需要给每个数据赋予不同的权重来权衡轻重，以此赋予每个数据同样的重要性，再做平均数的计算。例如，在公务员考试中包含笔试和面试，满分都为 100 分，其中笔试占 70%、面试占 30%，那么最终的成绩为：(笔试分数×70%+面试分数×30%)/2。

当要描述一组数据的集中趋势时，最好用以上多种指标来描述。

6.1.2　离散趋势

离散趋势可以说明集中趋势指标的代表性如何，也用来在统计推断时计算误差的大小，离散程度越大，变异程度越大。

1. 适用类型

- 若为定类变量→计算全距。
- 若为定序变量→计算全距、四分位数。
- 若为定距及定比变量→以下 5 种指标都可以。

2. 描述数据离散趋势的 5 种指标

（1）全距

全距又称极差，在 SPSS 24 中称为“范围”，是一组数据中最大值与最小值的差。通过全距可以粗略地了解数据的分布范围。在同类离散指标比较时，全距越大，数据的离散程度越大；全距越小，数据的离散程度越小。在日常生活中温差就是一种全距，在实际工作中全距常用来检查产品质量是否稳定，以此对质量进行控制。

（2）四分位数

将数据从小到大排序，分成四等份，每份各占 25%，上四分位数为 75%处的值，下四分位数为 25%处的值，如图 6.1.2 所示，数值越大，个体差异度越大。

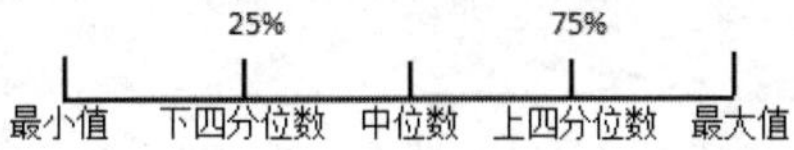

图 6.1.2　四分位数

使用四分位数还可以判断变量分布是否对称。四分位差=1/2(上四分位数-下四分位数)。

（3）方差与标准差

方差与标准差属于绝对差异量，主要用来衡量观测值与平均值间的离散程度。方差与标准差也容易受极端值的影响。

- 标准差是方差的平方根，考虑了数据分布的疏密程度，标准差越大，表明各数值不在均值的附近。变量值之间的差异越大，数据分布的离散程度越大；差异越小，数据分布的离散程度越小。
- 只有当标准差差异不大时，比较多组数据的均值才有意义。
- 方差可以进行进一步计算，而标准差不能进行进一步计算，所以在推论统计中通常使用方差。
- 方差、标准差只适用于正态分布资料。

（4）变异系数

变异系数属于相对差异量。若两组数据的性质、单位等不同，无法用方差和标准差来比较其离散程度，此时就需要用变异系数。例如，要比较身高和体重的离散程度，由于身高和体重的单位不同，所以需要用变异系数。变异系数=标准差/平均值。

3. 集中趋势与离散趋势的匹配

在对一组数据进行分析时，通常会将集中趋势与离散趋势结合起来描述数据特征，此时就需要注意二者的匹配。若集中趋势的指标为平均数，则离散趋势的指标要为方差或标准差；若集中趋势的指标为中位数，则离散趋势的指标要为全距、四分位差；若数据有极端值，则最好用中位数、上四分位数和下四分位数、最大值、最小值来描述。

6.1.3 分布形态

1. 正态分布

正态分布曲线为一条对称的曲线，标准差越大，曲线越矮阔，个体差异越大，如图 6.1.3 所示。

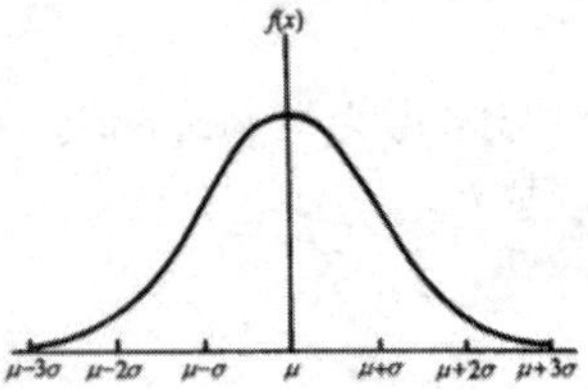

图 6.1.3 正态分布曲线

标准正态分布的均值为 0，标准差为 1。在 SPSS 中，任何数据都可以变换为标准正态分布，只需要在“描述性分析”中勾选“将标准化值另存为变量”选项即可。

2. 偏度

偏度指统计数据分布不对称的方向和程度。偏度>0 为正偏态，长长的尾巴在右侧；偏度<0 为负偏态，长长的尾巴在左侧，如图 6.1.4 所示。一般来说，**当总频数大于 200 时，偏度才算可靠。**

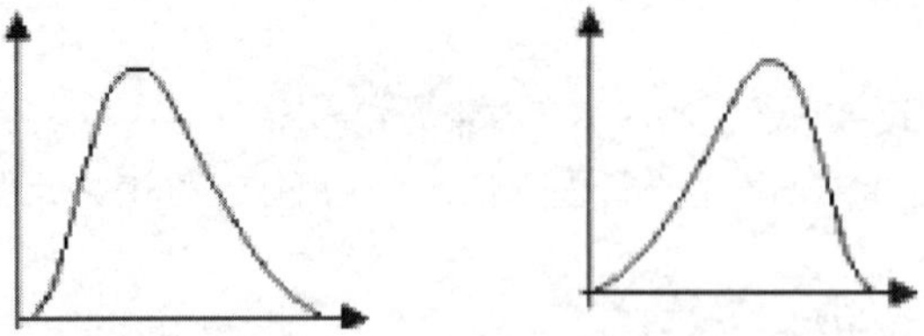

（a）正偏（右偏）　　（b）负偏（左偏）

图 6.1.4 正偏态与负偏态

（1）正偏态

若为正偏态，则众数<中位数<平均数，如图 6.1.5 所示。

（2）负偏态

若为负偏态，则中位数<平均数<众数，如图 6.1.6 所示。

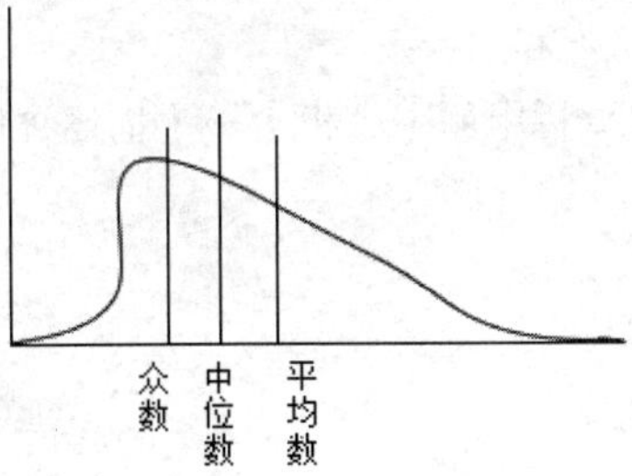

图 6.1.5　正偏态各数值分布

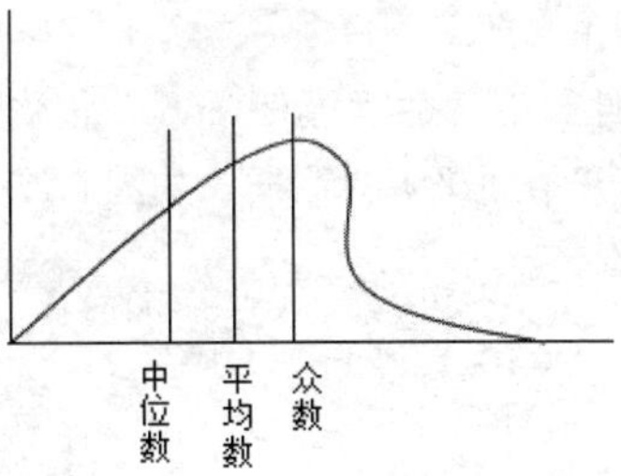

图 6.1.6　负偏态各数值分布

3．峰度

峰度指分布图形的峰凸程度。峰度>0 为尖峰分布，尖峰分布比正态分布更陡峭，峰形较尖；峰度＜0 为低峰分布，低峰分布比正态分布更矮阔，峰形较短胖，如图 6.1.7 所示。一般来说，**当总频数大于 1000 时，峰度才算可靠。**

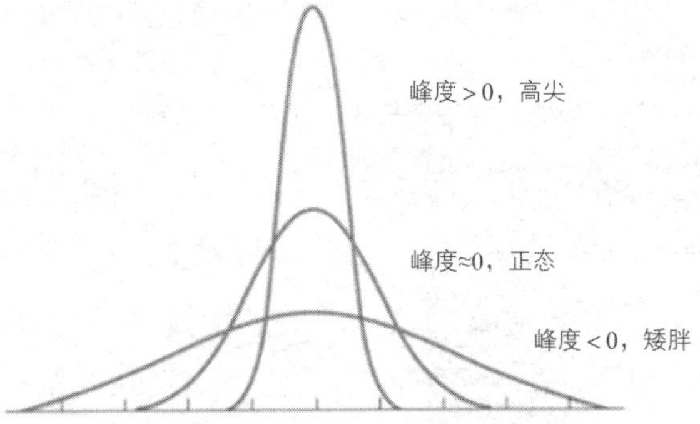

图 6.1.7　峰度

至此，我们了解了数据的描述统计与变量分布形态，下面将运用 SPSS 进行具体操作。

6.2　频率分析

频率分析是数据分析最常用的方法之一，主要利用统计量和图表来反映数据的分布特征，比如频数分布表、条形图、直方图、集中趋势和离散趋势的各种统计量（平均值、中位数、偏度和峰度等），我们可以通过频率分析对要分析的数据进行初步的了解和判断。需要注意的是，分类变量和连续变量的频率分析是不同的，我们将分别进行具体的讲解。

6.2.1 分类变量的频率分析

案例：请对各地区的“消费金额”做频率分析。

1．使用“频率”命令

打开案例文件“消费数据调研.sav”，依次单击菜单栏中的【分析】→【描述统计】→【频率】命令，打开【频率】对话框，如图 6.2.1 所示。

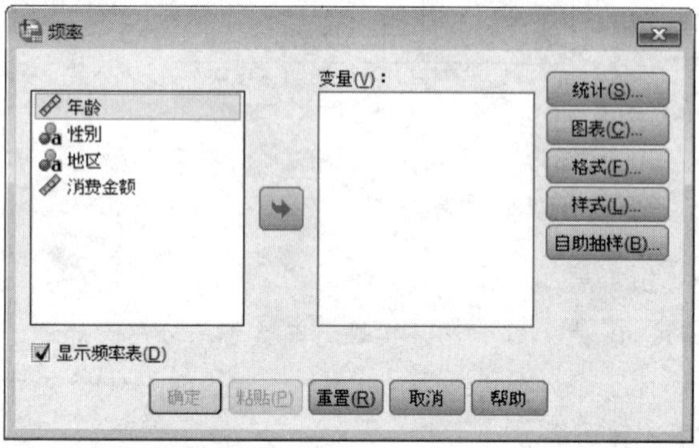

图 6.2.1 【频率】对话框

2．变量设置

将分类变量“性别”和“地区”移至右侧的“变量”框中，如图 6.2.2 所示。

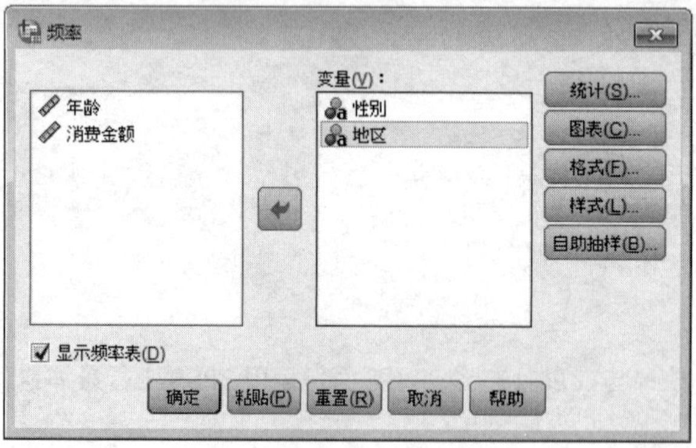

图 6.2.2 变量设置

3．频率：格式设置

单击图 6.2.2 右上角的【格式】按钮，打开【频率：格式】对话框，其中的设置一般无须改动，如图 6.2.3 所示。

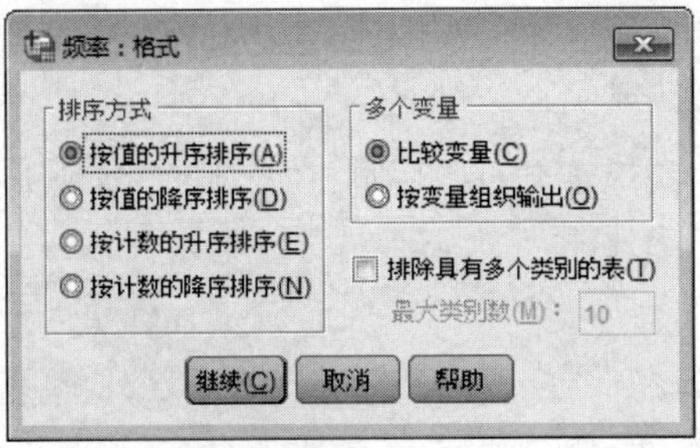

图 6.2.3　格式设置

（1）排序方式

- “按值的升序排序”：按照数值从小到大排序。
- “按值的降序排序”：按照数值从大到小排序。
- “按计数的升序排序”：按照频率计数从小到大排序。
- “按计数的降序排序”：按照频率计数从大到小排序。

（2）多个变量

- “比较变量”：默认设置选项，将“多个变量”放在同一个表格中，方便比较分析。
- “按变量组织输出”：对每个变量单独输出，有对应的描述统计表格。

（3）最大类别数：输出的数组不得超过设置好的数值，默认最大的数组为 10。

4. 输出结果

单击【确定】按钮，输出结果如图 6.2.4 所示（频率表内容较多，仅展示前半部分）。

统计

		性别	地区
个案数	有效	220	220
	缺失	0	0

频率表

性别

		频率	百分比	有效百分比	累计百分比
有效	男	117	53.2	53.2	53.2
	女	103	46.8	46.8	100.0
	总计	220	100.0	100.0	

地区

		频率	百分比	有效百分比	累计百分比
有效	安 徽	5	2.3	2.3	2.3
	北 京	6	2.7	2.7	5.0
	福 建	5	2.3	2.3	7.3
	甘 肃	9	4.1	4.1	11.4
	广 东	8	3.6	3.6	15.0
	广 西	10	4.5	4.5	19.5

图 6.2.4　分类变量的频率分析输出结果

第一张表“统计”，展示了本次频率分析中所有变量的个案数，包括有效个案数和缺失个案数，得出“性别”和“地区”分别为 220 个个案。

第二张表“性别”和第三张表“地区”，详细地显示了“性别”和“地区”这两个变量每个选项的频率、百分比、有效百分比、累计百分比。

6.2.2 连续变量的频率分析

案例：使用 6.2.1 节的案例文件，对“年龄”做频率分析。

1. 使用“频率”命令

打开案例文件“消费数据调研.sav”，依次单击菜单栏中的【分析】→【描述统计】→【频率】命令，打开【频率】对话框，将“年龄”移至右侧的“变量”框中。

2. 频率：统计设置

单击【频率】对话框右上角的【统计】按钮，弹出【频率：统计】对话框，选择所需要的统计量，如图 6.2.5 所示。

3. 频率：图表设置

再单击【图表】按钮，弹出【频率：图表】对话框，选择相应的选项，本例选择“直方图”，并勾选“在直方图中显示正态曲线”复选框，如图 6.2.6 所示。

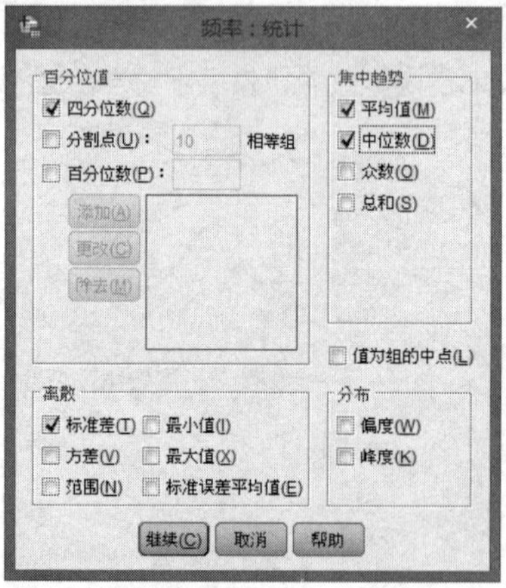

图 6.2.5 频率：统计设置

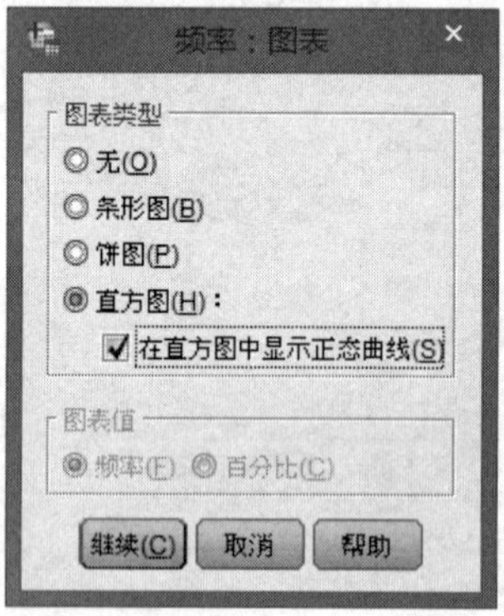

图 6.2.6 频率：图表设置

4. 频率选项设置

上述步骤完成后，单击【继续】按钮，回到【频率】对话框，由于我们要分析的是连续变量，主要考量数据的集中趋势和离散趋势，所以可以取消勾选“显示频率表”复选框。

5. 输出结果

单击【确定】按钮，得到输出结果，如图 6.2.7 所示。

统计

年龄		
个案数	有效	220
	缺失	0
平均值		27.14
中位数		27.00
标准差		4.755
百分位数	25	24.00
	50	27.00
	75	29.00

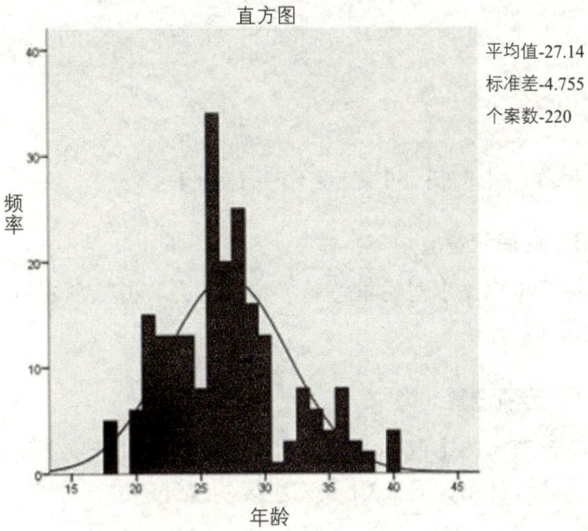

图 6.2.7　连续变量的频率分析输出结果

统计表让我们了解到数据的集中趋势和离散趋势，直方图使我们清晰地判断出“年龄”这个变量大致服从正态分布。

6.3　描述统计

6.3.1　描述统计概述

在进行数据分析之前，一般要对数据进行描述工作，描述统计量包括均值、方差、标准差、全距等，还可以将原始分数转换为 Z 分数，生成 Z 分数的新变量。通过这些描述统计量，我们会对数据有一个具体的了解。

6.3.2　考生信息分析：描述统计

案例：请对考生的情绪智力做描述性分析，并对“情绪智力”这个变量进行标准化转换。

1. 使用“描述”命令

打开案例文件“考生信息.sav”，依次单击菜单栏中的【分析】→【描述统计】→【描述】命令，如图 6.3.1 所示。

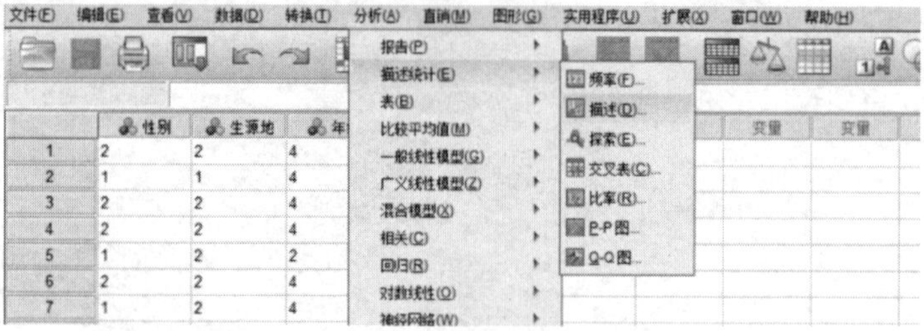

图 6.3.1 【分析】→【描述统计】→【描述】

2. 选择变量

打开【描述】对话框，将“情绪智力”变量从左侧列表中选入右侧的“变量”框中，如图 6.3.2 所示。

3. 选项设置

单击右侧的【选项】按钮，弹出【描述：选项】对话框，如图 6.3.3 所示，其中显示了多个描述统计量，表 6.3.1 将对主要的统计量进行介绍。

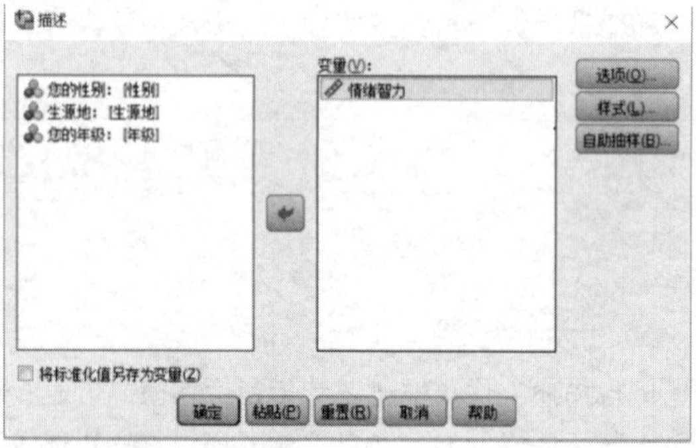

图 6.3.2 选择变量

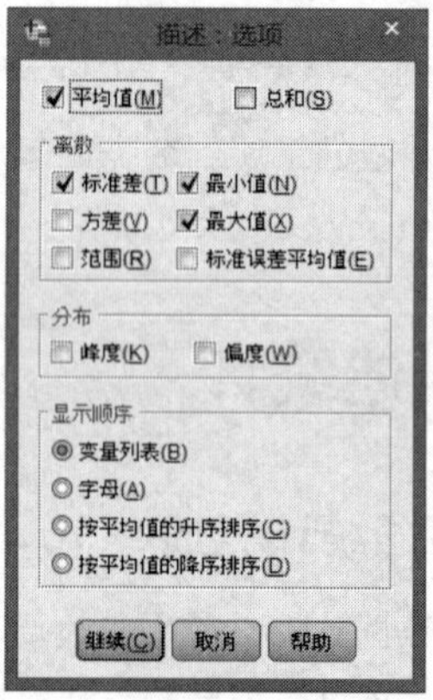

图 6.3.3 选项设置

表 6.3.1 主要的描述统计量介绍

统 计 量	解　释
平均值	表示集中趋势的统计量，在这里是指常用的算术平均值。
总和	计算变量的总和，需要注意的是，这个“总和”不是计算个案的总和
方差	表示离散趋势的统计量，指各个数据与平均数之差的平方的平均数，从方差中可以了解数据变化的幅度
标准差	方差的开根号，也表示数据的离散程度
最大值	样本数据中的最大值

续表

统 计 量	解　　释
最小值	样本数据中的最小值
范围	又称全距，是样本数据中从最大值到最小值的差值
标准误差平均值	在其他版本的 SPSS 中也有写作“平均值的标准误差”的，这个统计量是指样本均值的标准差，标准误用来衡量抽样误差，误差越小，表明样本统计量与总体参数越接近，样本越有代表性
峰度	样本频率分布曲线与正态分布相比较，当值等于 3 时是正态分布，小于 3 时是尖峰分布，大于 3 时是平峰分布
偏度	对分布偏斜方向及程度的预测，值为正数，则为正偏态；值为负数，则为负偏态

4. 设置“将标准化值另存为变量”

本案例中，统计量选择直接按照软件默认设置即可，单击【继续】按钮，返回【描述】对话框。如图 6.3.4 所示，勾选左下角的“将标准化值另存为变量”选项，将原始分数转换为 *Z* 分数并生成新变量。

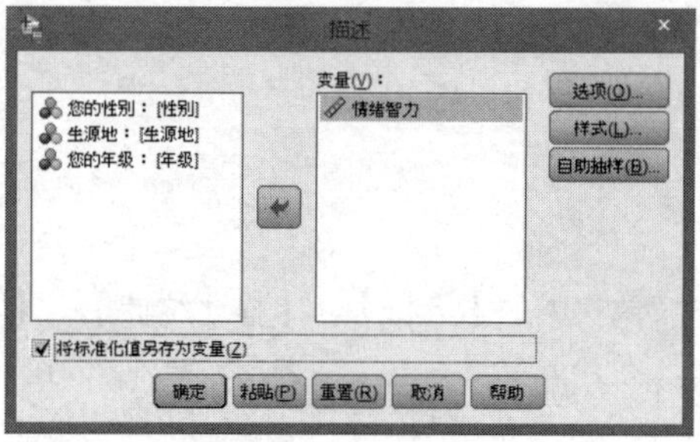

图 6.3.4　设置“将标准化值另存为变量”

5. 输出结果

单击【确定】按钮，输出结果如图 6.3.5 所示。从结果中可以看到，该样本的最大值为 165，最小值为 33，平均值为 116.42，标准差为 28.751，由此可知该样本的数值之间的幅度较大。

描述统计

	个案数	最小值	最大值	平均值	标准差
情绪智力	59	33	165	116.42	28.751
有效个案数（成列）	59				

图 6.3.6　描述统计结果

如图 6.3.6 所示，在“变量视图”中可以发现新增了一个变量“Z 情绪智力”，这是情绪智力标准化转换后的结果，我们可以利用标准化结果来进行后续的分析。

图 6.3.6 新增“Z 情绪智力”变量

通过描述统计可以快速地对数据有一个大体的了解，其应用较为广泛。掌握了本节的知识后，不妨尝试对其他数据进行描述统计，将知识运用到实践中。

6.4 探索性分析

探索性分析是在一般描述统计指标的基础上增加了关于数据其他特征的文字与图形描述，是对描述统计分析更加深入和详尽的分析，使分析结果更加细致与全面。本节将以数据文件“身高体重.sav”为例剖析探索性分析。

案例：某校收集了两个班级部分学生的身高、体重数据,请做探索性分析。

6.4.1 身高、体重分析：探索性分析

1. 使用“探索”命令

打开案例文件“身高体重.sav”，依次单击菜单栏中的【分析】→【描述统计】→【探索】命令，打开【探索】对话框，如图 6.4.1 所示。在“因变量列表”中选择“身高”，在 “因子列表”中选择“性别”，在“个案标注依据”中选择“班级”。

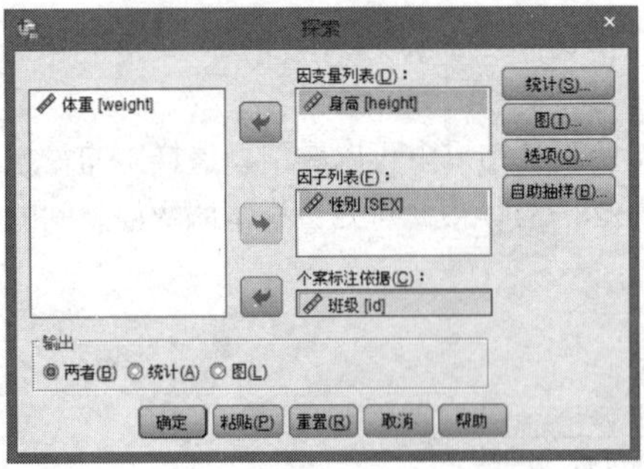

图 6.4.1 【探索】对话框

- “因变量列表”：用于从变量列表中选入因变量，一般为连续变量。
- “因子列表”：用于从变量列表中选入因素变量，一般为分类变量。

如果同时选入了多个因变量和多个因素变量，则将对它们之间的两两组合分别进行

分析，对于每对因变量和因素变量的搭配，输出结果都是类似的。

- “个案标注依据”：用于从变量列表中选入标签变量，在结果中标识观测量。

2. 探索：统计选项设置

单击【探索】对话框右上角的【统计】按钮，弹出【探索：统计】对话框，根据需要选择统计量，如图 6.4.2 所示。

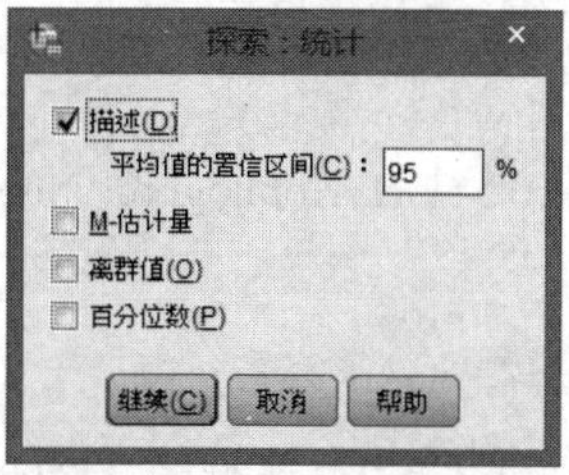

图 6.4.2　探索：统计选项设置

- “描述”：包括平均值、中位数、众数、5%修正均数、标准误、方差、标准差、最小值、最大值、全距、峰度系数、峰度系数的标准误、偏度系数、偏度系数的标准误等。
- “M-估计量”：计算并输出比平均值和中位数更稳定的数据中心估计值。M-估计值可以用来判断数据有无明显的异常值，如果 M-估计值离平均数和中位数比较远，则可能存在异常值。
- “离群值”：输出 5 个最大值与 5 个最小值，包括观测量的标签。
- “百分位数”：输出 5%、10%、25%、50%、75%、90%、95%的百分位数。

3. 探索：图选项设置

单击【图】按钮，弹出【探索：图】对话框，根据需要进行设置，如图 6.4.3 所示。

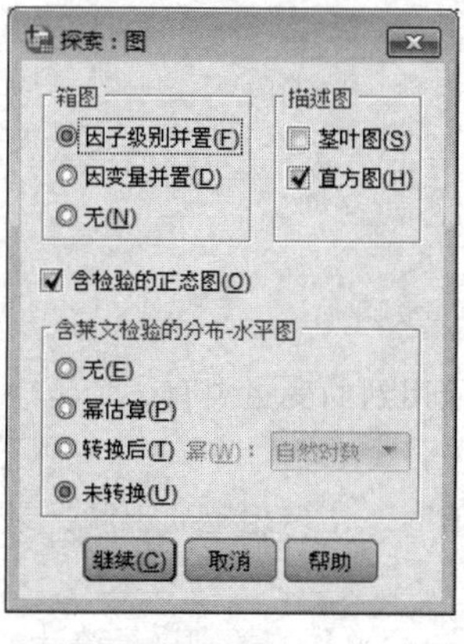

图 6.4.3　探索：图选项设置

第6章　描述性分析

（1）箱图（设置关于箱图的参数）

- “因子级别并置”：对每个因素变量，每个图只显示一个因变量。
- “因变量并置”：对每个因素变量，每个图都显示所有的因变量。
- “无”：不绘制箱图。

（2）描述图

设置关于数据描述性质的图表输出，有“茎叶图”与“直方图”两个选项。

（3）含检验的正态图

制作正态概率图和去趋势后的正态概率图，并输出检验正态性的 Kolmogorov-Smirnov 统计量及其 Lilliefors 置信水平。

（4）含莱文检验的分布-水平图

设置控制数据转换的散布对水平图，显示回归曲线的斜率和方差齐性检验的 Levene 统计量，如果选择了数据转换，则将对转换后的数据进行 Levene 检验。

- “无”：不输出散布对水平图。
- “幂估算”：对变量产生四分位数的自然对数和中位数的自然对数的散布对水平图，根据此散布对水平图，可以估算将各组方差转换成同方差所需的幂次。
- “转换后”：对因变量进行转换，在下拉列表中选择具体的转换方法。
- “未转换”：不做任何数据转换，将输出原始的数据散布图，相当于幂次为 1 的转换。

4. 缺失值选项设置

单击【选项】按钮，弹出【探索：选项】对话框，根据需要对缺失值的处理方式进行设置，如图 6.4.4 所示。

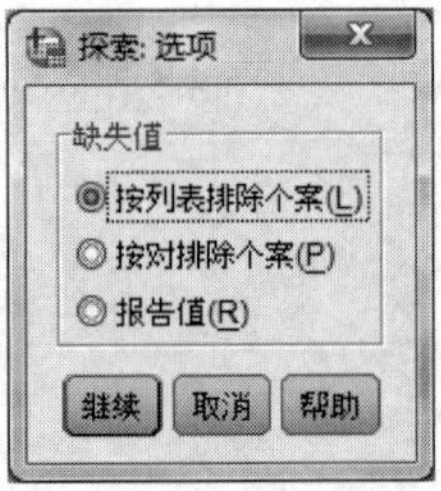

图 6.4.4　缺失值选项设置

- “按列表排除个案”：对于每条观测记录，只要分析所用到的变量中有一个含缺失值，就将该观测记录从所有分析中剔除。
- “按对排除个案”：只有当分析中用到的变量含缺失值时，才将相应的观测记录从当前分析中剔除。
- “报告值”：将因素变量中含有缺失值的观测记录作为一个单独的类别进行统计。

回到【探索】对话框，单击【确定】按钮，就可以得到探索性分析的输出结果。

6.4.2 结果解读

如图 6.4.5 所示，个案处理摘要表给出了不同性别的有效个数和缺失个数，本例没有缺失数据。

个案处理摘要

		个案					
		有效		缺失		总计	
	性别	个案数	百分比	个案数	百分比	个案数	百分比
身高	男	25	100.0%	0	0.0%	25	100.0%
	女	30	100.0%	0	0.0%	30	100.0%

图 6.4.5　个案处理摘要

如图 6.4.6 所示，描述表给出了不同性别的描述统计输出结果，包括平均值及其 95%置信区间、中位数、方差、标准差等指标数据。本例中，男生身高的平均值为 172.40，方差为 82.167，标准差为 9.065，最小值为 146，最大值为 184。（注：由于表格较长，本例只截取部分数据）

描述

	性别			统计	标准误差
身高	男	平均值		172.40	1.813
		平均值的 95% 置信区间	下限	168.66	
			上限	176.14	
		5% 剪除后平均值		173.11	
		中位数		175.00	
		方差		82.167	
		标准差		9.065	
		最小值		146	
		最大值		184	
		全距		38	

图 6.4.6　描述

如图 6.4.7 所示，正态性检验的显著性水平女性组的 p 值大于 0.05，所以认为女性的身高分布服从正态分布；男性组的 p 值小于 0.05，所以认为男生的身高分布不服从正态分布。

正态性检验

		柯尔莫戈洛夫-斯米诺夫[a]			夏皮洛-威尔克		
	性别	统计	自由度	显著性	统计	自由度	显著性
身高	男	.134	25	.200*	.914	25	.038
	女	.108	30	.200*	.937	30	.075

*. 这是真显著性的下限。

a. 里利氏显著性修正

图 6.4.7　正态性检验

第6章　描述性分析

如图 6.4.8 所示，4 种 Levene 检验的 p 值都大于 0.05，故可以认为方差是齐性的。

方差齐性检验

		莱文统计	自由度 1	自由度 2	显著性
身高	基于平均值	.323	1	53	.572
	基于中位数	.389	1	53	.536
	基于中位数并具有调整后自由度	.389	1	51.768	.536
	基于剪除后平均值	.388	1	53	.536

图 6.4.8　方差齐性检验

如图 6.4.9 所示，从频率直方图来看，女生的身高在 170 左右的居多。

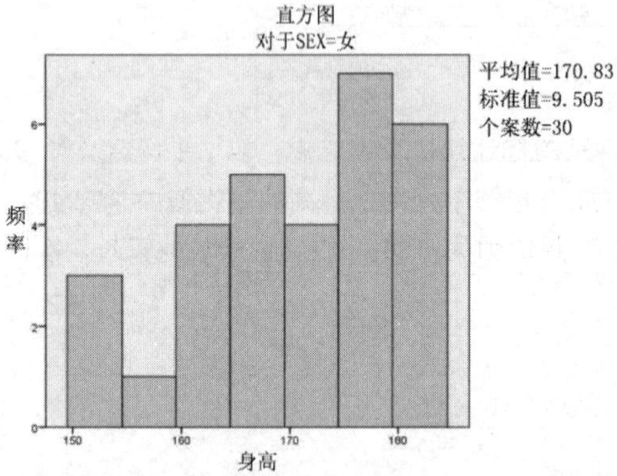

图 6.4.9　直方图

如图 6.4.10 所示，从正态 Q-Q 图来看，女生的身高大多分布在期望正态值的附近，服从正态分布。

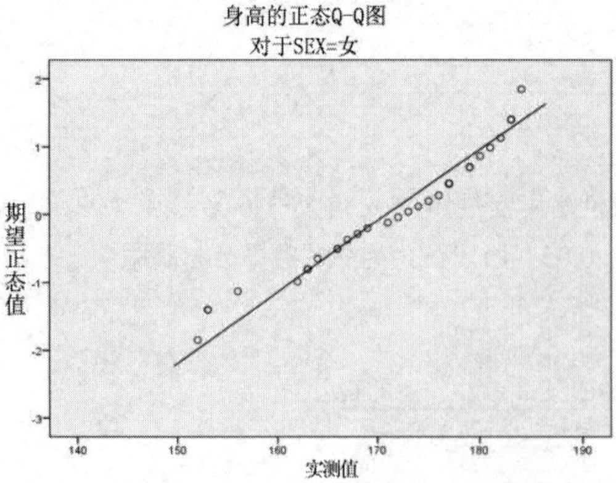

图 6.4.10　正态 Q-Q 图

如图 6.4.11 所示，从趋势正态 Q-Q 图来看，除有几个身高较矮的点偏差较大外，其他基本都分布在横轴附近。

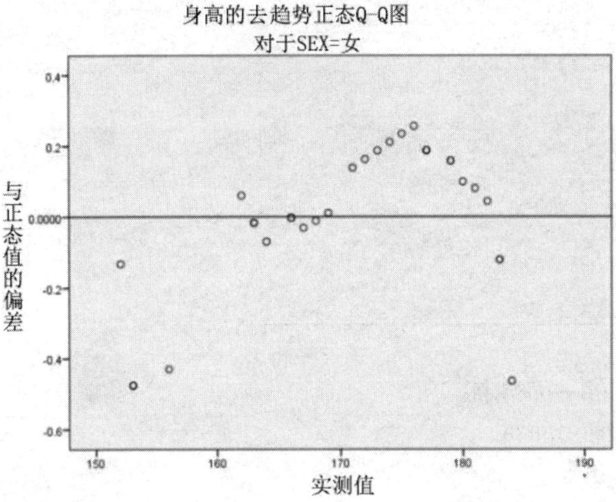

图 6.4.11　去趋势正态 Q-Q 图

如图 6.4.12 所示，在身高对性别的箱图中，男生的身高有一个异常数据（偏小）。

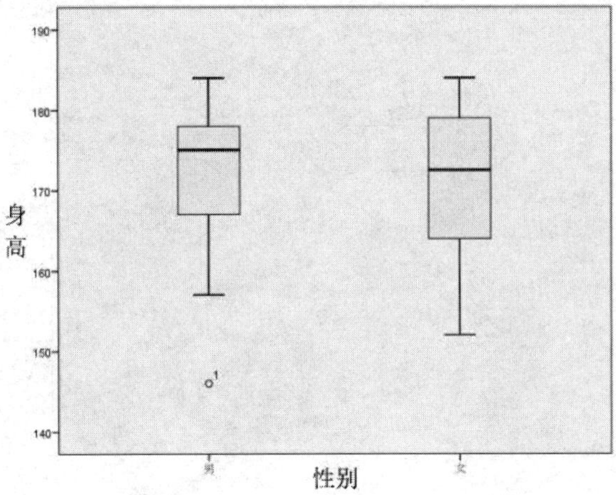

图 6.4.12　箱图

如图 6.4.13 所示，在 height 按 SEX 的分布-水平图中，女生的身高较多地分布在 172.5 左右，男生的身高则较多地分布在 175 左右。

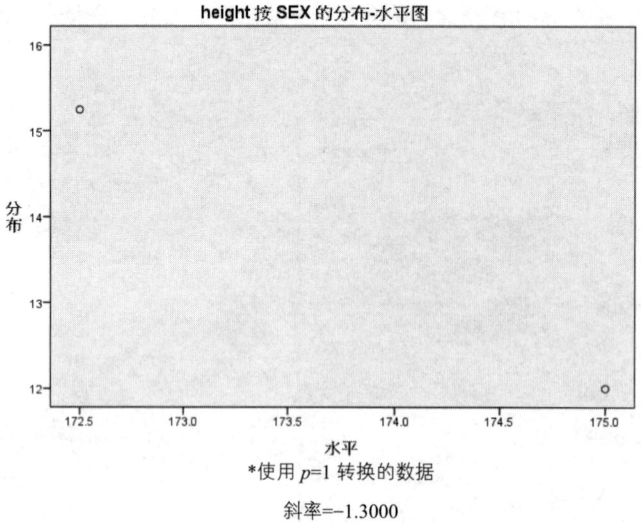

图 6.4.13 height 按 SEX 的分布-水平图

探索性分析可以生成关于所有个案或不同分组个案的综合统计量及图表，也可以对数据进行筛选，例如检测异常值、极端值等。通过探索性分析，我们能决定选择何种统计方法进行数据建模，判断是否需要把数据转换成正态分布等。

第 7 章
假设检验

7.1　假设检验概述

假设检验中的假设是指我们对总体特征的某种猜测，用概率来衡量样本数据所含信息和我们的猜测是否一致，通过专业知识来判断猜测正确与否。假设检验是一种基本的统计推断，用来判断样本与样本、样本与总体的差异是由抽样误差引起的还是由本质差别造成的，其基本原理是先对总体的特征做出某种假设，然后通过抽样研究的统计推理，对此假设应该被拒绝还是接受做出推断。

7.1.1　假设检验的基本思想

检验假设是否正确，可以从总体中抽出样本进行检验，与此有关的理论和方法构成假设检验的内容。在假设检验中有一对互相排斥的假设，H_0 被称为原假设，H_1 被称为备择假设，这两个假设中有且只有一个是正确的。**在提出假设时，要把认为是正确的结论作为 H_1**，在给定的备择假设 H_1 下对原假设 H_0 做出推断，若拒绝 H_0，那就意味着接受备择假设 H_1；否则，就接受原假设 H_0。也就是说，假设检验就是要在 H_0 和 H_1 之间做出判断，选择接受或者拒绝哪一个。

假设检验的基本思想是**小概率反证法**。小概率反证法的思想是小概率事件（在统计学中，小概率的标准称为显著性水平，记为 α，通常 α=0.05，有时也可能 α=0.01）在一次试验中基本上不会发生（注意：并不是一定不会发生，而是发生的可能性非常小）。反证法的思想首先提出假设(检验假设 H_0)，再结合样本信息并使用合适的统计方法确定假设成立的可能性大小，如果可能性小，则认为假设不成立，就拒绝该假设。在 SPSS 中会给出要检验的统计量的概率值 p，若 $p \leqslant \alpha$，则拒绝 H_0；若 $p > \alpha$，则不拒绝 H_0。

7.1.2　假设检验的四大步骤

第一步：提出原假设 H_0 和备择假设 H_1，根据研究目的对要推断的总体参数或分布创建假设。

第二步：确定检验统计量，根据不同的假设检验问题以及不同的总体条件选择对应的检验统计量。

第三步：计算检验统计量及发生的概率 p 值，即利用样本数据计算出检验统计量发生的概率 p 值。

第四步：设定显著性水平 α 与概率 p 值进行比较，做出统计决策，显著性水平 α 一般规定为 0.05，有时为 0.01 或 0.001。

7.1.3 假设检验的意义

假设检验是统计推断中的一项重要内容，用样本数据特征推测总体数据特征，其结论的可靠性程度需要进一步加以检验和证实。检验的目的不是怀疑样本指标本身是否计算正确，而是为了分析样本指标和总体指标之间是否存在显著性差异。通过假设检验，可以对两者之间是否存在显著性差别做出判断，从而接受或者拒绝原假设，从这个意义上讲，假设检验又称为显著性检验。

7.1.4 单尾检验和双尾检验

在对平均值的检验中，如果研究者不仅关心样本统计量的均值与总体均值的差异，还**关心这个差异的特定方向**，正差异或者负差异，那么这种模式就是单尾检验。

如果研究者只关心样本均值与总体均值是否有显著性差异，而不去追究差异是正的还是负的，那么就采用双尾检验模式。

1．单尾检验

单尾检验分为左单侧检验和右单侧检验，都用不等式表示。

（1）左单侧检验

左单侧检验考虑总体均值是否低于预先假设，在用数学公式表示时，原假设和备择假设分别为 H_0：$\bar{x} \geqslant \bar{x}_0$；$H_1$：$\bar{x} < \bar{x}_0$。

检验的显著性水平 α，以及相应的左侧临界值 $-Z_\alpha$，如图 7.1.1 所示。

（2）右单侧检验

右单侧检验考虑总体均值是否高于预先假设，在用数学公式表示时，原假设和备择假设分别为 H_0：$\bar{x} \leqslant \bar{x}_0$；$H_1$：$\bar{x} > \bar{x}_0$。

检验的显著性水平 α，以及相应的右侧临界值 Z_α，如图 7.1.2 所示。

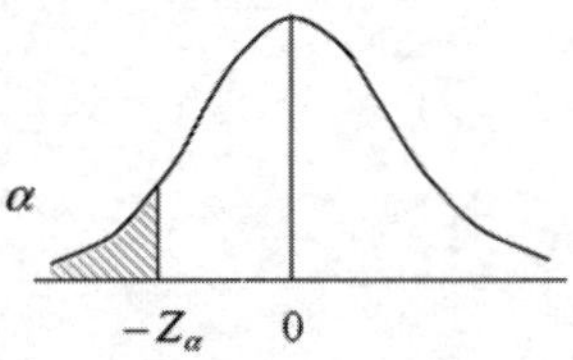

图 7.1.1　左单侧检验

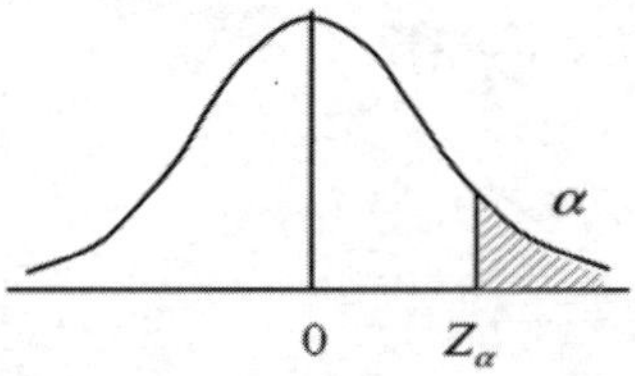

图 7.1.2　右单侧检验

2. 双尾检验

具体而言，双尾检验的原假设取等式，备择假设取不等式。H_0：$\bar{x}=\bar{x}_0$；H_1：$\bar{x}\neq\bar{x}_0$。

由于双尾检验不关心差异的正负，所以给定的显著性水平 α 须按正态对称分布的原理平均分布到左右两侧，每方各为 $\alpha/2$，相应得到下临界值为 $-Z_{\alpha/2}$，上临界值为 $Z_{\alpha/2}$，如图 7.1.3 所示。

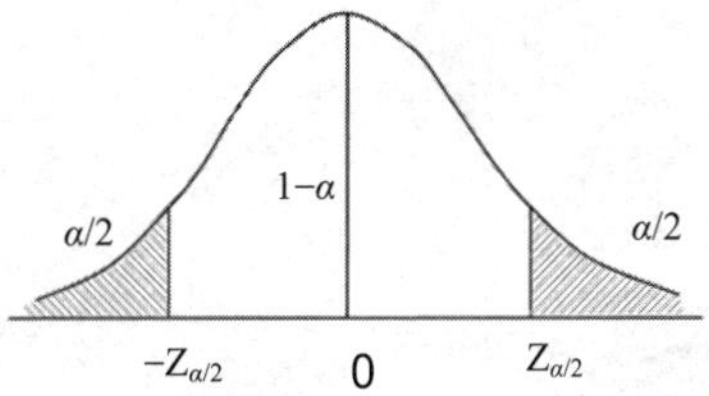

图 7.1.3　双尾检验

7.1.5　假设检验需要注意的问题

- 在假设检验之前，应根据数据信息判断统计量本身是否有可比性。
- 在假设检验过程中，概率是在假设两个总体均值没有差异的前提下通过样本数据计算而得出的。
- 根据资料类型和特点选用正确的假设检验方法以及合适的检验水平。
- 统计学意义并不意味着具有实际的专业意义，也不能忽略无统计学意义的结果。
- 根据专业知识及经验确定是选用单侧检验还是双侧检验。
- 当检验结果为拒绝原假设 H_0 时，应注意有发生第一类错误的可能性；当检验结果为不拒绝原假设 H_0 时，应注意有发生第二类错误的可能性（在后续章节中有详细的讲解）。
- 统计推断无法纠正设计本身的缺陷。
- 在报告结论中应说明所用的统计量、检验的单双侧及 p 值的确切范围。

7.2 Z 分布与 t 分布

7.2.1 Z 分布

1. 基本介绍

Z 分布，又称作标准正态分布，是正态分布中的一种， 那什么是正态分布呢?

正态分布也叫常态分布，是连续随机变量概率分布的一种，正态分布曲线如图 7.2.1 所示。自然界、人类社会、心理和教育中的大量现象均按正态形式分布，例如能力的高低、学生成绩的好坏等都属于正态分布，它随着随机变量的平均值、标准差的大小与单位的不同而有不同的分布形态。

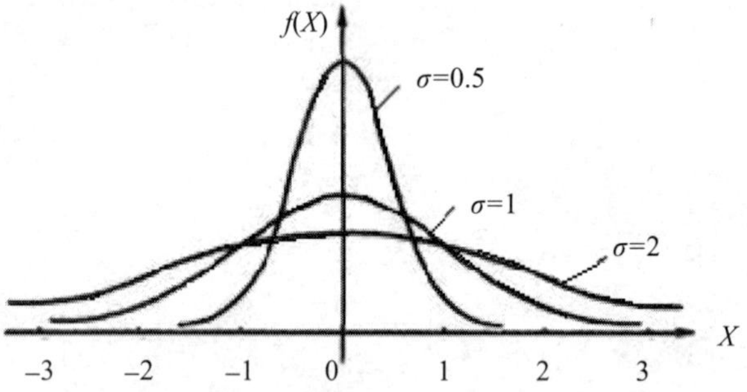

图 7.2.1 正态分布曲线

2. 形态与两个参数

μ是正态分布的位置参数，描述正态分布的集中趋势。概率规律为取与μ邻近的值的概率大，而取离μ远的值的概率小。正态分布以 $X=\mu$ 为对称轴，左右完全对称。正态分布的期望值、均值、中位数、众数相同（均等于μ）。

σ描述正态分布资料数据分布的离散程度，σ越大，数据分布越分散；σ越小，数据分布越集中。它也称为正态分布的形状参数，σ越大，曲线越扁平；σ越小，曲线越瘦高。

3. 特征

- 正态分布曲线的高峰位于正中央，即均值所在的位置。
- 正态分布曲线以均值为中心，左右对称，曲线两端永远不与横轴相交。
- 正态分布曲线由均值所在处开始，分别向左右两侧逐渐均匀下降。
- 曲线与横轴间的面积等于 1，即频率的总和为 100%。

4. Z 分布曲线

标准正态分布（*Z* 分布）是正态分布的一种，其平均值和标准差都是固定的，平均值为

μ=0，标准差为 σ=1。如图 7.2.2 所示，Z 分布曲线与横轴所围成的面积（p 值）被划分为多个部分，这是因为在实际工作中，正态分布曲线下、横轴上一定区间的面积反映了该区间的例数占总例数的百分比，或者变量值落在该区间的概率（概率分布）。在不同范围内正态分布曲线下的面积可用公式计算，具体的公式在这里就不做介绍了，但是以下这些是需要牢记的：

- 横轴区间($\mu-\sigma, \mu+\sigma$)内的面积为 68.268949%。
- 横轴区间(μ−1.96 σ, μ+1.96 σ)内的面积为 95.449974%。
- 横轴区间(μ−2.58 σ, μ+2.58 σ)内的面积为 99.730020%。

（如图 7.2.2 所示，可与图对照，结合画图来记忆。）

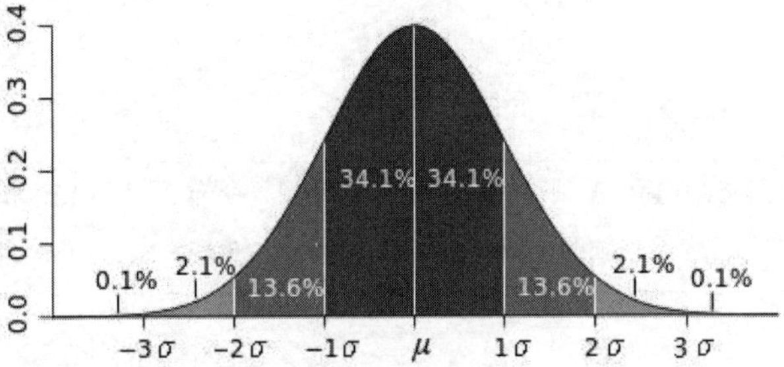

图 7.2.2　Z 分布曲线

5．Z 分布的“3 σ”原则

由于小概率事件是假设检验的基本思想（小概率事件通常指发生的概率小于 5%的事件，认为在一次试验中该事件是几乎不可能发生的），由此可知，X 落在(μ−3 σ, μ+3 σ)以外的概率小于 3‰，在实际问题中一般认为相应的事件是不会发生的，故可以把区间(μ−3 σ, μ+3 σ)看作随机变量 X 实际可能的取值区间，这称之为正态分布的“3 σ”原则。

7.2.2　t 分布

1．基本介绍

在概率论和统计学中，t 分布（t-distribution）用于根据小样本来估计呈正态分布且方差未知的总体均值。如果总体方差已知（例如在样本数量足够多时），则应该用正态分布来估计总体均值。

2．形态与参数（df）

t 分布曲线形态与 n（确切地说，与自由度 df）大小有关。与标准正态分布曲线相比，自由度 df 越小，t 分布曲线越平坦，曲线中间越低，曲线双侧尾部翘得越高；自由度 df 越大，

t 分布曲线越接近正态分布曲线；当自由度 df=∞时，t 分布曲线为标准正态分布曲线，如图 7.2.3 所示。

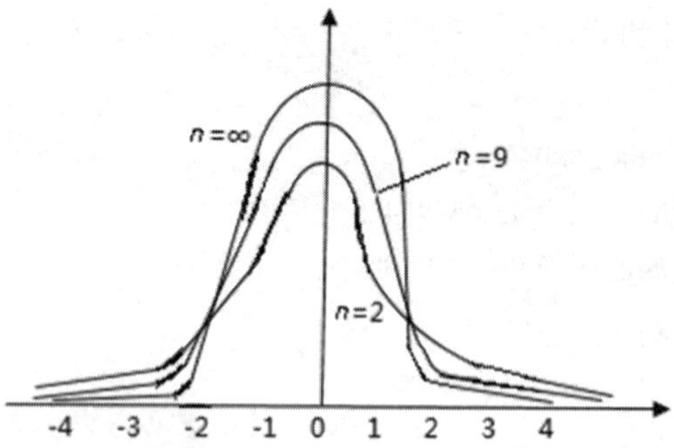

图 7.2.3　t 分布曲线

定义：设 X_1 服从标准正态分布 $N(0,1)$，X_2 服从自由度为 n 的 χ^2 分布，且 X_1、X_2 相互独立，则称变量 $t = X_1 / \sqrt{X_2 / n}$ 所服从的分布为自由度为 n 的 t 分布。

3. 特征

- t 分布是以 0 为中心，左右对称的单峰分布。
- 随着自由度逐渐增大，t 分布逐渐接近标准正态分布。

7.2.3　Z 分布与 t 分布的关系

在总体已知的条件下，根据 Z 分布来检验；在总体未知需要通过参数来估计总体时，根据 t 分布来检验。

Z 分布是固定的形态分布（均值为 0，标准差为 1），t 分布是随自由度变化的一种函数。

在数据分析中，Z 分布可以通过面积关系来计算概率、置信区间和假设检验；t 分布则需要计算出 t 值，然后才计算概率、置信区间和假设检验。

在实际生活中，对于总体未知的情况，一般通过 t 分布来进行数据分析。

7.3　第一类错误和第二类错误

“会出错的事总会出错。”——墨菲定律

通过前几节的介绍，我们知道假设检验的基本思想是小概率反证法，但是这种概率在实际中并不是百分之百的正确，并不能完全排斥它发生的可能，这就意味着我们会犯错。

7.3.1 判断假设检验的四种情况

判断假设检验的四种情况如表 7.3.1 所示。

表 7.3.1 判断假设检验的四种情况

	接受 H_0	拒绝 H_0
H_0 为真	$1-\alpha$（正确）	α（第一类错误）
H_0 为伪	β（第二类错误）	$1-\beta$（正确）

第一种：H_0 实际上是真实的，假设检验接受了原假设的判断，统计决策是正确的。

第二种：H_0 实际上是不真实的，假设检验拒绝接受原假设的判断，统计决策是正确的。

第三种：H_0 实际上是真实的，而假设检验拒绝接受原假设的判断，则犯了第一类错误。

例如：若经过检验得出 $p=0.04<0.05$（默认显著性水平 $\alpha=0.05$ 时），则拒绝 H_0，但实际上 H_0 是正确的，这就犯了第一类错误。

第四种：H_0 实际上是不真实的，而假设检验接受原假设的判断，则犯了第二类错误。

例如，若经过检验得出 $p=0.08>0.05$（当显著性水平 $\alpha=0.05$ 时），则不能拒绝 H_0，但实际上 H_0 是错误的，这就犯了第二类错误。

注意：*第一类错误和第二类错误都源于抽样误差。*

7.3.2 婴儿奶粉市场投放分析：第一类错误和第二类错误

为了更好地理解第一类错误和第二类错误，请看以下案例。

案例：某厂家研发了某种婴儿奶粉，在正式投放市场之前，需要请研究人员进行分析。

研究人员做出以下假设。

原假设（H_0）：婴儿奶粉不能提供婴儿所需的营养。

备择假设（H_1）：婴儿奶粉可以提供婴儿所需的营养。

第一类错误和第二类错误出现的结果如下：

若经过检验得出 $p<0.05$（默认显著性水平 $\alpha=0.05$），则拒绝 H_0，表示婴儿奶粉可以提供婴儿所需的营养，因此可以将此种婴儿奶粉投放市场，但事实上此种婴儿奶粉是不能提供婴儿所需的营养的，一旦投放市场后就会使婴儿食用无效的奶粉，可能会对婴儿产生不好的影响。此种情况为第一类错误（又称去真错误）。

若经过检验得出 $p>0.05$（默认显著性水平 $\alpha=0.05$），则不能拒绝 H_0，表示婴儿奶粉不能提供婴儿所需的营养，因此不能将此种婴儿奶粉投放市场，但事实上此种婴儿奶粉可以提供婴儿所需的营养，这样会导致有效的奶粉无法上市，婴儿无法受益。此种情况为第二类错误（又称存伪错误）。

7.3.3 如何控制两类错误

一般而言，犯第一类错误比犯第二类错误要严重（从上述案例中也可以看出），所以在假设检验中，以控制第一类错误为主，即通过**控制假设检验的显著性水平 α 的大小**来降低犯第一类错误的概率，α越小，犯第一类错误的可能性也越小（例如 α=0.05，则犯第一类错误的可能性不超过 5%；α=0.01，则犯第一类错误的可能性不超过 1%。）

需要注意的是，在其他条件不变的情况下，减小第一类错误的可能性会增大第二类错误的可能性。若想要减小这两类错误的概率，**增大样本容量**是非常好的办法，但在实际工作中，无限制地增大样本容量显然是不可行的，所以在假设检验时，即使会犯第一类错误，也会先将显著性水平 α 的大小固定下来，以此来对所得的结果进行判断。

第 8 章 参数检验——t 检验

8.1 单样本 t 检验

在真正进行调查的过程中，我们经常需要推测某个总体的均值与已知的检验值之间是否存在显著性差异，此时就需要用到单样本 t 检验。

8.1.1 概述

1．步骤

要进行 t 检验，通常需要三步：建立假设检验，确定检验水准（H_0, H_1, α）、计算检验统计量、确定 p 值，做出推断。

2．适用前提

- 当样本量 $n<15$ 时，数据必须服从正态分布。
- 当 $15 \leqslant n \leqslant 40$ 时，只要数据不呈现强偏态分布即可适用。
- 当 $n>40$ 时，所有数据均适用。

8.1.2 初中生体重分析：单样本 t 检验

案例：某中学为了促进本校学生的德、智、体、美、劳全面发展，对学生进行体检，在“体重”这一项目中，已知初中生的平均体重为 50kg，则该校学生的体重总体均值是否超过一般水平。原始数据如图 8.1.1 所示。

	体重	变量
1	44.00	
2	49.00	
3	50.00	
4	49.00	
5	52.00	
6	47.00	
7	51.00	
8	48.00	
9	46.00	
10	52.00	
11	45.00	
12	52.00	
13	50.00	

图 8.1.1　原始数据

假设检验 H_0：该校学生的体重总体均值与一般初中生的平均体重之间没有显著性差异。

1. 使用“单样本 T 检验”命令

打开案例文件“初中生体重.sav”，依次单击菜单栏中的【分析】→【比较平均值】→【单样本 T 检验】命令，如图 8.1.2 所示。

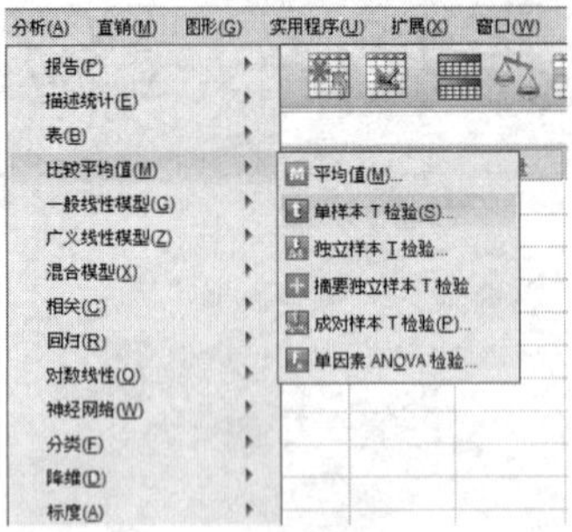

图 8.1.2 【分析】→【比较平均值】→【单样本 T 检验】

2. 定义“检验变量”

将“体重”选入右侧的“检验变量”栏中，“检验值”输入“50”，如图 8.1.3 所示。

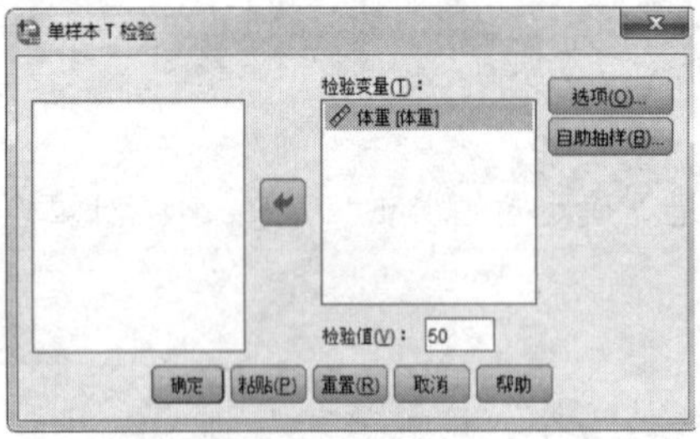

图 8.1.3 定义“检验变量”

3. 定义“选项”

单击【选项】按钮，“置信区间百分比”的默认值为 95%（即显著性水平 α=0.05），一般保持默认设置即可，单击【继续】→【确定】按钮，如图 8.1.4 所示。

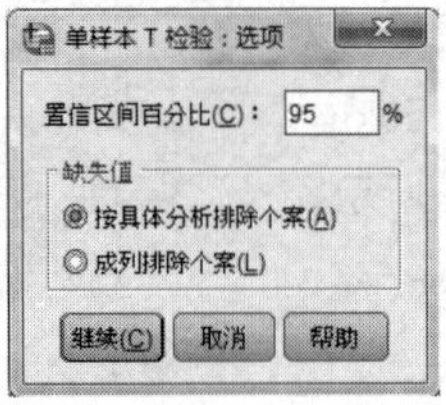

图 8.1.4 定义“选项”

4．输出结果

如图 8.1.5 所示，根据单样本统计表得出，本例中个案数为 32 个，平均值为 48.9375，标准差为 2.75842。

单样本统计

	个案数	平均值	标准差	标准误差平均值
体重	32	48.9375	2.75842	.48762

单样本检验

	检验值 = 50					
					差值 95% 置信区间	
	t	自由度	显著性（双尾）	平均值差值	下限	上限
体重	-2.179	31	.037	-1.06250	-2.0570	-.0680

图 8.1.5　输出结果

根据单样本检验表得出，t=-2.179，自由度为 31，p=0.037，小于显著性水平（α=0.05），故拒绝 H_0，接受 H_1，即该校学生的体重总体均值与一般初中生的平均体重 50kg 有显著性差异，且总体均值为 48.9375，也就是以 95%的概率接受初中生平均体重小于 50kg 的结论。

8.2　独立样本 *t* 检验

独立样本 t 检验用于检验两个独立样本的总体均值是否相等，例如：两个不同年龄段的消费者的信心指数是否相等、正常成年男女的血小板数量是否相等，等等。

8.2.1　适用条件及假设检验

1．独立性

独立性即各观测值之间相互独立，若样本是非独立的，则不能使用独立样本 t 检验来分析。

2．因变量服从正态分布

正态性即各样本均来自服从或近似服从正态分布的总体，t 检验对正态性有一定的耐受能力，若每组样本的容量都在 15 个以上，那么即使违反此条件，结果也依然稳健。

3．因变量的方差齐性

方差齐性即各样本所在的总体的方差相等。方差是否齐性对结论影响较大，在进行独立样本 t 检验时必须进行方差齐性检验。

4．不能满足适用条件时的解决办法

- 若方差不齐，则可以校正 t 检验的结果（即用 Welch 校正公式）。

- 若不服从正态分布，则可以变换变量或采用非参数检验过程。
- 在前期设计时，**各组样本的数最好相等**，这样无论方差是否齐性都不会影响 t 值。

5．假设检验

H_0：两组样本的总体均值相等。

H_1：两组样本的总体均值不相等。

8.2.2 健株与病株差异性分析：独立样本 t 检验

案例：有关人员在有小麦丛矮病的麦田里随机调查 13 株健株和 15 株病株的植株高度，请分析健株的高度是否高于病株。部分原始数据如图 8.2.1 所示。

	组别	数值
1	1	25.0
2	1	31.2
3	1	36.4
4	1	38.5
5	1	45.1
6	1	45.8
7	1	46.3
8	1	52.3
9	1	55.6
10	1	58.5
11	1	63.0

图 8.2.1　原始数据（部分）

假设检验 H_0：健株与病株的高度没有显著性差异。

1．正态性检验

注意：在实际应用中此步骤可以省略，t 检验对正态性有一定的耐受能力，可直接进行独立样本 t 检验。

（1）拆分文件

首先需要拆分文件，对两组数据分别做检验。打开案例文件“健株与病株.sav”，依次单击菜单栏中的【数据】→【拆分文件】命令，如图 8.2.2 所示。

（2）设置“分组依据”

打开【拆分文件】对话框，选择“比较组”，把“组别”选入“分组依据”栏中，再单击【确定】按钮，如图 8.2.3 所示。

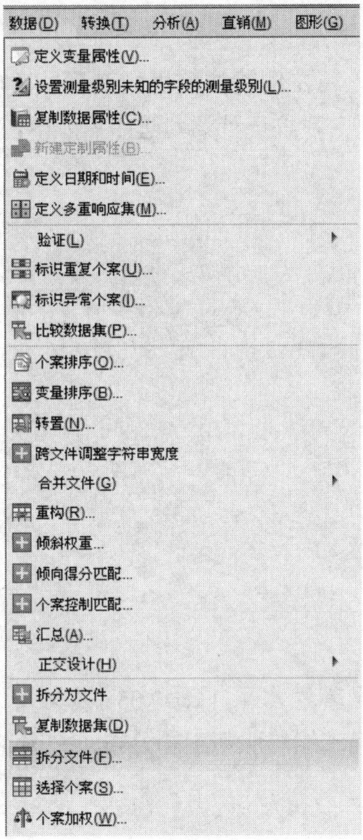

图 8.2.2 【数据】→【拆分文件】

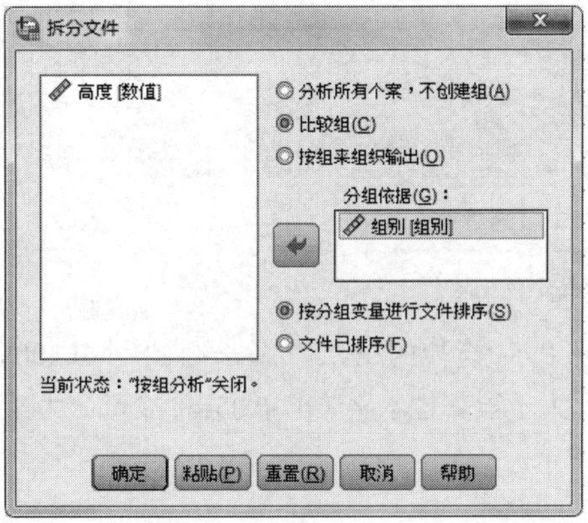

图 8.2.3 设置“分组依据”

（3）单样本 K-S 检验

依次单击菜单栏中的【分析】→【非参数检验】→【旧对话框】→【单样本 K-S】命令，如图 8.2.4 所示。

图 8.2.4 使用“单样本 K-S”命令

（4）正态性检验设置

打开【单样本柯尔莫戈洛夫-斯米诺夫检验】对话框，将左侧需要分析的变量“高度”选入右侧的“检验变量列表”栏中，勾选“正态”筛选框（系统已默认勾选），单击【确定】按钮，如图 8.2.5 所示。

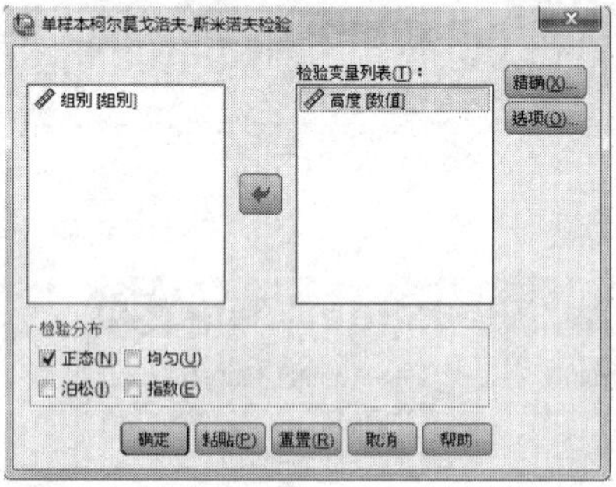

图 8.2.5　正态性检验设置

（5）输出结果

根据 K-S 检验的结果，第一组的 p=0.200，大于显著性水平（α=0.05）；第二组的 p=0.200，大于显著性水平（α=0.05），故可认为第一组与第二组均服从正态分布，如图 8.2.6 所示。

（6）取消拆分

依次单击菜单栏中的【数据】→【拆分文件】命令，打开【拆分文件】对话框，选择“分析所有个案，不创建组”单选钮，然后单击【确定】按钮，如图 8.2.7 所示。

单样本柯尔莫戈洛夫-斯米诺夫检验

组别			高度
健株	个案数		13
	正态参数[a,b]	平均值	48.523
		标准差	13.4014
	最极端差值	绝对	.104
		正	.104
		负	-.092
	检验统计		.104
	渐近显著性（双尾）		.200[c,d]
病株	个案数		15
	正态参数[a,b]	平均值	35.240
		标准差	12.7907
	最极端差值	绝对	.165
		正	.165
		负	-.134
	检验统计		.165
	渐近显著性（双尾）		.200[c,d]

a. 检验分布为正态分布。
b. 根据数据计算。
c. 里利氏显著性修正。
d. 这是真显著性的下限。

图 8.2.6　正态性检验结果

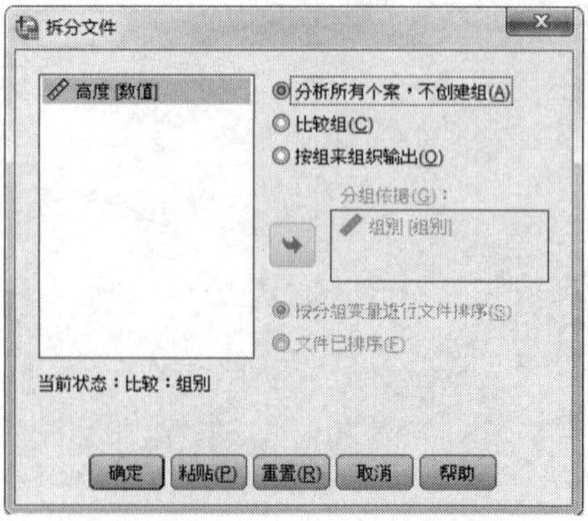

图 8.2.7　取消拆分

2. 独立样本 *t* 检验

（1）使用“独立样本 T 检验”命令

依次单击菜单栏中的【分析】→【比较平均值】→【独立样本 T 检验】命令，如图 8.2.8 所示。

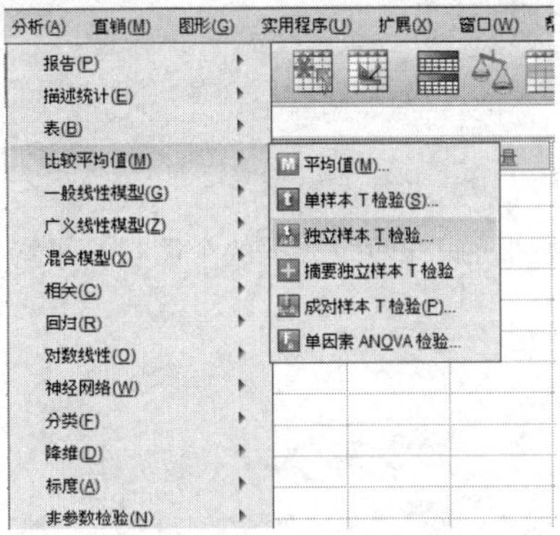

图 8.2.8　【分析】→【比较平均值】→【独立样本 T 检验】

（2）定义组

如图 8.2.9 所示，将“组别”选入右侧的“分组变量”栏中，将“高度（数值）”选入“检验变量”栏中。

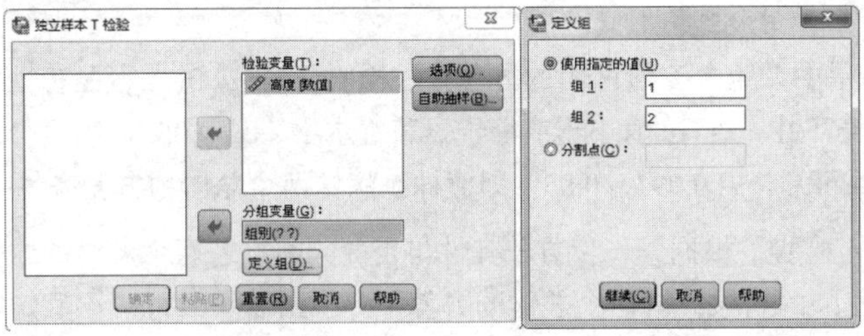

图 8.2.9　定义组

单击“分组变量”下方的【定义组】按钮，弹出【定义组】对话框，在“组 1”框中输入“1”，在“组 2”框中输入“2”，单击【继续】→【确定】按钮。

“分割点”是指在“分割点”框中输入一个数字，以此分割点为界，大于该值的划分为一组，小于该值的划分为另一组。

（3）“选项“设置

如图 8.2.10 所示，SPSS 默认为 α=0.05，若想更改，如更改为 α=0.01，则可以在【独立样本 T 检验：选项】对话框中，在“置信区间百分比”框中输入 99%。

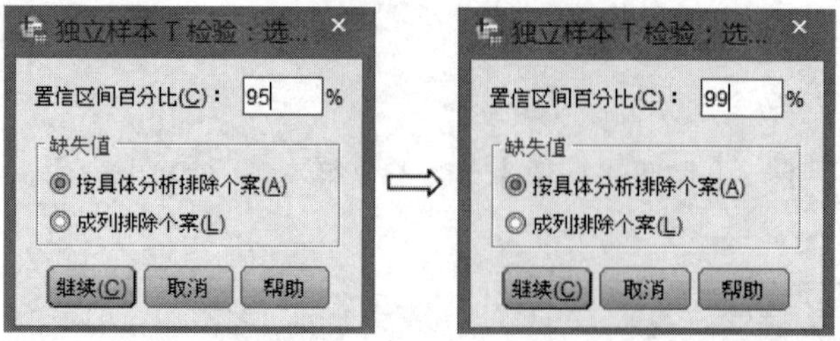

图 8.2.10　“选项”设置

（4）输出结果

如图 8.2.11 所示，在“组统计”结果中依次为健株、病株两组数据的个案数、平均值、标准差和标准误差平均值。

组统计

	组别	个案数	平均值	标准差	标准误差平均值
高度	健株	13	48.523	13.4014	3.7169
	病株	15	35.240	12.7907	3.3025

独立样本检验

		莱文方差等同性检验		平均值等同性 t 检验						
									差值 99% 置信区间	
		F	显著性	t	自由度	显著性（双尾）	平均值差值	标准误差差值	下限	上限
高度	假定等方差	.000	.993	2.681	26	.013	13.2831	4.9550	-.4853	27.0515
	不假定等方差			2.672	25.046	.013	13.2831	4.9721	-.5743	27.1405

图 8.2.11　输出结果

在“独立样本检验”结果中，第一步看两组的方差齐性检验，若 p 值大于显著性水平（α=0.05），则两个总体的方差齐性；若 p 值小于或等于显著性水平（α=0.05），则两个总体的方差不齐。根据案例的结果可知，p=0.993 > 0.05，即健株、病株两个总体的方差齐性。

第二步看平均值等同性 t 检验，根据第一步方差齐性与否的判断，若两个总体的方差齐性，则看第一行“假定等方差”的结果；若两个总体的方差不齐，则看第二行“不假定等方差”的结果（此时使用了 Welch 校正公式，得到了校正 t 检验的结果）。本例中，两个总体的方差是齐性的，因此看第一行“假定等方差”的结果，即 t=2.681，自由度=26，p=0.013，小于显著性水平（α=0.05），故可认为二者有显著性差异，且两组数据的平均值差值为 13.2831>0。

综合上述分析可以得出结论：健株的高度与病株的高度有显著性差异且健株的高度高于病株的高度。

8.3　成对样本 t 检验

在 8.2 节介绍的独立样本 t 检验中，各组样本间是相互独立的，而在本节介绍的成对样

本 t 检验中，各组样本间则是相互联系的，成对样本 t 检验是根据来自不同总体的配对样本来推断两个总体的平均值是否有显著性差异的。**需要注意的是，应保证两组样本的观测值是在相同的条件下得到的。**

8.3.1 概述

1. 配对类型

- 针对同一对象：对同一个受试对象进行某种处理前后的比较。
- 针对不同对象：将受试对象按某一条件进行配对，分别进行两种不同处理，观察两种处理效果有无差别。

2. 适用条件

- 两组样本的数目相等且顺序一致。
- 两组样本来自的总体服从正态分布，但实际上只要没有明显的极端值，结果都较为稳健。

3. 假设检验

H_0：两组样本的总体均值的差为 0。

H_1：两组样本的总体均值的差不为 0。

8.3.2 检测血磷值分析：成对样本 t 检验

案例：某克山病区测得 11 例克山病患者患病前后的血磷值（mmol/L），问该地急性克山病患者患病前后的血磷值是否不同？原始数据如图 8.3.1 所示。

	患病前	患病后
1	.67	.89
2	.68	.98
3	.78	1.03
4	.79	1.12
5	.84	1.35
6	1.20	1.57
7	1.20	1.71
8	1.36	1.79
9	1.37	1.92
10	1.45	2.03
11	1.54	2.05

图 8.3.1 原始数据

假设检验 H_0：急性克山病患者患病前后的血磷值没有显著性差异。

1．使用“成对样本 T 检验”命令

打开案例文件“检测血磷值.sav”，依次单击菜单栏中的【分析】→【比较平均值】→【成对样本 T 检验】命令，如图 8.3.2 所示。

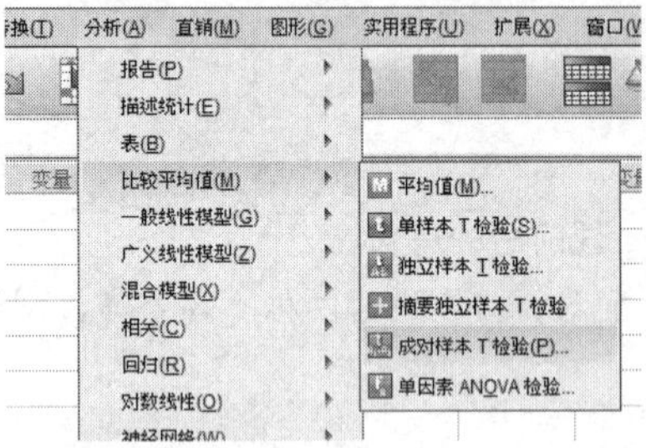

图 8.3.2 【分析】→【比较平均值】→【成对样本 T 检验】

2．定义“配对变量”

如图 8.3.3 所示，本例只有 1 对，故从原变量中选择成对变量进行配对，将“血磷值 1”移入“变量 1”的第 1 行，将“血磷值 2”移入“变量 2”的第 1 行，若有多对变量，则可以在第 2 行、第 3 行……移入相应的变量。

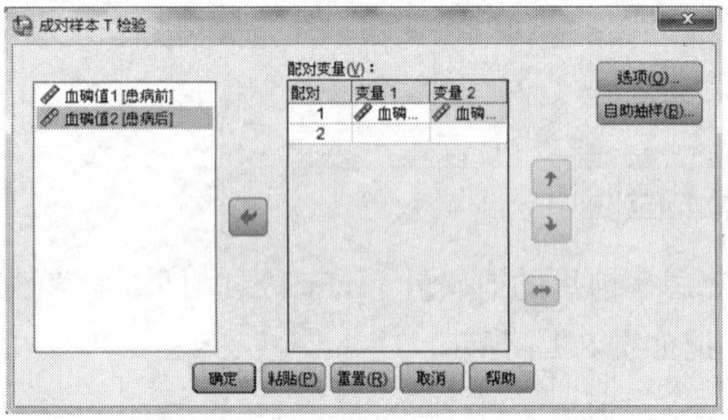

图 8.3.3 定义“配对变量”

3．“选项”设置

单击【选项】按钮，如图 8.3.4 所示，“置信区间百分比”一般默认值为 95%，即显著性水平 α=0.05，单击【继续】按钮。

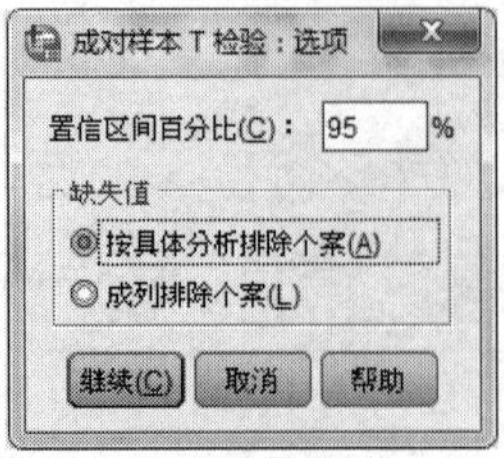

图 8.3.4 “选项”设置

4．输出结果

单击【确定】按钮，生成成对样本 t 检验结果，如图 8.3.5 至图 8.3.7 所示。

如图 8.3.5 所示为配对样本统计结果，分别给出了“血磷值 1”和“血磷值 2”的平均值、个案数、标准差、标准误差平均值。根据此表得知，“患者患病前的血磷值”的平均值小于“患者患病后的血磷值”的平均值。

配对样本统计

		平均值	个案数	标准差	标准误差平均值
配对 1	血磷值1	1.0800	11	.33160	.09998
	血磷值2	1.4945	11	.43851	.13221

图 8.3.5　配对样本统计结果

如图 8.3.6 所示为配对样本相关性结果，给出了“血磷值 1”和“血磷值 2”的相关系数（0.984），p=0.000，小于显著性水平（α=0.05），故认为二者具有很高的相关关系且呈正向相关。

配对样本相关性

		个案数	相关性	显著性
配对 1	血磷值1 & 血磷值2	11	.984	.000

图 8.3.6　配对样本相关性结果

如图 8.3.7 所示为配对样本检验结果，t=−10.853，自由度=10，p=0.000，小于显著性水平（α=0.05），故可认为患者患病前后的血磷值的差别有统计学意义；又因为配对差值的平均值为 0.41455>0，因此可认为患者患病后的血磷值高于患病前的血磷值。

在配对样本检验结果中，还给出了二者差值的平均值、标准差、标准误差平均值、差值 95%置信区间。

配对样本检验

		配对差值					t	自由度	显著性（双尾）
		平均值	标准差	标准误差平均值	差值 95% 置信区间 下限	差值 95% 置信区间 上限			
配对 1	血磷值1 - 血磷值2	-.41455	.12668	.03819	-.49965	-.32944	-10.853	10	.000

图 8.3.7　配对样本检验结果

第 9 章 非参数检验

9.1 非参数检验综述

9.1.1 基本概念

非参数检验（Nonparametric Test）主要是相对参数检验而言的，是统计分析方法的重要组成部分。

有些资料不是正态分布的，或者分布情况未知，不能用有效的参数进行描述，此时就需要采用非参数检验方法对总体分布或分布位置进行检验。其优点是不考虑总体分布，适应性强，稳定性好；缺点是损失了部分信息，检验效率较低，**对于适合参数检验的资料，仍然建议首选参数检验**。由于非参数检验方法在推断过程中不涉及有关总体分布的参数，因而得名为“非参数”检验。

9.1.2 单样本的非参数检验

单样本的非参数检验是指通过分析，对单个总体的分布特征进行推断的方法，其中包括卡方检验、二项分布检验、K-S 检验以及变量值随机性检验等方法。

1．总体分布的卡方检验

卡方检验可以根据样本数据，判断样本是否来自某一特定分布的总体，推断总体分布与期望分布或某一理论分布是否存在显著性差异。它的原假设是：样本来自的总体分布与期望分布或某一理论分布无差异。

2．二项分布检验

在生活中，很多主体的数据取值只有两类，例如，考生成绩可以分为及格和不及格，抽奖结果可以分为中奖和未中奖等。通常我们将出现的两种结果分别用 0 或 1 表示。假设进行 n 次相同的实验，则出现两种结果（0 或 1）的次数可以用离散型随机变量 X 来描述。如果

随机变量 X=1 的概率为 P，则随机变量 X=0 的概率 Q 便等于 1-P，这种分布称为二项分布。

二项分布检验是通过对样本数据的分析，推断其总体是否服从二项分布的。其原假设是：样本来自的总体与指定的二项分布无显著性差异。

3．K-S 检验

K-S 检验主要用于研究连续型随机变量的分布情况，其通过对样本数据的分析，可以判断样本来自的总体是否服从某一理论分布，属于拟合优度的检验方法。单样本 K-S 检验的原假设是：样本来自的总体与指定的理论分布无显著性差异。SPSS 的理论分布主要包括正态分布、均匀分布、指数分布和泊松分布等。

4．变量值随机性检验

变量值随机性检验通过分析样本变量值，推断总体变量值的出现是否随机。例如，在一个不透明的盒子里放置若干个红球和白球，若每次只能随机抓取一个球，则我们用数字 0 表示“抓到红球”，用数字 1 表示“抓到白球”，若干次实验后，会得到一个以 0,1 组成的变量值序列，此时便可以分析问题：抓取到红球或白球是否随机。变量值随机性检验可以有效地解决这类问题，它的原假设是：总体变量值的出现是随机的。

9.1.3 两个独立样本的非参数检验

两个独立样本的非参数检验是在对总体分布不了解的情况下，通过对两个独立样本的分析来推断样本来自的两个总体的分布是否存在显著性差异的。独立样本指的是在一个总体中随机抽取样本，对在另一个总体中随机抽取样本没有影响的情况下所获得的样本。

SPSS 提供了多种两个独立样本的非参数检验方法，其中包括曼-惠特尼 U 检验、K-S 检验、游程检验、极端反应检验等。

1．曼-惠特尼 U 检验

曼-惠特尼 U 检验可以检验出两个样本的总体在某些位置上是否相同。其原假设是：样本来自的两个总体分布无显著性差异。曼-惠特尼 U 检验主要研究两组样本的平均等级（也称秩），从而进行判断。其基本思路是，将数据按升序排列，每个变量值都会有一个在整个变量值序列中的位置或名次，这个位置或名次就是变量值的秩。

2．K-S 检验

两个独立样本的 K-S 检验的基本思想与单样本 K-S 检验类似，其差别在于前者对秩做出处理，后者对观测值做出处理。K-S 检验可以检验出两个总体分布是否存在显著性差异。其原假设是：两个独立样本来自的两个总体的分布无显著性差异。

3. 游程检验

我们一般用两个独立变量的游程检验来检验两个独立样本来自的两个总体的分布是否存在显著性差异。其原假设是：两个独立样本来自的两个总体的分布无显著性差异。

两个独立样本的游程检验的思想与单样本的游程检验基本相同，但单样本的游程检验是用来检验变量值的出现是否随机的，且计算游程数的方法也存在差异。在两个独立样本的游程检验中，游程数与变量值的秩密切相关。

4. 极端反应检验

极端反应检验提前设置一对照样本组，若实验样本组与之相比出现极端反应，则两个独立总体的分布存在显著性差异。该检验方法从不同的角度检验两个独立样本来自的两个总体的分布是否存在显著性差异。其原假设是：两个独立样本来自的两个总体的分布无显著性差异。

9.1.4 多个独立样本的非参数检验

多个独立样本的非参数检验是指对多个独立样本数据进行分析，推断样本来自的多个总体的中位数或分布是否存在显著性差异。SPSS 提供的多个独立样本的非参数检验方法主要包括中位数检验、Kruskal-Wallis 检验、Jonckheere-Terpstra 检验。

1. 中位数检验

通过对多个独立样本的分析，检验它们来自的总体的中位数是否存在显著性差异。中位数检验的基本原理是，先把所有的样本混合计算出中位数，再计算每组样本数据中大于或小于这个中位数的个数，如果相差得不多，则可以推断样本来自的总体没有显著性差异（即 SPSS 输出的 p 值大于显著性水平 α，则认为样本来自的总体没有显著性差异）。其原假设是：样本来自的多个总体的中位数无显著性差异。

2. Kruskal-Wallis 检验

Kruskal-Wallis 检验实质是两个独立样本的曼-惠特尼 U 检验在多个样本下的推广，也用于检验多个总体的分布是否存在显著性差异。其原假设是：多个独立样本来自的多个总体的分布无显著性差异。

其基本思想是：首先将多组样本数据全部按照升序排列，依次求出各变量值的秩，比较各组秩的均值是否存在显著性差异。若多组数据混合充分，且数值相差不大，则多个总体的分布无显著性差异；若某些组的数值偏大，另一些组的数值偏小，则多个总体的分布有显著性差异。

3. Jonckheere-Terpstra 检验

Jonckheere-Terpstra 检验也是用于检验多个独立样本来自的多个总体的分布是否存在显著性差异的非参数检验方法，其基本思想与两个独立样本的曼-惠特尼 U 检验类似。其原假设是：多个独立样本来自的多个总体的分布无显著性差异。

9.1.5 两配对样本的非参数检验

两配对样本的非参数检验是指在对总体分布不了解的情况下，通过对两组配对样本的分析，推断样本来自的两个总体的分布是否存在显著性差异。其主要包括以下 3 种检验方法。

1. Sign（符号）检验

配对资料的符号检验，通过分析两组样本每对数据之差的正负符号的数目来判断两个总体分布是否相同，样本是否来自正态总体对该检验影响不大，此方法效能较低。

符号检验在样本容量小于 25 时，采用二项分布法；在样本容量大于 25 时，采用正态分布法。其基本思路是，用第二组样本的各观测值减去第一组样本的各观测值，在通常情况下，差值是正值时为"+"，差值是负值时为"-"，若所得的差值为"+"和"-"符号的个数大致相等，则可认为两组数据的分布差异较小；若配对数据之差中的"+"和"-"符号的个数较为悬殊，则可以推断在一定的显著性水平 α 下，这两组数据的中值水平或总体分布差异较大。

2. Wilcoxon 符号秩检验（Wilcoxon Signedrank Test）

Wilcoxon 符号秩检验是符号检验法的改进，它不仅关注到观测值和原假设中心位置的差值正负情况，还关注到差值的大小，体现了秩的基本思想。

Wilcoxon 符号秩检验的基本思路是，将差值按升序或降序排列，并编写自然序号（秩）后，若其正号的秩和（记为 $T+$）与负号的秩和（记为 $T-$）大致相等，则说明两个总体的分布情况没有显著性差异；若正号的秩和（$T+$）与负号的秩和（$T-$）相差悬殊，就说明这两组数据之间存在显著性差异，即总体的分布不相同。

3. McNemar 检验和边际齐性检验

McNemar 检验的应用条件是两组相关样本的观测值是二分类变量，属于卡方检验。

Marginal Homogeneity（边际齐性）检验用于两组相关定序变量的检验，是 McNemar 检验的扩展，适用于分类数目大于 2 的定类变量。

9.1.6 多配对样本的非参数检验

多配对样本的非参数检验是指对多组相互配对的样本数据进行分析，推断样本来自的多个总体的中位数或分布是否存在显著性差异。其主要包括以下 3 种检验方法。

1. Friedman 检验

傅莱德曼（Friedman）检验即双向方差分析，主要用于检验样本是否来自同一个总体。通过计算比较各样本的秩总和、平均秩，推断其所来自的总体分布是否存在显著性差异。其原假设是：多个配对样本来自的多个总体的分布无显著性差异。

2. Cochran *Q* 检验

通过对多个配对样本的分析，推断多个总体的分布是否存在显著性差异。其原假设是：多个配对样本来自的多个总体的分布无显著性差异。Cochran Q 检验要求处理的样本数据为二分类变量。

3. Kendall *W* 检验

肯德尔检验（Kendall W 检验）即计算 Kendall 的和谐系数 W，主要用于检验样本代表的总体是否有相同的分布，系数越接近 1，一致性的程度就越高。该检验方法主要用于对评判者的评判标准是否一致进行分析。其原假设是：评判者的评判标准不一致。

以上就是对非参数检验方法的基本介绍。总结来说，非参数检验是对于不能使用参数检验条件时的替代方法。

9.2 游程检验

游程检验主要用于判断数据的随机性，在数据分析中，若数据不是随机抽取的，那么我们所做的推断将失去意义。

9.2.1 游程检验概述

1. 游程的含义

将连续相同取值的数据作为一个游程。如：0012223455677，在这 13 个数字中有 8 个游程，分别为 00、1、222、3、4、55、6、77。在一个随机抽样中，游程的数量既不可能太多，也不可能太少。

2. 检验原理

游程检验是对二分类变量的随机检验，它将数据分为两类，根据基准，小于此基准的为一类，大于此基准的为另一类，判断前一个个案是否影响后一个个案，若不影响，则认为数据是随机抽取的。

对于连续变量，首先要将其转换成二分类变量或者两个群体的数据形式，这就需要选择一个分割点，SPSS 提供了四种选择分割点的方法：中位数、众数、平均值、定制（即根据实际的经验自定义）。

3．假设检验

H_0：样本是随机抽取的。

H_1：样本不是随机抽取的。

9.2.2 消费额数据分析：游程检验

案例：某服装公司为扩大市场，发放调查问卷进行市场调研，在问卷中调查了消费者的消费额，在分析前抽取前 25 个样本，对问卷做随机性检验。

1．使用“游程”命令

打开案例文件“消费额.sav”，依次单击菜单栏中的【分析】→【非参数检验】→【旧对话框】→【游程】命令，如图 9.2.1 所示。

图 9.2.1 【分析】→【非参数检验】→【旧对话框】→【游程】

2．游程检验设置

打开【游程检验】对话框，如图 9.2.2 所示，将“消费额”选入“检验变量列表”栏中，在“分割点”栏勾选“中位数”“众数”“平均值”复选框 。在实际工作中，可以根据实际要求选择适合的分割点，也可以自定义分割点，勾选“定制”复选框，输入数值。

3．“选项”设置

单击【选项】按钮，在【游程检验：选项】对话框中勾选“描述”“四分位数”复选框，如图 9.2.3 所示。

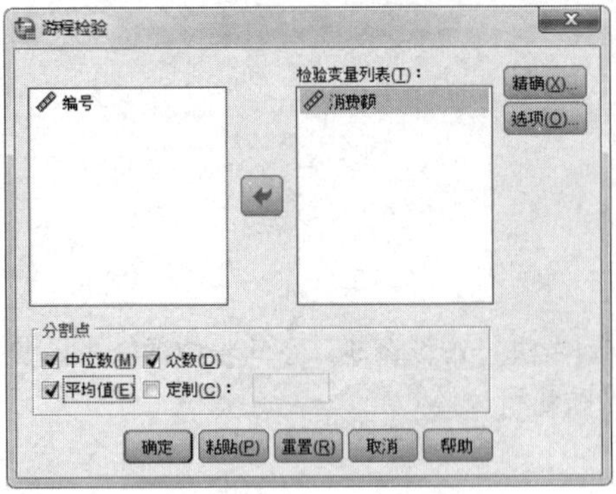

图 9.2.2　游程检验设置

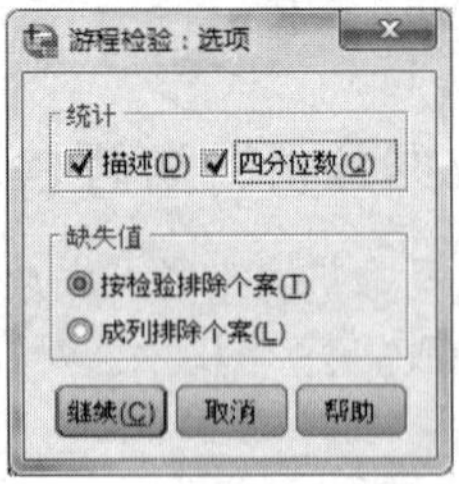

图 9.2.3　“选项”设置

4．输出结果

（1）描述统计

从描述统计结果中可知本例数据的基本情况，个案数为 25 个，平均值为 2622.00，标准差为 879.218，最小值为 1250，最大值为 4650，中位数为 2570，上四分位数为 2025.00，下四分位数为 3190.00，如图 9.2.4 所示。

描述统计

	个案数	平均值	标准差	最小值	最大值	百分位数 第 25 个	 第 50 个（中位数）	 第 75 个
消费额	25	2622.00	879.218	1250	4650	2025.00	2570.00	3190.00

图 9.2.4　描述统计结果

（2）以中位数为分割点

如图 9.2.5 所示，在 25 个个案中，小于中位数的个案有 12 个，大于或等于中位数的个案有 13 个，游程数为 14 个，p=0.993，大于显著性水平（α=0.05），故不能拒绝 H_0，因此以中位数为分割序列的标准，此样本是随机抽取的。

游程检验

	消费额
检验值[a]	2570
个案数 < 检验值	12
个案数 >= 检验值	13
总个案数	25
游程数	14
Z	.008
渐近显著性（双尾）	.993

a. 中位数

图 9.2.5　以中位数为分割点

（3）以平均值为分割点

如图 9.2.6 所示，在 25 个个案中，小于平均值的个案有 16 个，大于或等于平均值的个案有 9 个，游程数为 12 个，p=0.993，大于显著性水平（α=0.05），故不能拒绝 H_0，因此以平均值为分割序列的标准，此样本是随机抽取的。

（4）以众数为分割点

如图 9.2.7 所示，在 25 个个案中，小于众数的个案有 12 个，大于或等于众数的个案有 13 个，游程数为 14 个，p=0.993，大于显著性水平（α=0.05），故不能拒绝 H_0，因此以众数为分割序列的标准，此样本是随机抽取的。

注意： 当选择众数为分割点时，若存在多个众数，SPSS 默认为取值最大的众数，在脚注中有注明。

游程检验 2

	消费额
检验值[a]	2622.00
个案数 < 检验值	16
个案数 >= 检验值	9
总个案数	25
游程数	12
Z	-.009
渐近显著性（双尾）	.993

a. 平均值

图 9.2.6　以平均值为分割点

游程检验 3

	消费额
检验值[a]	2570[b]
个案数 < 检验值	12
个案数 >= 检验值	13
总个案数	25
游程数	14
Z	.008
渐近显著性（双尾）	.993

a. 众数

b. 存在多个众数。将使用数据值最大的众数。

图 9.2.7　以众数为分割点

在实际工作中，选择不同的分割点可能会得到不同的分析结果，要结合专业知识，正确选择分析方法。

9.3　单样本 K-S 检验

柯尔莫戈洛夫-斯米诺夫检验（简称 K-S 检验）是用两位数学家的名字来命名的。

9.3.1　单样本 K-S 检验概述

单样本 K-S 检验是指通过观测单一的连续型随机变量来判断样本总体是否服从某种特定的理论分布，它是一种拟合优度检验，属于非参数检验方法。其可以检验的理论分布有：正态分布、均匀分布、泊松分布、指数分布，一般情况下，我们用单样本 K-S 检验来检验数据是否服从正态分布。

假设检验：

H_0：样本的总体分布与理论分布一致。

H_1：样本的总体分布与理论分布不一致。

案例：请就 36 辆车的耗油量来检验其是否服从正态分布，原始数据如图 9.3.1 所示。

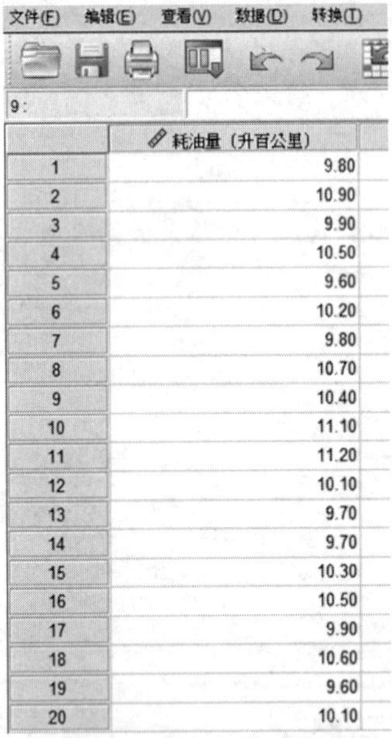

	耗油量（升百公里）
1	9.80
2	10.90
3	9.90
4	10.50
5	9.60
6	10.20
7	9.80
8	10.70
9	10.40
10	11.10
11	11.20
12	10.10
13	9.70
14	9.70
15	10.30
16	10.50
17	9.90
18	10.60
19	9.60
20	10.10

图 9.3.1　原始数据

9.3.2　耗油量数据分析：单样本 K-S 检验

1. 使用“单样本 K-S 检验”命令

打开案例文件“耗油量.sav”,依次单击菜单栏中的【分析】→【非参数检验】→【旧对话框】→【单样本 K-S 检验】命令，打开【单样本柯尔莫戈洛夫-斯米诺夫检验】对话框，如图 9.3.2 所示。

2. 选择变量

将变量“耗油量（升/百公里）”移至右侧的“检验变量列表”栏中，在“检验分布”栏勾选“正态”复选框，如图 9.3.3 所示。

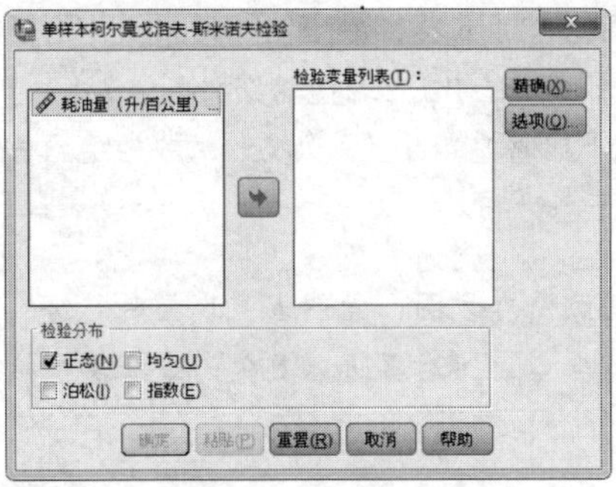

图 9.3.2 【单样本柯尔莫戈洛夫-斯米诺夫检验】对话框

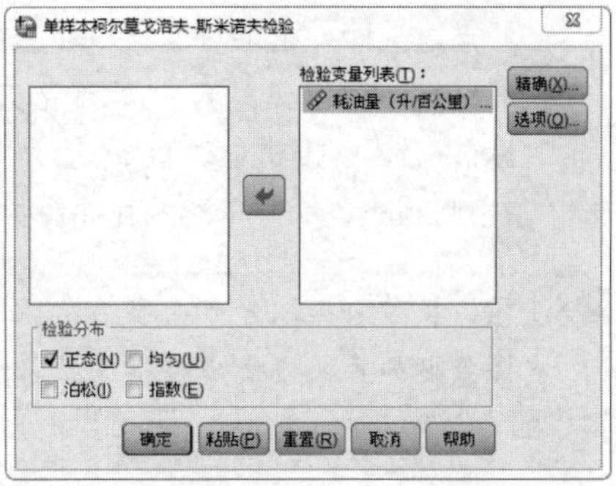

图 9.3.3 选择变量

3. “选项”设置

单击右上方的【选项】按钮，勾选“描述”复选框，如图 9.3.4 所示。

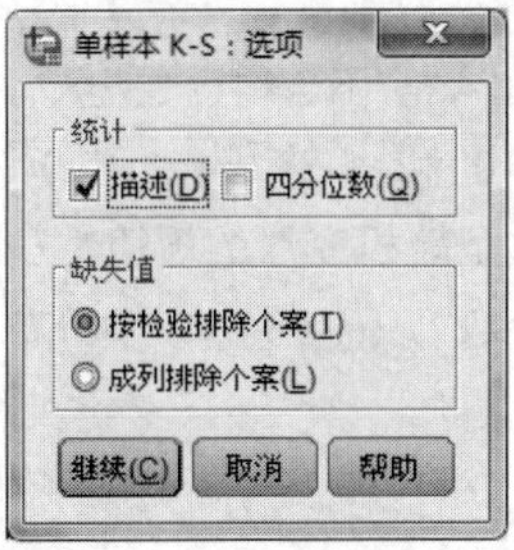

图 9.3.4 “选项”设置

4. 输出结果

单击【确定】按钮，得到结果，如图 9.3.5 所示。

描述统计

	个案数	平均值	标准差	最小值	最大值
耗油量（升/百公里）	36	10.1306	.44901	9.40	11.20

单样本柯尔莫戈洛夫-斯米诺夫检验

		耗油量（升/百公里）
个案数		36
正态参数[a,b]	平均值	10.1306
	标准差	.44901
最极端差值	绝对	.168
	正	.168
	负	-.091
检验统计		.168
渐近显著性（双尾）		.011[c]

a. 检验分布为正态分布。
b. 根据数据计算。
c. 里利氏显著性修正。

图 9.3.5 输出结果

- “描述统计”结果对变量“耗油量”的平均值、标准差、最小值和最大值进行了描述。
- “单样本柯尔莫戈洛夫-斯米诺夫检验”结果给出了相应的检验统计量。从该结果中可以看出，渐进显著性 p 值为 0.011，小于显著性水平（α=0.05），故拒绝原假设，由此判断该部分车辆的耗油量数据不服从正态分布。

注意：在对数据做分布类型检验时，首先最好做出直方图，看图表呈现何种趋势，这样会更加直观地看出样本大致符合何种分布类型，然后再进行具体的分布类型检验。

9.4 二项分布检验

9.4.1 二项分布检验概述

在实际数据的处理中，有些数据的取值只能分为两类，比如合格/不合格、是/否、生/死等，在录入 SPSS 时，这种二分类变量中的两种水平一般用 0 和 1 来表示。二项分布（Binomial Distribution）就是对这类只具有两种互斥结果的**离散型随机变量**的规律性进行描述的一种概率分布。二项分布检验就是用来检验样本是否来自参数为（n,p）的二项分布总体的方法，其中 n 为样本量，p 为比例。

9.4.2 检验答题正确率分析：二项分布检验

案例：请检验此次测验的正确率是否为 0.8。

假设检验 H_0：样本来自的总体与指定的二项分布无显著性差异（即该次测验的正确率为 0.8）。

1. 使用“二项”命令

打开案例文件“答题情况.sav”，依次单击菜单栏中的【分析】→【非参数检验】→【旧对话框】→【二项】命令。

2. 变量选择及设置

打开【二项检验】对话框，如图 9.4.1 所示，将“答题情况”选入“检验变量列表”栏中，并在“检验比例”框中输入 0.8。

“定义二分法”栏中的“分割点”指当所选择的变量的取值超过两个时，则需要设置相应的临界值。

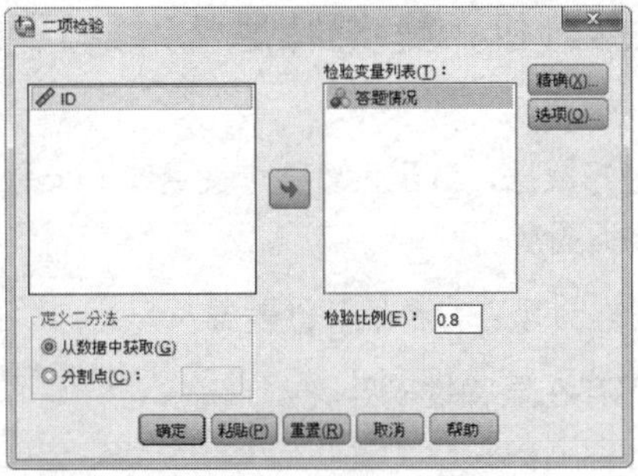

图 9.4.1　变量选择及设置

注意：第一条数据的答题情况为“对”，所以此处检验比例 0.8 是指答对概率为 0.8；如果第一条数据的答题情况为“错”，则此处检验比例 0.8 是指答错概率为 0.8。

---

3. 输出结果

单击【确定】按钮，输出二项分布检验结果，如图 9.4.2 所示。

二项检验

		类别	个案数	实测比例	检验比例	精确显著性（单尾）
答题情况	组 1	对	24	.6	.8	.003[a]
	组 2	错	16	.4		
	总计		40	1.0		

a. 备用假设指出第一个组中的个案比例 < .8。

图 9.4.2　输出结果

本例的精确显著性取值为 0.003，小于显著性水平（α=0.05），故拒绝原假设，认为本次测验的正确率不为 0.8。

二项分布检验的使用较为广泛，除了可以检验测验的正确率，还经常用于在工业生产中检验达标率等。

9.5　两个独立样本的非参数检验

9.5.1　概述

在对总体分布不了解的情况下，通过对两个独立样本的分析来推断样本来自的两个总体的分布是否存在显著性差异。该检验方法包括曼-惠特尼 *U* 检验、K-S 检验、游程检验、极端反应检验。这四种检验方法在前文中已详细介绍，此处不再赘述，本节着重对它们的实操进行详细讲解。

9.5.2 不同工艺类型产品的使用寿命数据分析：曼-惠特尼 *U* 检验、K-S 检验、游程检验及极端反应检验

在进行非参数检验之前，应该先按照规定组织好数据，这里设置两个变量，一个是代表检验变量的连续变量，另一个是代表两种水平的分类变量。

案例：根据不同的工艺类型，检验产品的使用寿命是否存在显著性差异?

假设检验 H_0：两种工艺类型产品的使用寿命不存在显著性差异。

1．使用“2 个独立样本”命令

打开案例文件“甲乙工艺制造的产品使用寿命.sav”，依次单击菜单栏中的【分析】→【非参数检验】→【旧对话框】→【2 个独立样本】命令，如图 9.5.1 所示。

2．选择变量

如图 9.5.2 所示，将“样本数据”变量选入“检验变量列表”栏中，将“工艺类型”选入“分组变量”栏中。

图 9.5.1 【分析】→【非参数检验】→【旧对话框】→【2 个独立样本】

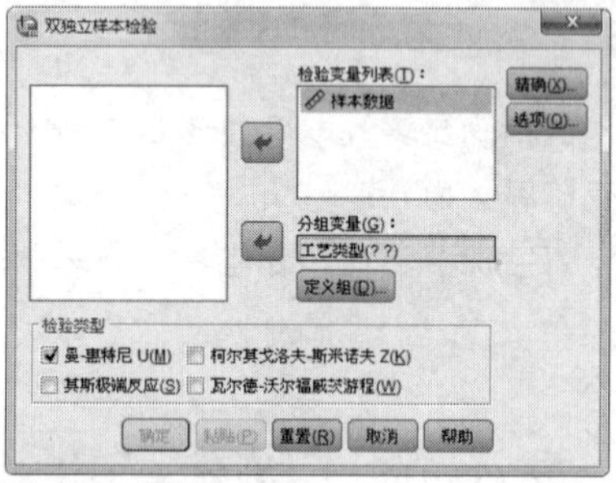

图 9.5.2 选择变量

3．定义标识值

此时【定义组】按钮被激活，如图 9.5.3 所示，单击【定义组】按钮，定义两个总体的标识值，在“组 1”和“组 2”框中分别输入两种工艺类型的值标签，即甲工艺=1，乙工艺=2。

4．选择检验方法

如图 9.5.4 所示，在【检验类型】栏勾选所有的检验方法，单击【确定】按钮，则会输出两独立样本的非参数检验结果。

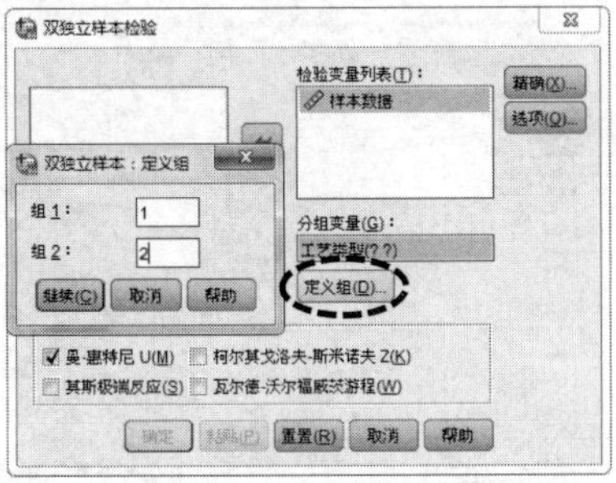

图 9.5.3　定义标识值

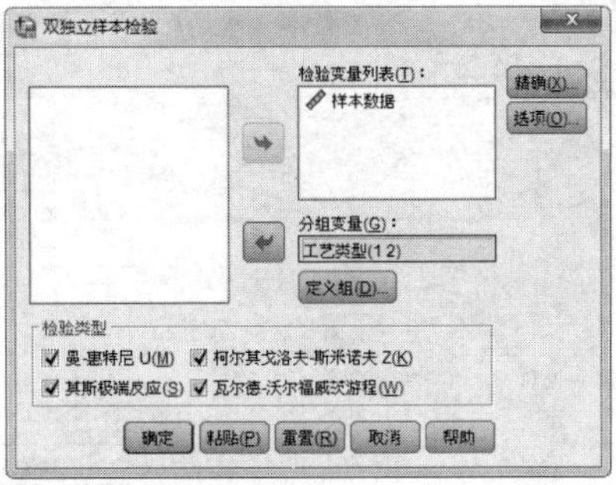

图 9.5.4　选择检验方法

5．输出结果

如图 9.5.5 所示，根据与曼-惠特尼 *U* 检验相关的检验统计量结果得知，从甲、乙两种工艺产品中抽取 15 个样本，秩的总和分别为 254.00 和 211.00。在显著性水平为 0.05 的标准下，*p* 值为 0.389，大于显著性水平，故不拒绝原假设，认为两种工艺类型产品的使用寿命不存在显著性差异。

曼-惠特尼检验

秩

	工艺类型	个案数	秩平均值	秩的总和
样本数据	甲工艺	15	16.93	254.00
	乙工艺	15	14.07	211.00
	总计	30		

检验统计[a]

	样本数据
曼-惠特尼 U	91.000
威尔科克森 W	211.000
Z	-.892
渐近显著性（双尾）	.373
精确显著性 [2*(单尾显著性)]	.389[b]

a. 分组变量：工艺类型

b. 未针对绑定值进行修正。

图 9.5.5　曼-惠特尼 *U* 检验结果

如图 9.5.6 所示，根据与 K-S 检验相关的检验统计量结果得知，甲、乙两种工艺产品的使用寿命的累积概率的最大绝对差值为 0.267。在显著性水平为 0.05 的标准下，*p* 值为 0.660，大于显著性水平，故不拒绝原假设，认为两种工艺类型产品的使用寿命不存在显著性差异。

如图 9.5.7 所示，根据与游程检验相关的检验统计量结果得知，甲、乙两种工艺产品的使用寿命秩的游程数为 23 个。在显著性水平为 0.05 的标准下，p 值为 0.998，大于显著性水平，故不拒绝原假设，认为两种工艺类型产品的使用寿命不存在显著性差异。

双样本柯尔莫戈洛夫-斯米诺夫检验

频率

	工艺类型	个案数
样本数据	甲工艺	15
	乙工艺	15
	总计	30

检验统计[a]

		样本数据
最极端差值	绝对	.267
	正	.067
	负	-.267
柯尔莫戈洛夫-斯米诺夫 Z		.730
渐近显著性（双尾）		.660

a. 分组变量：工艺类型

图 9.5.6　K-S 检验结果

瓦尔德-沃尔福威茨检验

频率

	工艺类型	个案数
样本数据	甲工艺	15
	乙工艺	15
	总计	30

检验统计[a,b]

		游程数	Z	精确显著性（单尾）
样本数据	精确游程数	23[c]	2.787	.998

a. 瓦尔德-沃尔福威茨检验

b. 分组变量：工艺类型

c. 未遇到任何组内绑定值。

图 9.5.7　游程检验结果

如图 9.5.8 所示，根据与极端反应检验相关的检验统计量结果得知，跨度和截头跨度分别为 30 和 27。在显著性水平为 0.05 的标准下，在排除极端值后 p 值为 0.950，大于显著性水平，故不拒绝原假设，认为两种工艺类型产品的使用寿命不存在显著性。

莫斯检验

频率

	工艺类型	个案数
样本数据	甲工艺（控制）	15
	乙工艺（实验）	15
	总计	30

检验统计[a,b]

		样本数据
实测控制组范围		30
	显著性（单尾）	1.000
剪除后控制组跨度		27
	显著性（单尾）	.950
在两端剪除了离群值		1

a. 莫斯检验

b. 分组变量：工艺类型

图 9.5.8　极端反应检验结果

不同的检验方法所得的结果有时未必相同，这提醒我们要根据实际情况选择合适的检验方法，以及反复检验的必要性。

9.6 多个独立样本的非参数检验

多个独立样本的非参数检验适合于检验多组样本数据来自的总体分布是否存在显著性差异，这里的总体分布是未知的。

9.6.1 检验方法

SPSS 提供了三种多个独立样本的非参数检验方法，分别是 Kruskal-Wallis H 检验、中位数检验和 Jonckheere-Terpstra 检验（关于它们的理论知识在 9.1.4 节中已经介绍过）。需要注意的是，当总体有先验的顺序排列（升序或降序）时，Jonckheere-Terpstra 检验比 Kruskal-Wallis H 检验和中位数检验更为有效。

9.6.2 股票收益率对比分析：Kruskal-Wallis H 检验、中位数检验及 Jonckheere-Terpstra 检验

案例：三个小组参与股票实战，在相同时间段内或获得收益或亏损，检验三个小组的股票收益率（如果亏损则为负数）是否有显著性差异。

假设检验 H_0：各样本代表的总体分布没有显著性差异（即三个小组的股票收益率没有差异）。

1．打开【针对多个独立样本的检验】对话框进行设置

打开案例文件“收益率.sav”，依次单击菜单栏中的【分析】→【非参数检验】→【旧对话框】→【K 个独立样本】命令。

打开【针对多个独立样本的检验】对话框，将“收益率”选入“检验变量列表”栏中，此处必须选择数值型变量；将“组”选入“分组变量”栏中；在“检验类型”栏中将三种方法全部勾选上，如图 9.6.1 所示。

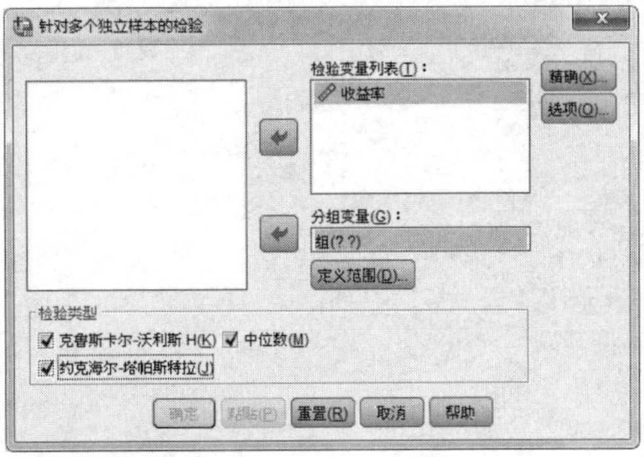

图 9.6.1 【针对多个独立样本的检验】对话框

2. 定义分组变量的范围

【定义范围】按钮被激活，单击该按钮，设置分组变量的范围，最小值设为“1”，最大值设为“3”，如图 9.6.2 所示，单击【继续】按钮回到主对话框。

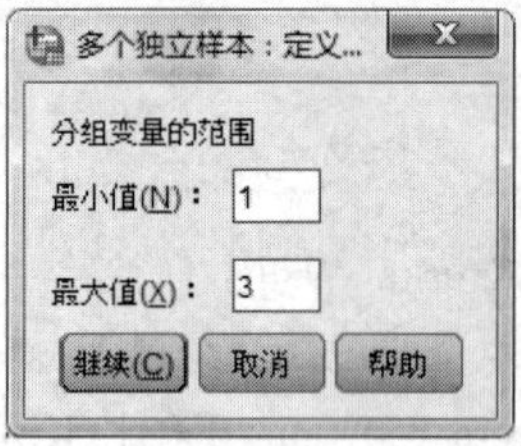

图 9.6.2　定义分组变量的范围

3. 输出结果

单击【确定】按钮，得到分析结果，如图 9.6.3 至图 9.6.5 所示。

如图 9.6.3 所示为 Kruskal-Wallis *H* 检验结果，三组数据的秩平均值分别为 19.00、31.65、40.85；根据检验统计结果，*p* 值为 0.000，小于显著性水平（α =0.05），故拒绝原假设，可以认为三个小组的股票收益率存在显著性差异。

如图 9.6.4 所示为中位数检验结果，三组数据中位数的频率相差不大；根据检验统计结果，*p* 值为 0.002，小于显著性水平（α =0.05），故拒绝原假设，可以认为三个小组的股票收益率存在显著性差异。

克鲁斯卡尔-沃利斯检验

秩

	组	个案数	秩平均值
收益率	1	20	19.00
	2	20	31.65
	3	20	40.85
	总计	60	

检验统计[a,b]

	收益率
卡方	15.784
自由度	2
渐近显著性	.000

a. 克鲁斯卡尔-沃利斯检验

b. 分组变量：组

图 9.6.3　Kruskal-Wallis *H* 检验结果

中位数检验

频率

		组 1	组 2	组 3
收益率	> 中位数	4	11	15
	<= 中位数	16	9	5

检验统计[a]

	收益率
个案数	60
中位数	14.9350
卡方	12.400[b]
自由度	2
渐近显著性	.002

a. 分组变量：组

b. 0 个单元格 (0.0%) 的期望频率低于 5。期望的最低单元格频率为 10.0。

图 9.6.4　中位数检验结果

如图 9.6.5 所示为 Jonckheere-Terpstra 检验结果，p 值为 0.000，小于显著性水平（α =0.05），故拒绝原假设，可以认为三个小组的股票收益率存在显著性差异。

约克海尔-塔帕斯特拉检验[a]

	收益率
组 中的级别数	3
个案数	60
实测 J-T 统计	898.000
平均值 J-T 统计	600.000
J-T 统计的标准差	73.709
标准 J-T 统计	4.043
渐近显著性（双尾）	.000

a. 分组变量：组

图 9.6.5　Jonckheere-Terpstra 检验结果

多个独立样本的非参数检验的基本原理与两个独立样本的非参数检验相同，请读者多多练习。

9.7　两个相关样本的非参数检验

两个相关样本的非参数检验指的是当两个样本之间存在某种内在联系，但是总体不服从正态分布，或者两个样本为定序或定类变量时，通常用于比较受试对象在采取某种处理前后的效果变化，也可检验针对同一受试对象的两种测试方法是否相同。

9.7.1　概述

SPSS 提供的两个相关样本的非参数检验方法有：Wilcoxon 符号秩检验、符号检验、McNemar 检验和边际齐性检验。这三种检验方法在 9.1.5 节已经介绍过，本节将结合案例来介绍如何操作。

9.7.2　患者血磷值差异分析：Wilcoxon 符号秩检验及符号检验

案例：某克山病区测得 11 例克山病患者患病前后的血磷值（mmol/L），问该地急性克山病患者患病前后的血磷值是否不同？原始数据如图 9.7.1 所示。（注：案例只为演示操作，不具有实际意义。）

假设检验 H_0：急性克山病患者患病前后的血磷值没有显著性差异。

1. 使用“2 个相关样本”命令

打开案例文件“检测血磷值.sav”，依次单击菜单栏中的【分析】→【非参数检验】→【旧对话框】→【2 个相关样本】命令，如图 9.7.2 所示。

图 9.7.1　原始数据

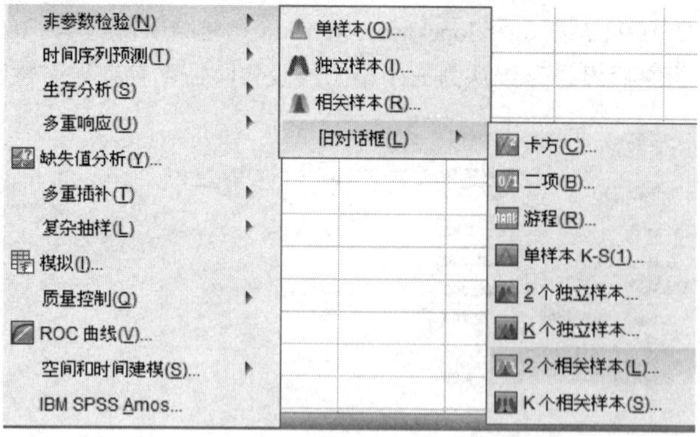

图 9.7.2　【分析】→【非参数检验】→【旧对话框】→【2 个相关样本】

2. 双关联样本检验选项设置

打开【双关联样本检验】对话框，如图 9.7.3 所示，本例只有一对，故从原变量中选择成对变量进行配对，将“血磷值 1”移入“变量 1”的第 1 行，将“血磷值 2”移入“变量 2”的第 1 行，若有多对变量，则可以在第 2 行、第 3 行……移入相应的变量。

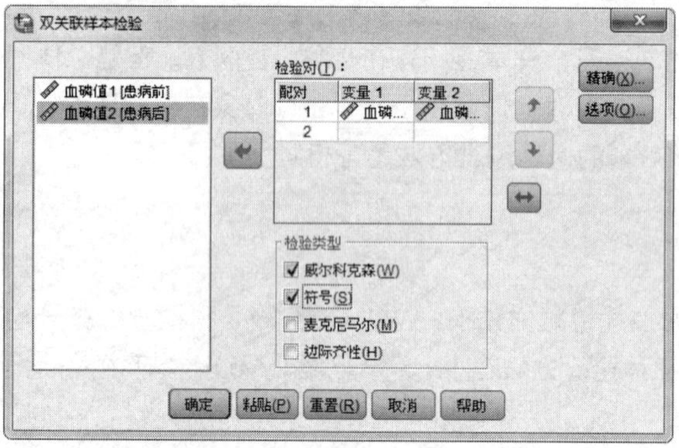

图 9.7.3　双关联样本检验选项设置

在“检验类型”栏只勾选“威尔科克森”（即 Wilcoxon 符号秩检验）和“符号”复选框，后两种方法适合分类变量，本例不符合。

3. 输出结果

单击【确定】按钮，输出结果如图 9.7.4 和图 9.7.5 所示。

在图 9.7.4 中，输出了 Wilcoxon 符号秩检验结果，“秩”结果给出了二者的差值，负秩的个案有 0 个，正秩的个案有 11 个，绑定值为 0；负秩的平均值为 0，正秩的平均值为 6，可以认为患者患病前后的血磷值有显著性差异。

在检验统计结果中，p 值为 0.003，小于显著性水平（α=0.05），故可认为患者患病前后的血磷值有显著性差异。

在图 9.7.5 中，输出了符号检验结果。由于本例中样本容量为 11，属于小样本，所以检验统计结果为二项分布的精确概率，p 值为 0.001，小于显著性水平（α=0.05），故可认为患者患病前后的血磷值有显著性差异。

威尔科克森符号秩检验

秩

		个案数	秩平均值	秩的总和
血磷值2 - 血磷值1	负秩	0[a]	.00	.00
	正秩	11[b]	6.00	66.00
	绑定值	0[c]		
	总计	11		

a. 血磷值2 < 血磷值1
b. 血磷值2 > 血磷值1
c. 血磷值2 = 血磷值1

检验统计[a]

	血磷值2 - 血磷值1
Z	-2.940[b]
渐近显著性（双尾）	.003

a. 威尔科克森符号秩检验
b. 基于负秩。

图 9.7.4 Wilcoxon 符号秩检验结果

符号检验

频率

		个案数
血磷值2 - 血磷值1	负差值[a]	0
	正差值[b]	11
	绑定值[c]	0
	总计	11

a. 血磷值2 < 血磷值1
b. 血磷值2 > 血磷值1
c. 血磷值2 = 血磷值1

检验统计[a]

	血磷值2 - 血磷值1
精确显著性（双尾）	.001[b]

a. 符号检验
b. 使用了二项分布。

图 9.7.5 符号检验结果

9.8 多个相关样本的非参数检验

9.8.1 概述

多个相关样本的非参数检验用于检验多个相关样本是否来自同一个总体。

多个相关样本的非参数检验方法包括 Friedman（傅莱德曼）检验、Kendall（肯德尔）W 检验和 Cochran（柯克兰）Q 检验（这三种检验方法在 9.1.6 节中已经介绍过）。需要强调的是，Cochran Q 检验即两个相关样本 McNemar 检验的推衍，仅适用于二分类变量。

9.8.2 产品销售额差异分析：Friedman 检验及 Kendall W 检验

案例：某机构统计了 50 款产品在 2017 年 10 月、11 月、12 月的销售额，请利用多个相关样本检验来分析这三个月的销售额是否有显著性差异。

H_0：三个月的销售额来自同一个分布的总体（即不存在显著性差异）。

1. 使用“K 个相关样本”命令

打开案例文件“销售额.sav”，依次单击菜单栏中的【分析】→【非参数检验】→【旧对话框】→【K 个相关样本】命令，如图 9.8.1 所示。

2. 选择变量

打开【针对多个相关样本的检验】对话框，如图 9.8.2 所示，将“十月”“十一月”“十二月”均选入“检验变量”列表中，勾选“傅莱德曼”“肯德尔 W”复选框。(“柯克兰 Q”检验主要适用于二分类变量，本数据中的变量为数值型变量，不适用于该方法。)

图 9.8.1 【分析】→【非参数检验】→【旧对话框】→【K 个相关样本】

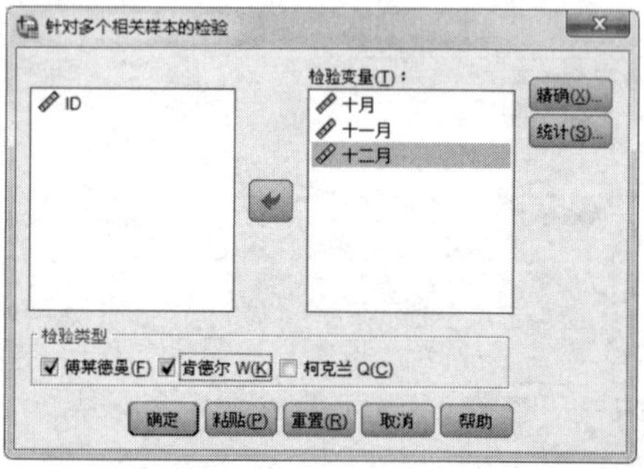

图 9.8.2 选择变量

3. 输出结果

单击【确定】按钮，输出结果如图 9.8.3 所示。两种检验方法得出的渐进显著性均为 0.780，大于显著性水平（α=0.05），所以不能拒绝原假设，因此认为三个月的销售额没有显著性差异。

注意： 本例检验样本是否来自同一个总体，建议以“傅莱德曼检验”的结果为准。

傅莱德曼检验

秩

	秩平均值
十月	2.00
十一月	1.93
十二月	2.07

检验统计[a]

个案数	50
卡方	.497
自由度	2
渐近显著性	.780

a. 傅莱德曼检验

肯德尔 W 检验

秩

	秩平均值
十月	2.00
十一月	1.93
十二月	2.07

检验统计

个案数	50
肯德尔 W[a]	.005
卡方	.497
自由度	2
渐近显著性	.780

a. 肯德尔协同系数

图 9.8.3 输出结果

9.9 非参数检验与参数检验的比较

通过前几节对常用的参数检验与非参数检验的系统学习，我们知道非参数检验与参数检验二者共同构成了统计推断的基本内容，那么二者之间究竟有什么区别呢?

9.9.1 非参数检验与参数检验的区别

- 参数检验：当总体分布形式已知（如总体为正态分布）时，根据样本数据对总体分布的统计参数进行推断。常用的参数检验为 t 检验、Z 检验、F 检验。
- 非参数检验：不依赖总体分布的具体形式和检验分布（如位置）是否相同。非参数检验在推断过程中不涉及有关总体分布的参数。非参数检验主要应用于定类数据、定序数据等非连续变量数据。

总结：非参数检验无须知道总体参数，无须设定总体为何种分布；而参数检验需要利用总体的信息。

9.9.2 非参数检验与参数检验的优缺点

- 参数检验：优点是对于符合前提条件的数据，检验效率高；缺点是适用的范围较小，数据必须要符合参数检验的条件才能使用参数检验。
- 非参数检验：优点是计算相对简单，应用范围广，可以检验任何类型的数据（如小样本、无分布样本、等级资料、数据污染样本、混杂样本等）；缺点是对原始信息的利用率低，对总体分布的要求不高，只能进行假设检验而不能做交互分析，若数据符合参数检验条件，则检验效率低于参数检验。所以，**能用参数检验的就尽可能使用参数检验来分析。**

9.9.3 非参数检验与参数检验的分类

- 参数检验包括：单样本的 t 检验、两个独立样本的 t 检验、两配对样本的 t 检验、方差检验。
- 非参数检验包括：卡方检验、单样本 K-S 检验、两个独立样本检验、多个独立样本检验、两配对样本检验、多配对样本检验、二项分布检验、游程检验。

第 10 章 卡方检验

10.1 卡方检验综述

卡方检验是一种判断样本是否符合特定分布的非参数检验方法，用于检验观察值与期望值是否吻合。

10.1.1 卡方检验原理

卡方检验的原假设 H_0：样本所属的总体分布与理论分布无显著性差异。

$$\chi^2 = \Sigma(f_0 - f_e)^2/f_e$$

公式中，f_0 是实际观察频数，f_e 是期望频数。观察频数与期望频数越接近，χ^2值越小，不能拒绝原假设（零假设）；观察频数与期望频数相差越大，χ^2值越大，越不能支持原假设。

由于卡方检验是建立在皮尔逊定理基础上的，要求样本量足够大，所以使用时建议**样本量不应小于 30 个，同时每个单元中的期望频数不能太小**。

10.1.2 数字偏好分析：卡方检验

案例：一般认为人们对数字并没有特别的偏好，那么是否如此呢？现以 50 名受访者为观察对象，让其在数字 6~9 中选择一个数字。

H_0：人们对数字并没有特别的偏好。

1. 打开【卡方检验】对话框

打开案例文件“数字偏好.sav”，依次单击菜单栏中的【分析】→【非参数检验】→【旧对话框】→【卡方】命令，打开【卡方检验】对话框，如图 10.1.1 所示，将“prefernumber”移入“检验变量列表”栏中。

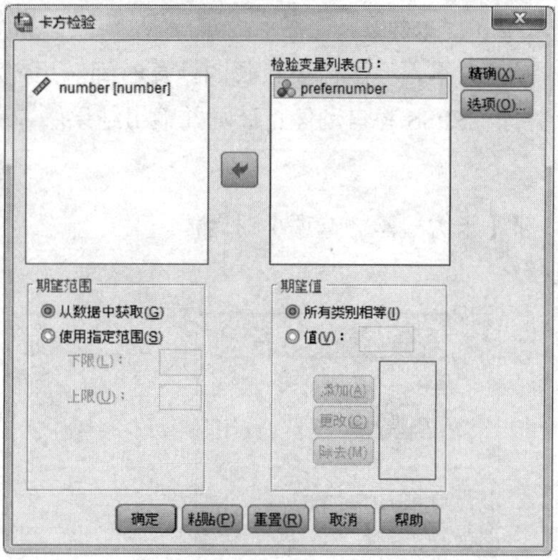

图 10.1.1　【卡方检验】对话框

注意：在“检验变量列表”栏中可以选择多个变量，SPSS 会对每个变量进行卡方检验。

（1）“期望范围”选项组

该选项组用于划定卡方检验的数据范围。

- 系统默认设置为“从数据中获取”，将依据分类变量几个水平的最大值和最小值作为检验范围。
- “使用指定范围”需手动输入分类变量几个水平值的“上限”和“下限”来确定范围，没在这个范围内的则会被排除在外不做分析。

（2）“期望值”选项组

该选项组用于设置在一个分类变量中各个水平所占的比例，包括“所有类别相等”和“值”选项。

- “所有类别相等”是系统默认的选择，即检验总体是否服从均匀分布。
- 选择“值”需要用户输入事先预设好的期望概率值。**需要注意的是，概率值输入顺序要与分类变量各个水平的顺序一致。**

（3）精确选项设置

单击【精确】按钮，弹出如图 10.1.2 所示的【精确检验】对话框。

精确检验用于设置计算显著性水平的方法，SPSS 提供了 3 种方法。

- “仅渐进法”：渐进法要求样本容量足够大，SPSS 默认用此方法。
- “蒙特卡洛法”：一般用于不满足渐进分布假设的巨量数据，需要在“置信度级别”

和“样本数”框中输入相应的置信水平和样本数。

- “精确”：该方法可以得到精确的显著性水平，但是需要较长的计算时间。用户可以设置相应的限制时间，如果超过该时间，SPSS 将自动停止计算并输出结果。

（4）选项设置

单击【选项】按钮，弹出如图 10.1.3 所示【卡方检验：选项】对话框。

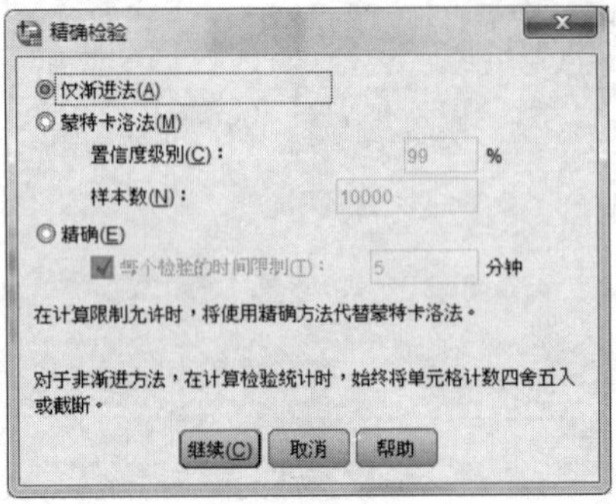

图 10.1.2　精确选项设置

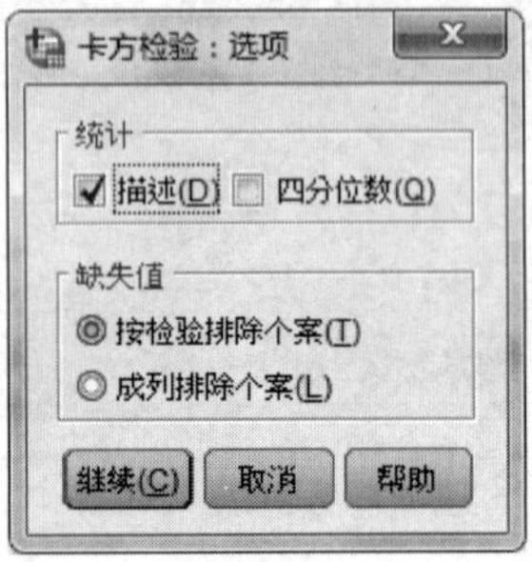

图 10.1.3　选项设置

在【卡方检验：选项】对话框中包含“统计”和“缺失值”两个选项组。

- “统计”用于设置输出的统计量，包括输出描述统计量和四分位数，本例选择“描述”。
- “缺失值”用于设置缺失值的处理方式。
- “按检验排除个案”：只排除检验变量中含有缺失值的个案。
- “成列排除个案”：排除任何具有缺失值的个案。

2. 输出结果

设置完成后，单击【确定】按钮得到结果，如图 10.1.4 至图 10.1.6 所示。

如图 10.1.4 所示，给出了“个案数”“平均值”“标准差”“最小值”“最大值”等描述统计量。

描述统计

	个案数	平均值	标准差	最小值	最大值
prefernumber	50	7.26	1.121	6	9

图 10.1.4　描述统计结果

如图 10.1.5 所示，给出了实测个案数、期望个案数和残差值。

如图 10.1.6 所示，给出了相应的检验统计量。从图中可以看出，渐进显著性 p 值为 0.451，大于显著性水平（α=0.05），故不能拒绝原假设，可以认为人们对数字 6~9 没有特别的偏好。

prefernumber

	实测个案数	期望个案数	残差
6	17	12.5	4.5
7	12	12.5	-.5
8	12	12.5	-.5
9	9	12.5	-3.5
总计	50		

图 10.1.5　卡方检验频数表

检验统计

	prefernumber
卡方	2.640[a]
自由度	3
渐近显著性	.451

a. 0 个单元格 (0.0%) 的期望频率低于 5。期望的最低单元格频率为 12.5。

图 10.1.6　卡方检验统计表

10.2　拟合优度检验

10.2.1　概述

在日常分析中，常常需要检验我们收集的样本数据所来自的总体分布形态与期望分布或某一理论分布是否有差异，这时候就需要使用拟合优度检验。拟合优度检验适用于分类变量且只有一个变量的情况，用卡方统计量进行统计显著性检验。它依据总体分布状况，计算出分类变量中各类别的期望频数，与分布的观察频数进行对比，判断期望频数与观察频数是否有显著性差异，从而达到对分类变量进行分析的目的。

10.2.2　专业学科分布比例分析：拟合优度检验

案例：请检验专业学科的分布是否合理，各个学科（理科、文科、艺术类）是否满足 2∶2∶1 这一分布比例。

H_0：各个学科满足 2∶2∶1 这一分布比例。

1. 打开【卡方检验】对话框

打开案例文件“专业学科.sav”，依次单击菜单栏中的【分析】→【非参数检验】→【旧对话框】→【卡方】命令，打开【卡方检验】对话框，将要检验的变量“专业”放入“检验变量列表”栏中，如图 10.2.1 所示。

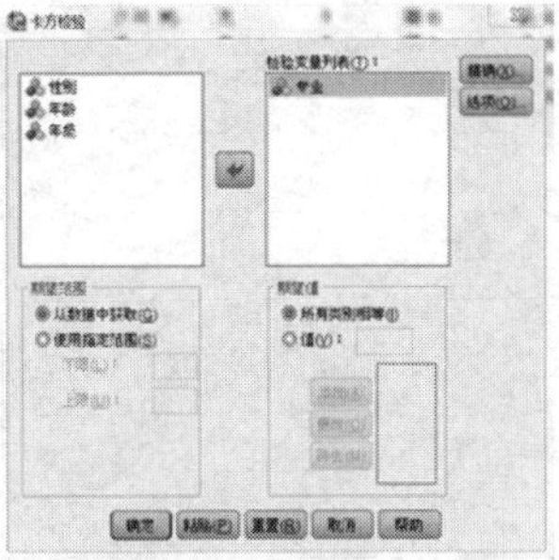

图 10.2.1　【卡方检验】对话框

2．设置“期望范围”

在“期望范围”选项组中，选择“使用指定范围”（对于未包含在此范围内的水平，则不会对其进行分析），“理科”“文科”“艺术类”的值标签分别为 1、2、3，因此在“下限”框中输入“1”，在“上限”框中输入“3”，也可直接保持默认设置“从数据中获取”，如图 10.2.2 所示。

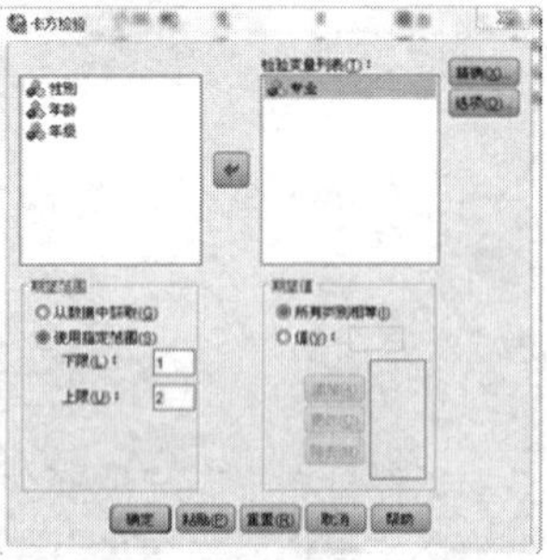

图 10.2.2　设置“期望范围”

3．设置“期望值”

在“期望值”选项组中选择“值”，设置期望分布的频率。本例中“理科”“文科”“艺术类”的期望分布值是 2∶2∶1，按照专业中各个水平的顺序依次输入值，各个水平按照顺序依次为“理科”“文科”“艺术类”，因此在输入值时要一一对应，分别为 2、2、1，如图 10.2.3 所示。

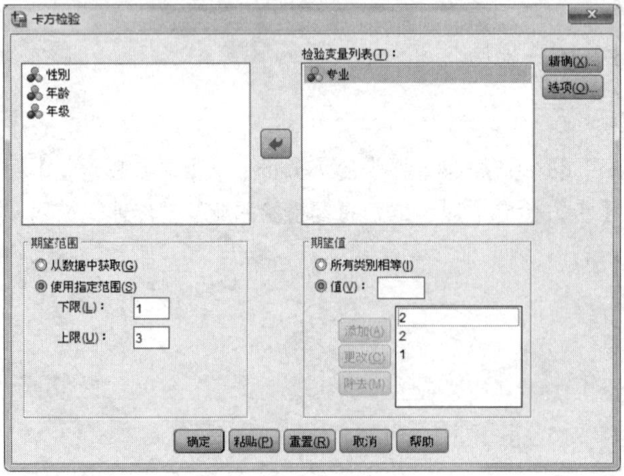

图 10.2.3　设置“期望值”

4．输出结果

单击【确定】按钮，得到分析结果，如图 10.2.4 所示。

频率

类别		专业 实测个案数	期望个案数	残差
1	理科	27	40.0	-13.0
2	文科	40	40.0	.0
3	艺术类	33	20.0	13.0
总计		100		

检验统计

	专业
卡方	12.675[a]
自由度	2
渐近显著性	.002

a. 0 个单元格 (0.0%) 的期望频率低于 5。期望的最低单元格频率为 20.0。

图 10.2.4　输出结果

在频率表中得出，在 100 个观察数据中，“理科”“文科”“艺术类”学生实际人数分别为 27、40、33，按照理论分布，100 人在三类学科中的期望频数应该为 40、40、20，实际观察频数与期望频数的差分别为-13、0、13。

在检验统计表中得出，渐进显著性 p 值为 0.002，小于显著性水平（α=0.05），故拒绝原假设（各学科人数满足 2∶2∶1 的分布比例），可以认为样本来自的总体分布与指定的理论分布存在显著性差异，即所调研数据的学生所学学科的理科、文科、艺术类不满足 2∶2∶1 这一分布比例。（**注意**：在检验统计表的脚注中写道：0 个单元格（0.0%）的期望频率低于 5。期望的最低单元格频率为 20.0。我们可以用此结果来进行判断，但是若期望频率低于 5 的单元格超过 20.0%，则需要在卡方检验中选择“精确检验”。）

10.3　独立性检验

在实际研究中，我们经常会研究两个（或多个）变量之间的关系，即两个（或多个）变量是否有关联，对于这种情况需要进行独立性检验。

原假设（H_0）：两个变量是没有关联的，即两个变量独立。

备择假设（H_1）：两个变量是有关联的。

10.3.1　独立性检验的适用条件

- 两个变量都是定性变量且各自包含了两个或多个类别变量。
- 受访者在研究变量的所有类别中只能归属为一类。
- 每个受访者的数据都是独立的。

- 如果有超过 20%的单元格的期望值小于 5，则需要谨慎使用卡方检验。

10.3.2 学历与消费水平分析：独立性检验

案例：请用独立性检验来分析学历与消费水平是否有关系，其中学历分为低学历和高学历两类，消费水平分为低消费和高消费两类。

1. 打开【交叉表】对话框

打开案例文件“学历与消费水平.sav”，依次单击菜单栏中的【分析】→【描述统计】→【交叉表】命令，打开【交叉表】对话框，将“学历”选入“行”中，将“消费水平”选入“列”中，如图 10.3.1 所示。

图 10.3.1 【交叉表】对话框

2. 统计选项设置

单击【统计】按钮，弹出【交叉表：统计】对话框，勾选“卡方”复选框，如图 10.3.2 所示，单击【继续】按钮，回到主对话框。

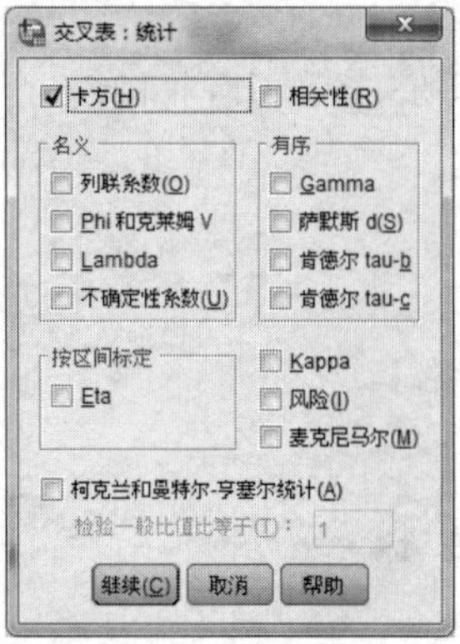

图 10.3.2 统计选项设置

3. 单元格选项设置

单击【单元格】按钮，弹出【交叉表：单元格显示】对话框，勾选“实测”“期望”复选框，如图 10.3.3 所示，单击【继续】按钮，回到主对话框。

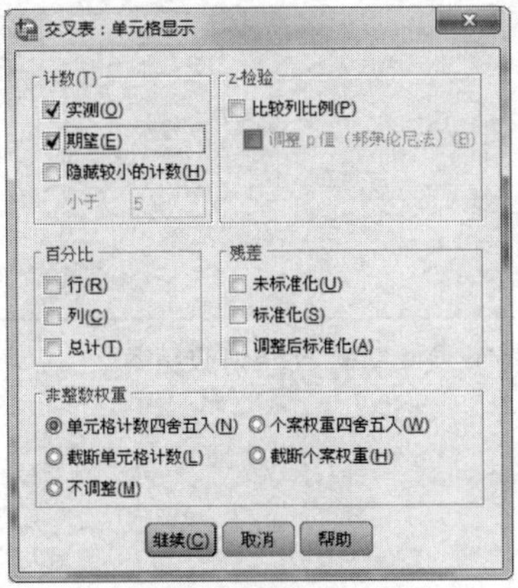

图 10.3.3　单元格选项设置

4. 输出结果

如图 10.3.4 所示为学历与消费水平的频数交叉表，从表中可以看到学历与消费水平各个类别的计数以及期望计数。

学历 * 消费水平 交叉表

			消费水平		
			低消费	高消费	总计
学历	低学历	计数	9	3	12
		期望计数	6.6	5.4	12.0
	高学历	计数	2	6	8
		期望计数	4.4	3.6	8.0
总计		计数	11	9	20
		期望计数	11.0	9.0	20.0

图 10.3.4　交叉表

根据 Cochran 于 1954 年提出的三个原则：若总样本数小于 20，则采用费希尔精确检验的结果；若总样本数为 20~40，单元格期望频数小于 5，则采用费希尔精确检验的结果，反之采用皮尔逊卡方值；若总样本数大于 40，则无论单元格的期望频数是否小于 5，都采用连续修正卡方值。

如图 10.3.5 所示，本案例中，由于总样本数为 20，且出现了单元格期望频数小于 5 的情况，故采用费希尔精确检验的结果。我们知道学历对消费水平会有所影响，所以采用单侧检验的结果 p=0.040，小于显著性水平（α =0.05），即认为学历高低与消费水平两者之间是有关系的，且显著相关。

卡方检验

	值	自由度	渐进显著性（双侧）	精确显著性（双侧）	精确显著性（单侧）
皮尔逊卡方	4.848[a]	1	.028		
连续性修正[b]	3.039	1	.081		
似然比(L)	5.032	1	.025		
费希尔精确检验				.065	.040
线性关联	4.606	1	.032		
有效个案数	20				

a. 2 个单元格 (50.0%) 的期望计数小于 5。最小期望计数为 3.60。

b. 仅针对 2x2 表进行计算

图 10.3.5　卡方检验结果

注意：在做独立性检验时，样本容量尽可能大一些才能得到较为准确的结果。

10.4　一致性检验

10.4.1　概述

一致性检验属于卡方检验，用于检验分类变量间的一致性。

原假设（H_0）：两个变量是无关的。

备择假设（H_1）：两个变量是一致的。

10.4.2　评价结果分析：一致性检验

案例：在某比赛中两位导师分别对 25 个选手的表现做了评价，将他们评为好、中、差三个等级，两位导师的评价结果是否一致？

1．个案加权

打开案例文件“评价结果.sav”，依次单击菜单栏中的【数据】→【个案加权】命令，如图 10.4.1 所示。

2．选择变量

打开【个案加权】对话框，如图 10.4.2 所示，选择【个案加权系数】单选钮，将变量“频数”选入“频率变量”列表中。单击【确定】按钮。

图 10.4.1 【数据】→【个案加权】

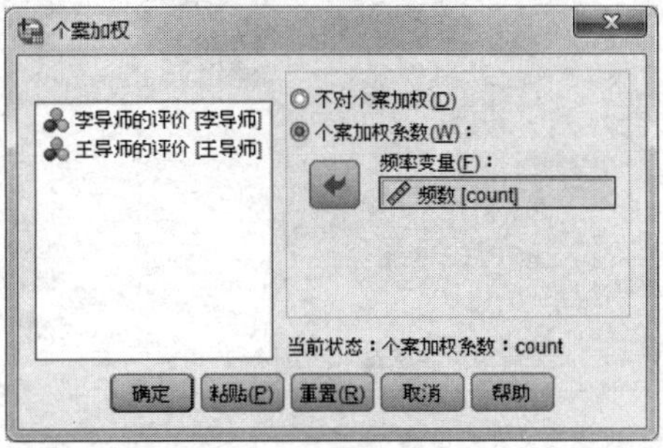

图 10.4.2 选择变量

为什么要选择“加权个案”呢?

因为：

- 加权前，SPSS 只将一行数据当作一个观测量进行交叉表分析。
- 加权后，各行数据对应的“系数”（或者说“比重”）均会被纳入交叉表分析中（详情请见 4.1 节）。

3. 使用“交叉表”命令

如图 10.4.3 所示，依次单击菜单栏中的【分析】→【描述统计】→【交叉表】命令。

图 10.4.3 【分析】→【描述统计】→【交叉表】

打开【交叉表】对话框，如图 10.4.4 所示，将“李导师的评价”选入“行”变量列表中，将“王导师的评价”选入“列”变量列表中。

单击右侧的【统计】按钮，弹出【交叉表：统计】对话框，如图 10.4.5 所示，勾选“卡方”“Kappa”复选框，单击【继续】按钮。

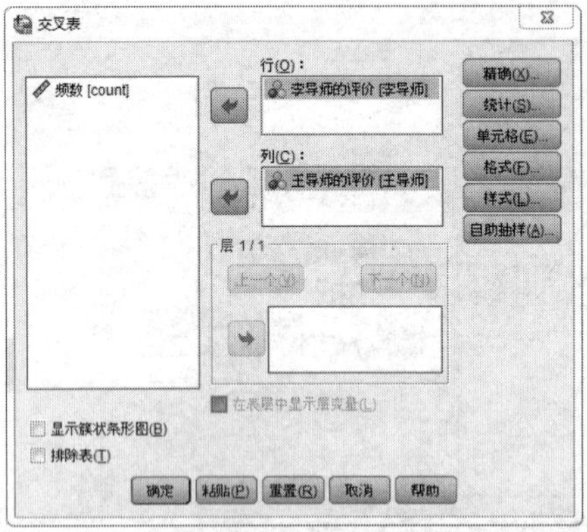

图 10.4.4　选择交叉表变量

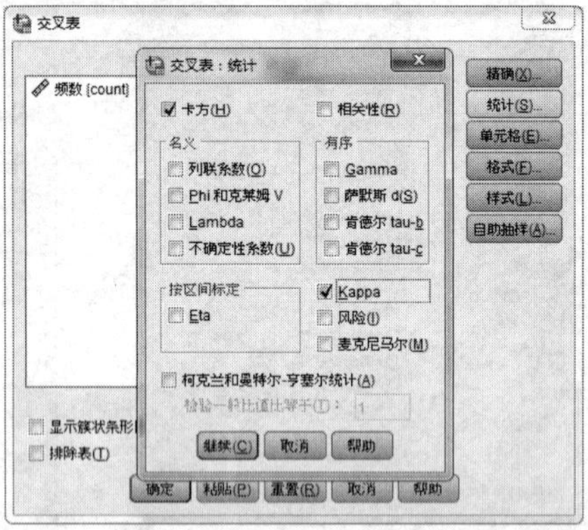

图 10.4.5　选择方法

4. 输出结果

单击【确定】按钮，输出分析结果如图 10.4.6 和图 10.4.7 所示。

个案处理摘要

	个案					
	有效		缺失		总计	
	N	百分比	N	百分比	N	百分比
李导师的评价 * 王导师的评价	98	100.0%	0	0.0%	98	100.0%

李导师的评价 * 王导师的评价 交叉表

计数

		王导师的评价			总计
		差	中	好	
李导师的评价	差	25	18	0	43
	中	6	22	13	41
	好	7	0	7	14
总计		38	40	20	98

图 10.4.6　输出结果 1

- 个案处理摘要：描述处理的个案情况。本例中有 98 个有效个案，0 个缺失个案，有效个案占 100%。
- 李导师的评价*王导师的评价的交叉表：如图 10.4.6 所示，交叉表的列代表个案中不同选择的分布情况，第一行第一列表明李导师和王导师均评价“差”的个案有 25 个，第一行第二列表明李导师评价“差”、王导师评价“中”的个案有 18 个，第一行第三列表明李导师评价“差”、王导师评价“好”的个案有 0 个，依此类推。

卡方检验

	值	自由度	渐进显著性（双侧）
皮尔逊卡方	35.505[a]	4	.000
似然比(L)	49.066	4	.000
线性关联	14.177	1	.000
有效个案数	98		

a. 1 个单元格 (11.1%) 的期望计数小于 5。最小期望计数为 2.86。

对称测量

		值	渐近标准误差[a]	近似 T[b]	渐进显著性
协议测量	Kappa	.287	.078	3.863	.000
有效个案数		98			

a. 未假定原假设。

b. 在假定原假设的情况下使用渐近标准误差。

图 10.4.7　输出结果 2

- 卡方检验：如图10.4.7所示，根据卡方检验结果，p 值为0.000，小于显著性水平（α=0.05），故可以认为两位导师的评价并不独立，二者的评价是有关联的。
- 对称测量：如图 10.4.7 所示，根据对称测量结果，Kappa 值为 0.287，p 值为 0.000，小于显著性水平（α=0.05），故拒绝原假设，接受备择假设，可以认为两位导师的评价结果存在一致性。

注意：根据经验，Kappa 值≥0.75 时两者的一致性较好；0.4≤Kappa 值<0.75 时两者的一致性一般，Kappa 值<0.4 时两者的一致性较差。本例中的 Kappa 值为 0.287<0.4，说明两位导师的评价结果虽然是一致的，但是一致性较差。

一致性检验可以分析不同方法得出的结果是否具有一致性，常用于检验医学研究、比较方法效果、衡量不同评价等场景中。

第 11 章 方差分析

11.1　单因素完全随机方差分析

单因素完全随机方差分析用于检验某个因子的不同水平对观察变量是否有显著性差异。

案例：某公司分别用四种广告形式（微博、电视广告、报纸、广播）对某种产品进行推广，请分析这四种广告形式的推广效果是否有差异，若有，则哪种广告形式的推广效果最好？原始数据如图 11.1.1 所示。

	广告形式	销售额
1	1.00	780.00
2	2.00	650.00
3	4.00	660.00
4	3.00	540.00
5	1.00	570.00
6	2.00	510.00
7	4.00	670.00
8	3.00	610.00
9	1.00	760.00
10	2.00	100.00
11	4.00	610.00
12	3.00	610.00

图 11.1.1　原始数据

11.1.1　*F* 检验

将组间均方与组内均方的比值作为检验的统计量，检验各个总体均值的差异是否显著，这是单因素完全随机方差分析的原理。公式为：

$$F=组间均方/组内均方$$

1．组间变异

组间变异就是组与组之间的差异，是由于处理不同而造成的。本例中指不同广告形式的销售额的差异。组间变异是用各组的平均数与总平均数的加权离差平方和计算得出的。

2. 组内变异

组内变异为组内个体之间的差异，是由于个体的情况不同以及在实验中会出现误差而造成的。组内变异是用各组内的数据与各组平均数的离差平方和相加计算得出的。

3. 组均方

通过对组间变异和组内变异的解释得出，当组间变异越大时，各组间的平均数差异就越大，代表着不同处理方式的差异越大，方差分析就是通过组间变异与组内变异的比较来检验组间变异是否显著大于组内变异的，但是在比较二者时，不能直接比较各自的平方和，而是要用均方：

组间均方=组间的离均差平方和/自由度

组内均方=组内的离均差平方和/自由度

11.1.2 前提条件

（1）因变量只有一个且为连续变量。

（2）自变量只有一个且为定类变量或定序变量。

（3）正态性。

在实际应用中，只要数据呈近似正态分布即可，样本容量在 20 以上的基本都符合正态分布。若需进行正态分布检验，则可以通过探索性分析或单样本 K-S 检验。

（4）独立性。

（5）方差齐性。

方差齐性指不同组之间因变量的方差要相等。单因素完全随机方差分析用 Levene 方差齐性来检验。在探索性分析或单因素 ANOVA 检验中可以进行方差齐性的检验。

若违反方差齐性，则可以通过如下方法来进行分析。

- 采用非参数检验方法：Kruskal-Wallis *H* 检验（详见 9.6 节）。
- 对数据进行变换，主要有平方根法、对数法、倒数法、反正弦法等方法，将变换后的数据作为分析数据。**使用此方法要慎重，极有可能会丢失部分数据信息而改变数据的原有特征。**

（6）假设检验。

H_0：各组的平均值相等（即 k 个总体的均值没有差异）。

H_1：各组的平均值不相等（即 k 个总体的均值有差异）。

11.1.3 媒体推广效果分析：单因素完全随机方差分析

1. 打开文件

打开案例文件“媒体推广.sav”，依次单击菜单栏中的【分析】→【比较平均值】→【单因素 ANOVA 检验】命令。

注意：在实际操作中可以先不验证前提条件而直接做检验，根据得出的结果是否有显著性差异再来验证前提条件。若没有显著性差异，则无须做前提条件的验证；若有显著性差异，再进行前提条件的验证。

---

2. 单因素 ANOVA 检验变量设置

打开【单因素 ANOVA 检验】对话框，如图 11.1.2 所示，将“销售额”选入“因变量列表”框中，将“广告形式”选入“因子”框中。

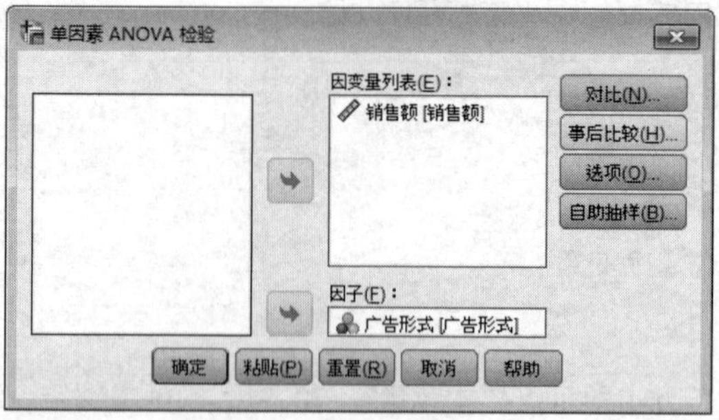

图 11.1.2　单因素 ANOVA 检验变量设置

3. “选项“设置

单击【选项】按钮，弹出【单因素 ANOVA 检验：选项】对话框，如图 11.1.3 所示，勾选“描述”“方差齐性检验”“韦尔奇”“平均值图”复选框。

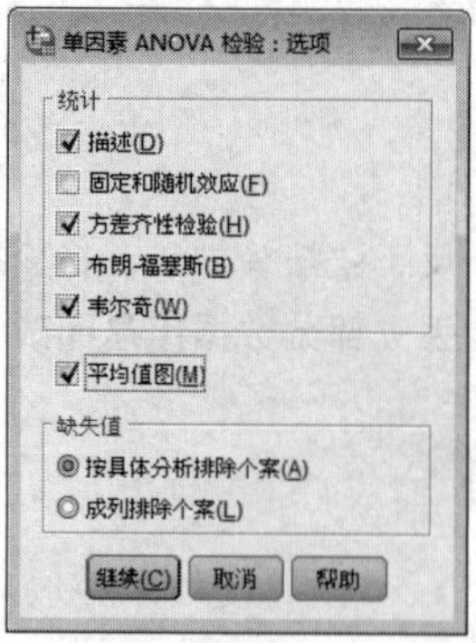

图 11.1.3　“选项”设置

- “描述”包括个案数、平均值、标准差、标准误差、平均值的 95%置信区间、最小值、最大值。
- “方差齐性检验”指 Levene 方差齐性检验。
- “布朗-福塞斯”“韦尔奇”两者都是检验组间均值是否相等的。当 Levene 方差齐性检验显示方差不齐或不能确定方差齐性时（p 值在 0.05 附近），检验效果比 F 统计量更好，此时要在结果中报告“布朗-福塞斯”或“韦尔奇”方差分析结果，一般选择韦尔奇检验。
- “平均值图”将各组的平均值以折线图的形式呈现，便于更直观地比较差异。

4.“事后多重比较”设置

单击【事后比较】按钮，弹出【单因素 ANOVA 检验：事后多重比较】对话框，如图 11.1.4 所示，勾选“LSD”“S-N-K”复选框。

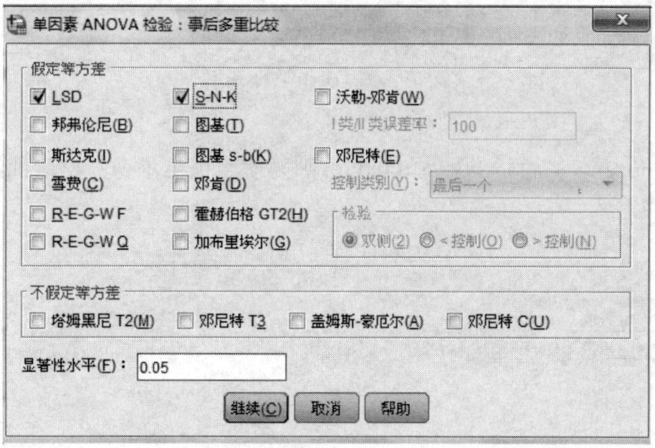

图 11.1.4　“事后多重比较”设置

事后多重比较具体考察不同组别间的显著性差异情况，给出两两配对比较的结果。若方差齐性，提供了 14 种方法；若方差不齐，提供了 4 种方法，但用非参数检验得出的结果更可靠。

若方差齐性，一般使用“假定等方差”中的 LSD、S-N-K、邦弗伦尼（Bonferroni）、图基（Tukey）方法；雪费（Scheffe）、图基 s-b（Tukey-Kramer）较为特殊，当每个组的数量不相等时用此方法，但是检验效度低。

5.输出结果

（1）描述结果

如图 11.1.5 所示，四种广告形式的个案数均为 35 个，总计 140 个；四种广告形式的销售额平均值由大到小分别为微博、电视广告、广播、报纸。

描述

销售额

	个案数	平均值	标准差	标准误差	平均值的 95% 置信区间 下限	上限	最小值	最大值
微博	35	734.0000	98.88199	16.71411	700.0328	767.9672	540.00	940.00
电视广告	35	658.0000	177.36304	29.97983	597.0737	718.9263	100.00	900.00
报纸	35	565.1429	117.55778	19.87089	524.7603	605.5254	330.00	860.00
广播	35	655.1429	130.12147	21.99454	610.4446	699.8411	370.00	870.00
总计	140	653.0714	145.64121	12.30893	628.7345	677.4084	100.00	940.00

图 11.1.5　描述结果

（2）方差齐性检验结果

如图 11.1.6 所示，方差齐性检验，$F(3,28)=1.103$，$p=0.350$，大于显著性水平（$\alpha=0.05$），故可以认为方差是齐性的，符合单因素方差分析的前提条件。

方差齐性检验

销售额

莱文统计	自由度 1	自由度 2	显著性
1.103	3	136	.350

图 11.1.6　方差齐性检验结果

如图 11.1.7 所示，若 Levene 方差齐性检验的 $p\leqslant0.05$，则要使用“韦尔奇”检验的结果（此例不用看此结果）。

平均值相等性稳健检验

销售额

	统计[a]	自由度 1	自由度 2	显著性
韦尔奇	13.893	3	74.349	.000

图 11.1.7　“韦尔奇”检验结果

（3）单因素方差分析结果

如图 11.1.8 所示，单因素完全随机方差分析的检验统计量 F 为 9.276，显著性 p 值为 0.000，小于显著性水平（$\alpha=0.001$），故可以认为四种广告形式的效果是有差异的。

ANOVA

销售额

	平方和	自由度	均方	F	显著性
组间	500830.714	3	166943.571	9.276	.000
组内	2447548.57	136	17996.681		
总计	2948379.29	139			

图 11.1.8　单因素方差分析结果

（4）多重比较结果

如图 11.1.9 所示，用事后多重比较对差异做进一步分析，LSD 法实际上是将各组的均值和一种参照水平进行比较，每一种水平都可作为参照，其他水平和此参照进行比较。此例中除广播和电视广告之间没有显著性差异外，其余几种广告形式之间均有显著性差异。(注意：平均值差值右上角带“*”号的代表差异显著。)

多重比较

因变量：销售额

	(I) 广告形式	(J) 广告形式	平均值差值 (I-J)	标准误差	显著性	95% 置信区间 下限	上限
LSD	微博	电视广告	76.00000*	32.06839	.019	12.5828	139.4172
		报纸	168.85714*	32.06839	.000	105.4399	232.2743
		广播	78.85714*	32.06839	.015	15.4399	142.2743
	电视广告	微博	-76.00000*	32.06839	.019	-139.4172	-12.5828
		报纸	92.85714*	32.06839	.004	29.4399	156.2743
		广播	2.85714	32.06839	.929	-60.5601	66.2743
	报纸	微博	-168.85714*	32.06839	.000	-232.2743	-105.4399
		电视广告	-92.85714*	32.06839	.004	-156.2743	-29.4399
		广播	-90.00000*	32.06839	.006	-153.4172	-26.5828
	广播	微博	-78.85714*	32.06839	.015	-142.2743	-15.4399
		电视广告	-2.85714	32.06839	.929	-66.2743	60.5601
		报纸	90.00000*	32.06839	.006	26.5828	153.4172

图 11.1.9　多重比较结果 (LSD 法)

如图 11.1.10 所示，S-N-K 法将几种水平分组，差异不显著的在一个组，差异显著的在不同的组，且各组从小到大排序。此例中，广播和电视广告之间没有差异，报纸、微博与另外几种广告形式之间有差异，微博的销售额平均值最高，报纸的最低。提示：当样本数据不相等时，用图基 s-b (Tukey-Kramer) 法。

销售额

	广告形式	个案数	Alpha 的子集 = 0.05 1	2	3
S-N-K[a]	报纸	35	565.1429		
	广播	35		655.1429	
	电视广告	35		658.0000	
	微博	35			734.0000
	显著性		1.000	.929	1.000

图 11.1.10　多重比较结果 (S-N-K 法)

以上两种方法的检验结果是相同的，通过此例可以看出，若因素水平较多，则用 S-N-K 法更加简明清晰，而用 LSD 法不易于阅读。

(5) 折线图

如图 11.1.11 所示，折线图显示了四种广告形式的销售额平均值，可以更直观地看出各种广告形式的差异，微博的销售额平均值最高，报纸的最低。

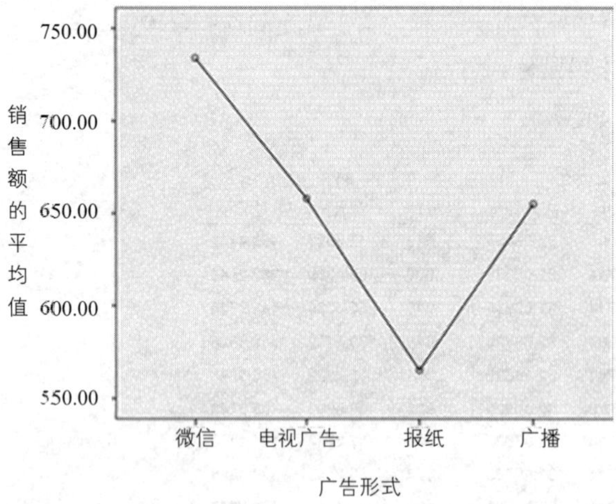

图 11.1.11　折线图

综上所述，根据数据方面的分析可以提出建议：在四种广告形式中，除广播和电视广告之间没有差异外，报纸、微博与另外几种广告形式之间都有差异，最有效的广告形式为微博，可以加大在微博上的推广宣传。

注意： 当样本容量较大且得到的结果较为显著时，有必要报告效应量大小表明自变量与因变量关系的强弱程度。若效应量太小，则意味着即使达到了显著性水平也缺乏实用价值。检验效应量在 SPSS 中的具体操作为【一般线性分析】→【单变量】→【选项】→【效应量估算】，本例中样本容量小，故不进行此操作。

11.2　单因素重复测量方差分析

重复测量是指在不同的时间点上对同一对象的同一观察指标进行多次测量。

11.2.1　*F* 检验

与完全随机的 F 值不同，重复测量的 F 值是由实验处理导致的变异与误差导致的变异之比，即 F=组间均方/误差均方。

与单因素方差分析不同的是，单因素重复测量方差分析将被试间变异排除在外，这样就减少了由于被试间本身的差异可能会对实验处理产生的干扰，结果更加准确。

上一节介绍了组间均方的含义，这里不再赘述；本节着重介绍被试间变异、误差变异以及误差均方。

1. 被试间变异

被试间变异是指由于个体差异产生的变异，反映个体平方和的差异。

2. 误差变异

将被试间变异从组间变异中扣除，用误差平方和表示，即：总体平方和减去被试间平方和以及组间平方和。

3. 误差均方

误差均方=误差平方和/自由度

将误差平方和与自由度的比较作为重复测量 F 值的分母，将组间均方作为分子，来比较组间均方是否显著大于误差均方。

11.2.2 重复测量设计的优缺点

优点：重复测量设计使每个个体都得到了充分的利用，提高了检验的精确度。

缺点：重复测量设计有先后顺序，由于顺序的不同可能会对结果产生影响。

注意：*解决的办法是处理顺序的随机化，以及前后处理之间有充分的“清洗”时间。*

11.2.3 前提条件

1. 正态性

不同处理水平下的个体取自相互独立的随机样本，总体要服从正态分布。

2. 方差齐性

不同处理水平下的总体方差是相等的。

3. 球形检验

球形检验用于判断数据之间是否存在相关性；如果 p 值大于显著性水平（α=0.05），则说明重复测量的数据之间不存在相关性，符合球形检验的条件，故按照单因素方差分析方法来处理；若 p 值小于显著性水平（α=0.05），则说明数据之间存在相关性，不符合球形假设，故按照多元方差分析方法来处理，或者用 Greenhouse-Geisser 校正法进行检验。

注意：*若分类变量只有两种水平，则不需要球形检验。*

11.2.4 满意度指标分析：单因素重复测量方差分析

案例：某学习机构以独创的学习方法来辅助学习，宣称可以提高学生的学习成绩，现收集到 20 名学生以此方法学习后 3 个月的满意度指标，请分析这 3 个月的满意度指标是否有差异。原始数据如图 11.2.1 所示。

	测试者	分组	第1个月	第2个月	第3个月
1	1	1	15	12	6
2	2	1	13	8	4
3	3	1	10	6	2
4	4	1	12	11	4
5	5	1	10	6	2
6	6	1	11	8	3
7	7	1	12	10	6
8	8	1	8	6	2
9	9	1	9	5	1
10	10	1	9	6	3

图 11.2.1　原始数据

1. 打开文件

打开案例文件“满意度指标.sav”，依次单击菜单栏中的【分析】→【一般线性模型】→【重复测量】命令。

2. 重复测量定义因子设置

打开【重复测量定义因子】对话框，将“主体内因子名”中的因子 1 修改为 grade，也可不修改；在“级别数”框中输入重复测量次数“3”，单击【添加】按钮，如图 11.2.2 所示。

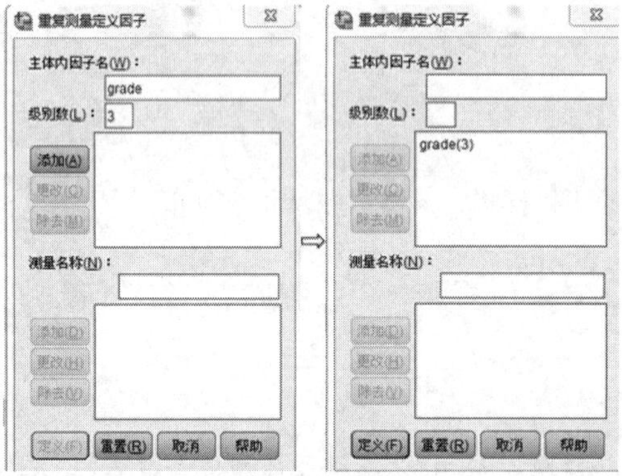

图 11.2.2　重复测量定义因子设置

3. 重复测量“定义”设置

单击【定义】按钮，弹出【重复测量】对话框，将 3 个测量变量“第 1 个月”“第 2 个月”“第 3 个月”按照顺序逐个放入“主体内变量（grade）”框中，也可以按住 Shift 键，将 3 个变量全部选中一次性放入，如图 11.2.3 所示。

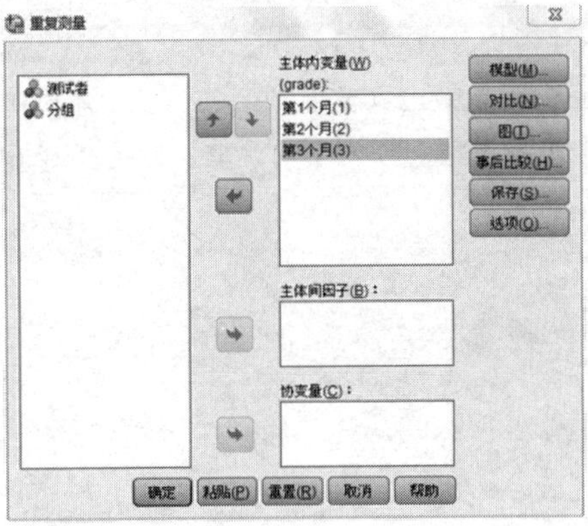

图 11.2.3　重复测量“定义”设置

提示：*如果顺序不对，则可以单击“主体内变量”左侧的上下箭头来调整顺序，注意顺序一定不能出错。*

4．重复测量“图”设置

单击【图】按钮，弹出【重复测量：轮廓图】对话框，将“grade”移至“水平轴”框中，然后单击【添加】按钮，如图 11.2.4 所示。

5．重复测量“选项”设置

单击【选项】按钮，弹出【重复测量：选项】对话框，将“grade”移至右侧的“显示下列各项的平均值”框中，并勾选“比较主效应”和“描述统计”复选框，单击【继续】按钮，如图 11.2.5 所示。

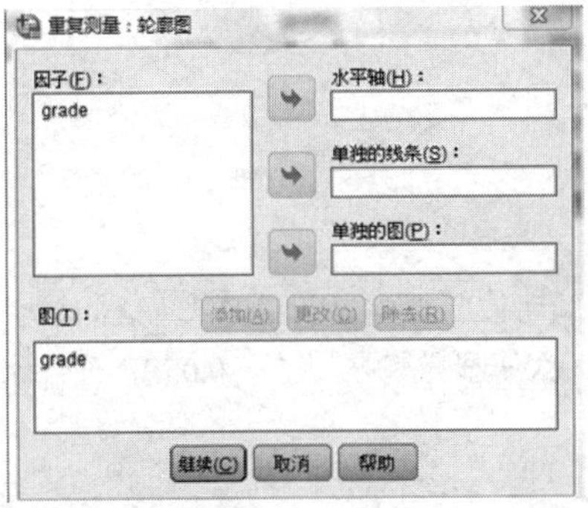

图 11.2.4　重复测量“图”设置

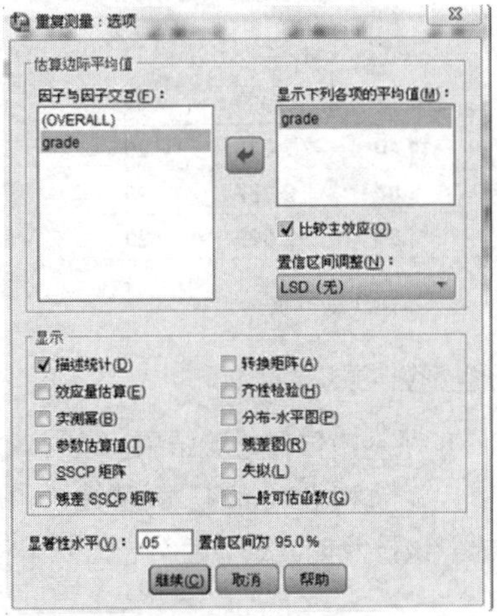

图 11.2.5　重复测量“选项”设置

6. 重复测量“模型”设置

若有多个自变量，则可以单击【模型】按钮进行主效应和交互效应的检验，本例中只有一个自变量，所以不用设置此项，在此只展示【重复测量：模型】对话框，如图 11.2.6 所示。

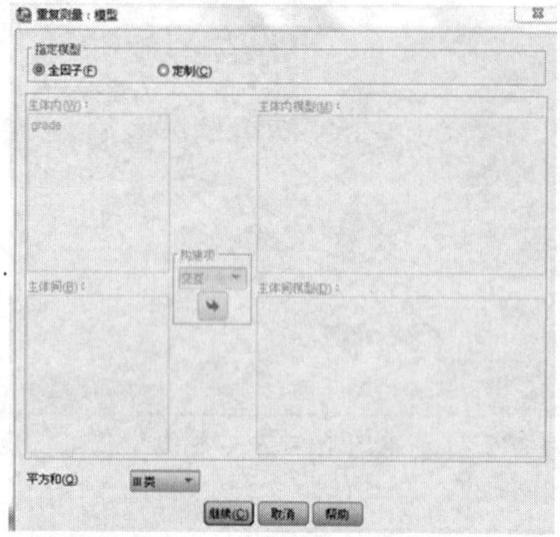

图 11.2.6　重复测量“模型”设置

7. 设置完成后确定

本例中只有一个被试内变量“grade”，所以不用进行事后检验。完成上述参数设置后，在主对话框中单击【确定】按钮。

8. 输出结果

（1）描述统计结果

如图 11.2.7 所示，描述统计结果给出了 3 次重复测量的平均值、标准偏差和个案数。

描述统计

	平均值	标准偏差	个案数
第1个月	11.40	2.234	20
第2个月	7.85	2.277	20
第3个月	4.80	2.821	20

图 11.2.7　描述统计结果

（2）球形检验结果

如图 11.2.8 所示为球形检验结果，通过球形检验可以验证重复测量的数据之间是否有相关性。本例中，莫奇来 W=0.824，显著性 p=0.175，大于显著性水平（α=0.05），符合球形检验的条件，故应该按照单因素方差分析方法来检验。

莫奇来球形度检验[a]

测量：MEASURE_1

主体内效应	莫奇来 W	近似卡方	自由度	显著性	Epsilon[b] 格林豪斯-盖斯勒	辛-费德特	下限
grade	.824	3.490	2	.175	.850	.925	.500

图 11.2.8　球形检验结果

（3）多变量检验结果

如图 11.2.9 所示为多变量检验结果，计算了 t 检验值、F 值、假设自由度和误差自由度，p=0.000，小于显著性水平（α=0.05），故不同测试时间的 grade 有差异。然而，是否以此检验结果为准，还得依据球形检验结果，如果不符合球形检验的条件，才以此结果或者一元方差分析中的校正结果为准。本例是符合球形检验条件的，所以不以此结果为准，可以跳过此结论。

多变量检验[a]

效应		值	F	假设自由度	误差自由度	显著性
grade	比莱轨迹	.937	134.607[b]	2.000	18.000	.000
	威尔克 Lambda	.063	134.607[b]	2.000	18.000	.000
	霍特林轨迹	14.956	134.607[b]	2.000	18.000	.000
	罗伊最大根	14.956	134.607[b]	2.000	18.000	.000

图 11.2.9　多变量检验结果

（4）主体内效应检验结果

如图 11.2.10 所示为主体内效应检验结果，由于本例符合球形检验的条件，因此以“假设球形度”结果为准，F=126.470，p=0.000，小于显著性水平（α=0.05），故在不同时间测量的成绩有显著的统计学差异。

主体内效应检验

测量：MEASURE_1

源		III 类平方和	自由度	均方	F	显著性
grade	假设球形度	436.433	2	218.217	126.470	.000
	格林豪斯-盖斯勒	436.433	1.700	256.675	126.470	.000
	辛-费德特	436.433	1.850	235.893	126.470	.000
	下限	436.433	1.000	436.433	126.470	.000
误差 (grade)	假设球形度	65.567	38	1.725		
	格林豪斯-盖斯勒	65.567	32.306	2.030		
	辛-费德特	65.567	35.152	1.865		
	下限	65.567	19.000	3.451		

图 11.2.10　主体内效应检验结果

（5）成对比较结果

如图 11.2.11 所示为成对比较结果，是不同时间的差异分析结果。从图中可以得出 3 个月各自的比较结果，p=0.000，小于显著性水平（α=0.05），表明这 3 个月的满意度指标有显著性差异。

成对比较

测量 MEASURE_1

(I) grade	(J) grade	平均值差值 (I-J)	标准误差	显著性[b]	差值的 95% 置信区间[b] 下限	上限
1	2	3.550*	.320	.000	2.880	4.220
	3	6.600*	.438	.000	5.684	7.516
2	1	-3.550*	.320	.000	-4.220	-2.880
	3	3.050*	.473	.000	2.060	4.040
3	1	-6.600*	.438	.000	-7.516	-5.684
	2	-3.050*	.473	.000	-4.040	-2.060

图 11.2.11　不同时间的成对比较结果

（6）轮廓图

如图 11.2.12 所示为轮廓图，可以直观地看到整个数据呈现直线下降的状态，这进一步说明满意度指标在下降。

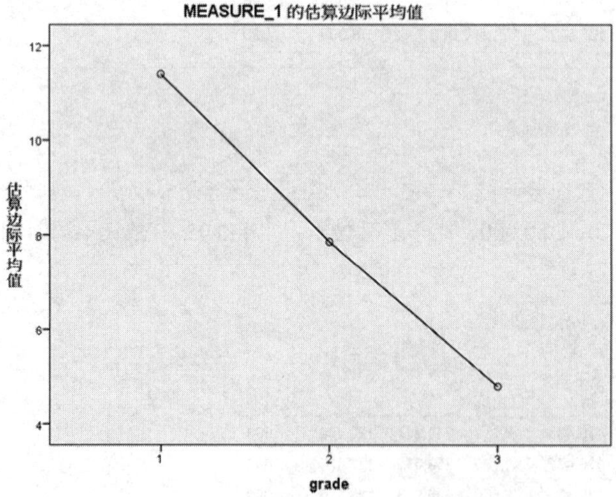

图 11.2.12　轮廓图

综上所述，根据单因素重复测量方差分析结果得出：在 3 个月中，学生对独创学习方法的满意度指标呈现显著性差异（F=126.470，p<0.001），且满意度指标在下降。

11.3　两因素完全随机方差分析

在 11.1 节中我们了解了单因素完全随机方差分析的相关内容，那么什么是两因素完全随机方差分析呢?

两因素完全随机方差分析是用来分析两个自变量的不同水平对结果是否有显著影响,以及两个自变量之间是否存在交互效应的方法。

案例：某机构研究影响阅读速度的原因，通过调查认为文章类型及文章难度会对阅读速度产生影响，请通过两因素完全随机方差分析来判断此结论是否正确。原始数据如图 11.3.1 所示。

	阅读速度	文章类型	文章难度
1	30	2	1
2	46	2	2
3	36	1	2
4	43	2	2
5	21	1	1
6	25	1	1
7	38	1	2
8	28	1	1
9	42	2	2
10	34	2	1
11	27	1	2
12	36	2	2

图 11.3.1　原始数据

11.3.1　分析思路

1．明确研究目的

通过两因素完全随机方差分析的概念，明确了本例我们要研究三个方面：

- 阅读速度是否因为文章类型而有显著性差异。
- 阅读速度是否因为文章难度而有显著性差异。
- 阅读速度是否因为文章类型及文章难度而有显著性差异。

2．思路分析

（1）验证是否符合两因素完全随机方差分析的前提条件

两因素完全随机方差分析的前提条件与单因素完全随机方差分析相同，在此不做赘述。

（2）检验两个自变量之间是否有交互作用

交互作用指一个自变量的结果会影响另一个自变量的结果。可以通过轮廓图来直观地观察二者是否有交互作用，若轮廓图中两个自变量的折线呈平行趋势，则表示两个自变量之间没有交互作用；若轮廓图中两个自变量的折线呈相交趋势，则表示两个自变量之间有交互作用。

若两个自变量之间没有交互作用，则需要除去交互项重新进行主效应分析，若主效应分析的结果是显著的且自变量的水平为两个，则直接报告两个水平的大小关系；若主效应分析的结果是显著的且自变量的水平大于两个，需要进一步进行事后检验。

若两个自变量之间有交互作用，则不用进行主效应分析，转而对两个自变量分别进行单因素完全随机方差分析。

11.3.2 假设检验

假设 1，H_0：不同类型文章的阅读速度没有显著性差异。

假设 2，H_0：不同难度文章的阅读速度没有显著性差异。

假设 3，H_0：文章类型与文章难度之间没有交互作用。

11.3.3 阅读速度影响因素分析：两因素完全随机方差分析

1. 打开文件

打开案例文件“阅读速度.sav”，依次单击菜单栏中的【分析】→【一般线性模型】→【单变量】命令。

2. 单变量选项设置

如图 11.3.2 所示，将“阅读速度”选入“因变量”框中，将“文章类型”和“文章难度”选入“固定因子”框中。

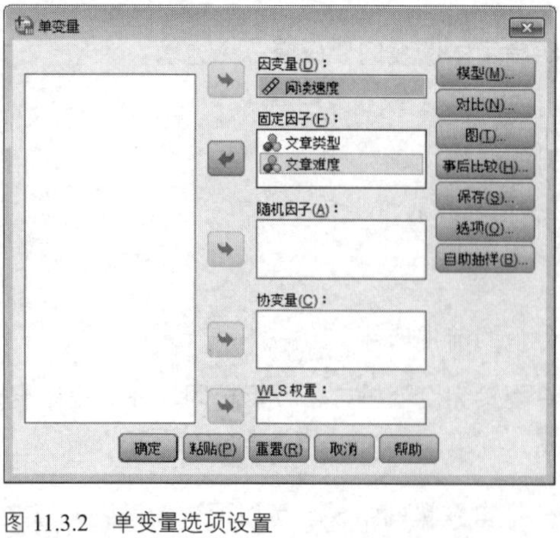

图 11.3.2　单变量选项设置

- “固定因子”：用来分组，一般为可以控制的变量，对因变量的影响是固定的。
- “随机因子”：用来分组，一般为无法控制的变量，对因变量的影响是随机的。
- “协变量”：可能会对目标变量带来干扰的因素，协变量为连续变量。
- “WLS 权重”：用加权最小二乘法来改变权重，一般选入代表权重的变量，若加权变量的值为 0 或者负数，个案将被排除在外。

3.“模型”设置

如图 11.3.3 所示，在“指定模型”栏选择“全因子”，单击【继续】按钮。

- “全因子”表示在模型中会分析两个自变量的主效应，也会分析两个自变量之间是否存在交互效应。
- “定制”表示在模型中会分析指定变量及分析类型，SPSS 提供了 6 种类型。
  - “交互”表示分析所选自变量的交互项。
  - “主效应”表示仅分析所选中变量的主效应，而不考虑二者的交互效应。
  - “所有二阶”“所有三阶”“所有四阶”“所有五阶”代表模型要考虑所有的二维、三维、四维、五维的交互效应。
- “平方和”用于指定计算平方和的方法，SPSS 系统默认设置为“Ⅲ类”（类型 3）。
- “在模型中包括截距”表示在模型中显示对截距的分析，SPSS 系统默认勾选此项。

如图 11.3.4 所示，选择“全因子”，在结果中显示文章类型和文章难度无交互作用（$p>0.05$），所以需要做两个自变量的主效应分析，需要回到“模型”选项中重新设置。

图 11.3.3 “模型”设置 1

主体间效应检验

因变量：阅读速度

源	Ⅲ 类平方和	自由度	均方	F	显著性
修正模型	509.583[a]	3	169.861	8.819	.006
截距	12314.828	1	12314.828	639.385	.000
文章类型	167.770	1	167.770	8.711	.018
文章难度	248.162	1	248.162	12.885	.007
文章类型 * 文章难度	.397	1	.397	.021	.889
误差	154.083	8	19.260		
总计	14400.000	12			
修正后总计	663.667	11			

图 11.3.4 两个自变量之间无交互作用

如图 11.3.5 所示，在“指定模型”栏选择“定制”，这时“因子与协变量”框被激活，将“文章类型”“文章难度”选入“模型”框中，“类型”选择【主效应】，表示仅分析文章类型、文章难度的主效应，而不考虑二者的交互效应，单击【继续】按钮。

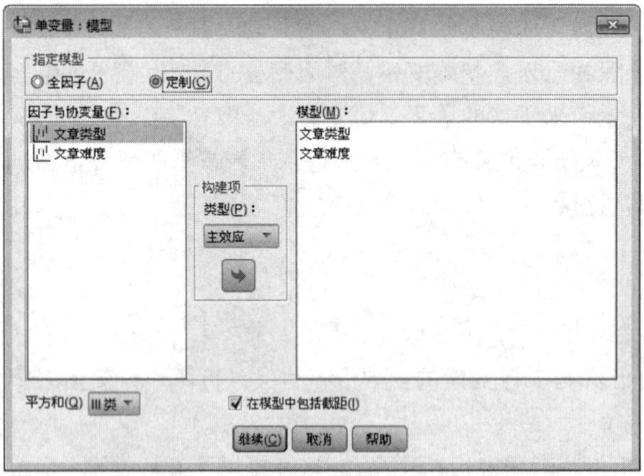

图 11.3.5　“模型”设置 2

4．“对比”设置

如图 11.3.6 所示，对比用于检验自变量不同水平之间的差值，SPSS 提供了 7 种对比方法，选中适合的方法后更改“参考类别”，以“最后一个”或者“第一个”为参照水平，此例不做设置。

5．“图”设置

如图 11.3.7 所示，将“文章类型”选入“水平轴”框中，将“文章难度”选入“单独的线条”框中。

- “水平轴”为轮廓图的横坐标轴。
- “单独的线条”用来绘制分离线。
- “单独的图”将自变量的每个水平分别创建图。

图 11.3.6　“对比”设置

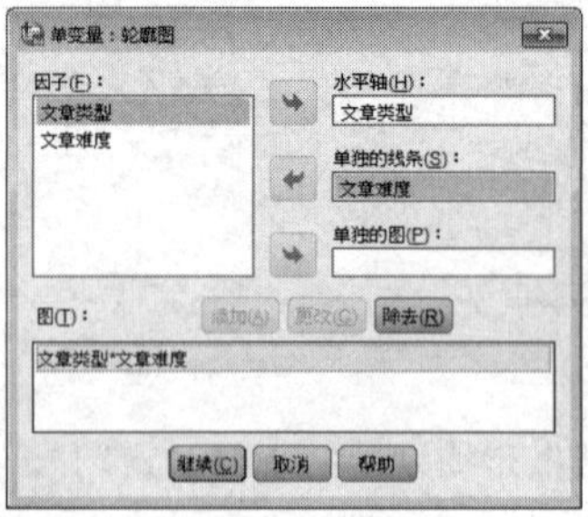

图 11.3.7　“图”设置

6．“事后比较”设置

单击【事后比较】按钮，将“文章类型”与“文章难度”选入“下列各项的事后检验”框中，勾选“LSD”复选框，如图 11.3.8 所示。

注意：当自变量的水平数为 3 个或 3 个以上时，才能进行事后比较的设置。关于事后比较的分析和结果解读与单因素完全随机方差分析相同，在此不再赘述。

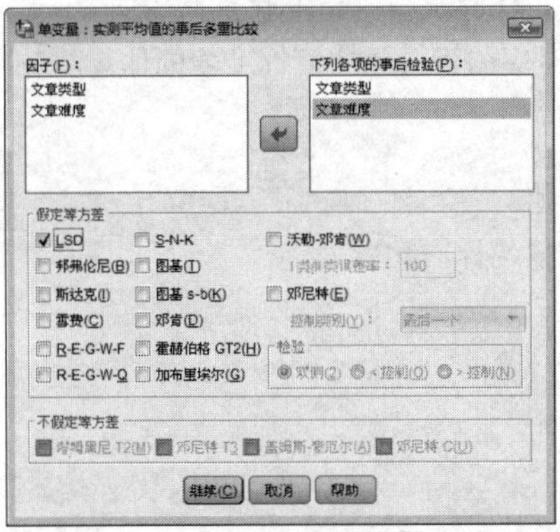

图 11.3.8 “事后比较”设置

如图 11.3.9 所示，本例中的自变量水平数均为两个，即文章类型（科普文、议论文）和文章难度（简单、中等），所以在进行结果分析时 SPSS 会提出警告，即给出由于变量不足三个水平不进行事后检验这样的说明。

警告

由于不足三个组，因此不会对 文章类型 执行事后检验。
由于不足三个组，因此不会对 文章难度 执行事后检验。

图 11.3.9 警告

7. “保存”设置

如图 11.3.10 所示，“保存”主要包含 4 个选项组：“预测值”“残差”“诊断”“系数统计”。保存后会在数据视图中创建相应的新变量。

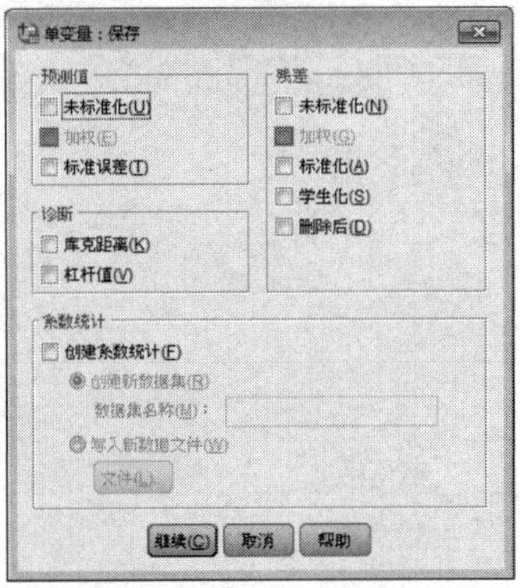

图 11.3.10 “保存”设置

（1）“预测值”选项组

- “未标准化”用于保存因变量预测的值。
- “加权”在选择“WLS 权重”的情况下使用，保存加权为标准化预测的值。
- “标准误差”用于对自变量有相同的个案所对应的因变量均值标准差的估算。

（2）“残差”选项组

- “未标准化”代表因变量实际值-模型预测的值。
- “加权”用于在选择“WLS 权重”时提供加权的标准化残差。
- “标准化”表示对残差进行标准化后的值。
- “学生化”表示 Student 化的残差。
- “删除后”表示剔除残差。

（3）“诊断”选项组

“库克距离”“杠杆值”都是对异常值或强影响点这类可能影响模型的个案进行诊断的。

8．“选项”设置

如图 11.3.11 所示，勾选“描述统计”“齐性检验”“效应量估算”复选框，将“文章类型”“文章难度”选入“显示下列各项的平均值”框中。

- “显示平均值”用来输出所选中变量的估算边际平均值、标准误差、95%置信区间。若显示平均值中有变量，则“比较主效应”复选框会被激活，“置信区间调整”有 3 种方法：LSD、邦弗伦尼（Bonferroni）和斯达克法（Sidak），根据实际业务选择即可。
- “效应量估算”用来估算参数的效应量，即自变量可以解释的因变量的程度。
- “失拟”（“缺乏拟合优度检验”）用来检查因变量与自变量的关系是否能由模型充分描述。

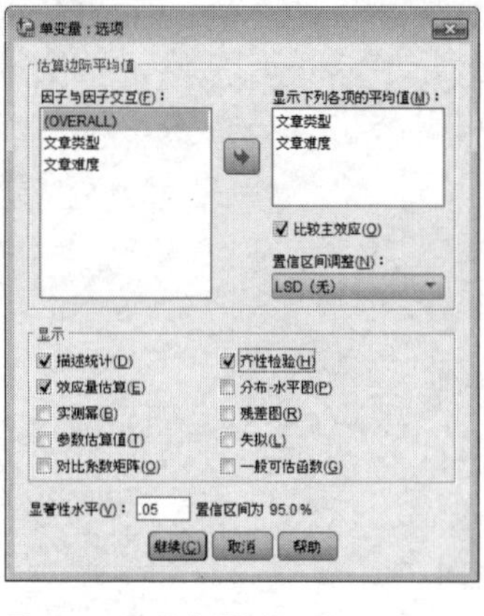

图 11.3.11 “选项”设置

9．输出结果

（1）描述统计结果

如图 11.3.12 所示，描述统计结果给出了文章类型与文章难度各水平的平均值、标准偏差和个案数以及二者的总计，从中可以对数据有大体的了解。

（2）误差方差的莱文等同性检验结果

如图 11.3.13 所示，$F(3,8)=0.688$，$p=0.584$，大于显著性水平（$\alpha=0.05$），因此接受原假设“各个组中的因变量误差方差相等”，即方差齐性。

描述统计

因变量：阅读速度

文章类型	文章难度	平均值	标准偏差	个案数
科普文	简单	24.67	3.512	3
	中等	33.67	5.859	3
	总计	29.17	6.555	6
议论文	简单	32.00	2.828	2
	中等	41.75	4.193	4
	总计	38.50	6.124	6
总计	简单	27.60	4.930	5
	中等	38.29	6.237	7
	总计	33.83	7.767	12

图 11.3.12　描述统计结果

误差方差的莱文等同性检验[a]

因变量：阅读速度

F	自由度 1	自由度 2	显著性
.688	3	8	.584

检验“各个组中的因变量误差方差相等”这一原假设。

图 11.3.13　误差方差的莱文等同性检验结果

（3）主体间效应检验结果

如图 11.3.14 所示，文章类型的主效应是显著的，$p=0.011$，小于显著性水平（$\alpha=0.05$）；文章难度的主效应也是显著的，$p=0.004$，小于显著性水平（$\alpha=0.05$）。**综上所述，文章难度会影响阅读速度，文章类型也会影响阅读速度。**

主体间效应检验

因变量：阅读速度

源	III 类平方和	自由度	均方	F	显著性	偏 Eta 平方
修正模型	509.186[a]	2	254.593	14.833	.001	.767
截距	12736.148	1	12736.148	742.006	.000	.988
文章类型	176.148	1	176.148	10.262	.011	.533
文章难度	247.853	1	247.853	14.440	.004	.616
误差	154.480	9	17.164			
总计	14400.000	12				
修正后总计	663.667	11				

图 11.3.14　主体间效应检验结果

根据 Cohen’s d 的评价标准，效应量（偏 Eta 平方）分为：小效应（≥0.2 且＜0.5）、中等效应（≥0.5 且＜0.8）、大效应（≥0.8），本例为中等效应。

（4）轮廓图

如图 11.3.15 所示，从轮廓图能更直观地看出，两个自变量的折线呈平行趋势，说明两个自变量之间没有交互作用。

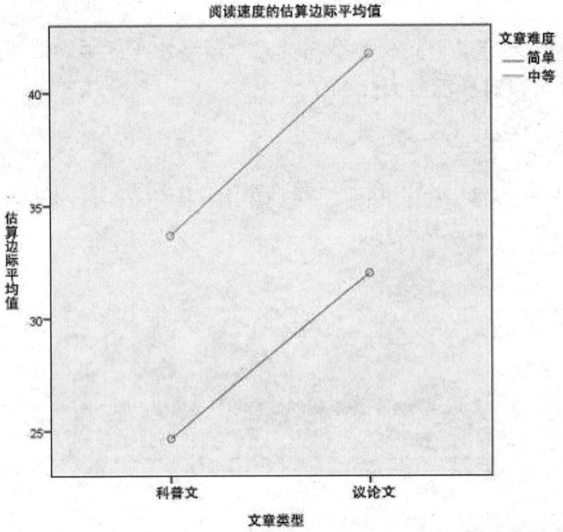

图 11.3.15　轮廓图

思考：若两个自变量之间有交互作用，该如何分析呢？

11.4　两因素重复测量方差分析

11.4.1　两因素重复测量方差分析概述

重复测量是对一个因变量进行重复测度的一种实验设计技术，两因素重复测量则是指实验中包含两个因素，每个因素都可能有两个或更多的水平，同一被试群体在这两个因素上都进行了重复测量。

11.4.2　命题反应分析：两因素重复测量方差分析

下面以中文和英文的复杂、不复杂命题的反应研究为例，介绍两因素重复测量方差分析。本研究中，包含中英文（A）和复杂性（B）两个因素，前者分中文和英文两个水平，后者分非常复杂、一般复杂和不复杂三个水平。因此，这是一个 2*3 的实验，包含 6 个条件，即 A1B1、A1B2、A1B3、A2B1、A2B2、A2B3。整个实验中文命题和英文命题各半，无论是中文命题还是英文命题，非常复杂、一般复杂和不复杂都各占三分之一。6 名被试者参加实验，计算每名被试者对各种命题的平均反应值，得到原始数据，如图 11.4.1 所示。

A1B1	A1B2	A1B3	A2B1	A2B2	A2B3
90.00	69.00	62.00	90.00	66.00	61.00
90.00	68.00	62.00	90.00	67.00	62.00
90.00	70.00	68.00	89.00	68.00	65.00
89.00	80.00	50.00	90.00	66.00	52.00
90.00	72.00	60.00	90.00	69.00	59.00
89.00	69.00	62.00	90.00	68.00	59.00

图 11.4.1　原始数据

1. 打开文件

打开案例文件“命题反应数据.sav”，依次单击菜单栏中的【分析】→【一般线性模型】→【重复测量】命令，打开【重复测量定义因子】对话框，如图 11.4.2 所示。在【主体内因子名】框中填入“A”，在【级别数】框中填入“2”，单击【添加】按钮；在【主体内因子名】框中填入“B”，在【级别数】框中填入“3”，单击【添加】按钮。最后单击【定义】按钮。

2. 重复测量设置

如图 11.4.3 所示，弹出【重复测量】对话框，将“A1B1”选入“主体内变量（A,B）”框中，其余类似，**注意一定要按照顺序。**

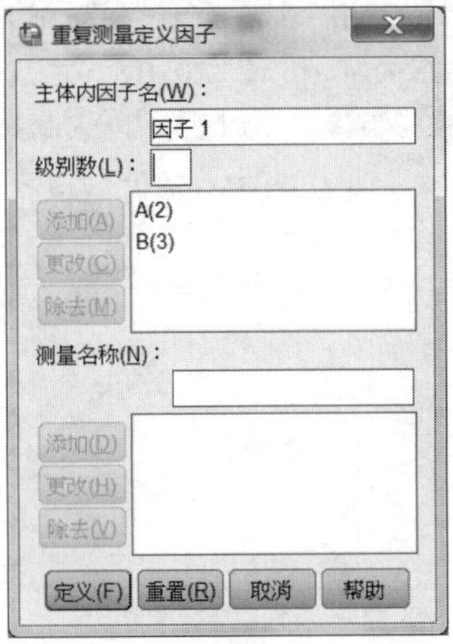

图 11.4.2　【重复测量定义因子】对话框

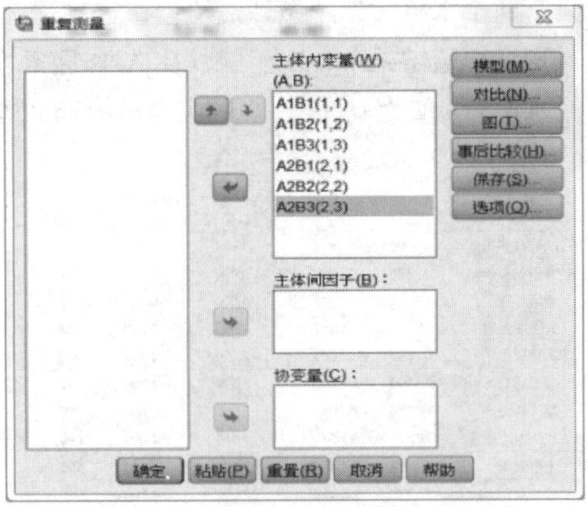

图 11.4.3　重复测量设置

3.“模型”设置

单击【模型】按钮，弹出【重复测量：模型】对话框，在【指定模型】栏选择“全因子”。

4.“选项”设置

单击【选项】按钮，弹出【重复测量：选项】对话框，将 A、B 以及 A*B 选入【显示下列各项的平均值】框中，勾选【比较主效应】复选框，如图 11.4.4 所示。

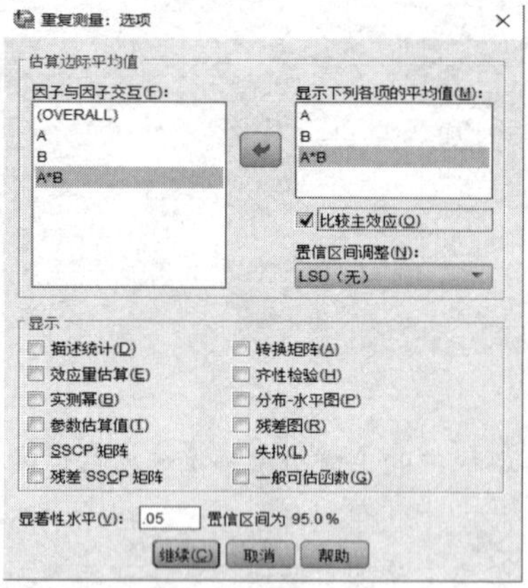

图 11.4.4 “选项”设置

5. 输出结果

（1）多变量检验结果

如图 11.4.5 所示为多变量检验结果，即多元方差分析结果，若莫奇来球形度检验的结果不符合球形假设，则以此检验结果为准。多变量检验结果一般选用“比莱轨迹”这行的数据。A 因素只有两个水平，无须做球形检验，这种情况也以此结果为准，p 值为 0.018，主效应显著。在球形度检验结果中，B 因素以及 A*B 因素均不符合球形假设，也以此结果为准。B 因素有三个水平，p 值为 0.000，主效应显著；而 A*B 交互项的 p 值为 0.056，交互效应不显著。

多变量检验[a]

效应		值	F	假设自由度	误差自由度	显著性
A	比莱轨迹	.704	11.912[b]	1.000	5.000	.018
	威尔克 Lambda	.296	11.912[b]	1.000	5.000	.018
	霍特林轨迹	2.382	11.912[b]	1.000	5.000	.018
	罗伊最大根	2.382	11.912[b]	1.000	5.000	.018
B	比莱轨迹	.998	1053.988[b]	2.000	4.000	.000
	威尔克 Lambda	.002	1053.988[b]	2.000	4.000	.000
	霍特林轨迹	526.994	1053.988[b]	2.000	4.000	.000
	罗伊最大根	526.994	1053.988[b]	2.000	4.000	.000
A * B	比莱轨迹	.763	6.452[b]	2.000	4.000	.056
	威尔克 Lambda	.237	6.452[b]	2.000	4.000	.056
	霍特林轨迹	3.226	6.452[b]	2.000	4.000	.056
	罗伊最大根	3.226	6.452[b]	2.000	4.000	.056

图 11.4.5 多变量检验结果

（2）莫奇来球形度检验结果

如图 11.4.6 所示，从球形度检验结果中可以看出，B 因素以及 A*B 因素的 p 值均为 0.013，小于显著性水平（α =0.05），不符合球形假设，则方差分析结果以比莱轨迹检验结果为准。

莫奇来球形度检验[a]

测量：MEASURE_1

主体内效应	莫奇来 W	近似卡方	自由度	显著性	Epsilon[b] 格林豪斯-盖斯勒	辛-费德特	下限
A	1.000	.000	0	.	1.000	1.000	1.000
B	.113	8.711	2	.013	.530	.553	.500
A * B	.115	8.644	2	.013	.531	.554	.500

图 11.4.6　莫奇来球形度检验结果

（3）主体内效应检验结果

如图 11.4.7 所示，根据一元方差分析结果，由于不符合球形假设，所以选用校正结果即“格林豪斯-盖斯勒”一行的数据为准，A 因素的 p 值为 0.018，小于显著性水平（α=0.05），主效应显著；B 因素的 p 值为 0.000，小于显著性水平（α=0.05），主效应显著；A*B 交互项的 p 值为 0.195，大于显著性水平（α=0.05），交互效应不显著。如果满足球形假设，则用“假设球形度”这一行的数据。

主体内效应检验

测量：MEASURE_1

源		III 类平方和	自由度	均方	F	显著性
A	假设球形度	23.361	1	23.361	11.912	.018
	格林豪斯-盖斯勒	23.361	1.000	23.361	11.912	.018
	辛-费德特	23.361	1.000	23.361	11.912	.018
	下限	23.361	1.000	23.361	11.912	.018
误差 (A)	假设球形度	9.806	5	1.961		
	格林豪斯-盖斯勒	9.806	5.000	1.961		
	辛-费德特	9.806	5.000	1.961		
	下限	9.806	5.000	1.961		
B	假设球形度	5504.167	2	2752.083	105.782	.000
	格林豪斯-盖斯勒	5504.167	1.060	5192.388	105.782	.000
	辛-费德特	5504.167	1.107	4973.581	105.782	.000
	下限	5504.167	1.000	5504.167	105.782	.000
误差 (B)	假设球形度	260.167	10	26.017		
	格林豪斯-盖斯勒	260.167	5.300	49.086		
	辛-费德特	260.167	5.533	47.017		
	下限	260.167	5.000	52.033		
A * B	假设球形度	27.722	2	13.861	2.214	.160
	格林豪斯-盖斯勒	27.722	1.061	26.125	2.214	.195
	辛-费德特	27.722	1.109	25.006	2.214	.193
	下限	27.722	1.000	27.722	2.214	.197
误差 (A*B)	假设球形度	62.611	10	6.261		
	格林豪斯-盖斯勒	62.611	5.306	11.801		
	辛-费德特	62.611	5.543	11.295		
	下限	62.611	5.000	12.522		

图 11.4.7　主体内效应检验结果

11.5　单因素多元方差分析

单因素多元方差分析是指研究一个自变量和两个或两个以上因变量的相互关系的一组统计理论和方法。

案例：研究者想知道某所初中学校初一学生身体发育情况是否不同，因此从 1 班、2 班、3 班三个班级随机选择 20 名学生，并记录了他们各自的身高和体重。部分原始数据如图 11.5.1 所示。

图 11.5.1 原始数据（部分）

11.5.1 分析思路

1. 假设条件

（1）因变量有两个或两个以上且为连续变量。

（2）有一个自变量且为分类变量。

（3）各观察对象之间相互独立。

（4）没有单因素离群值与多因素离群值。

（5）各因变量服从多元正态分布且其之间没有多重共线性。

2. 假设检验

（1）不同班级的发育情况不存在差异。

（2）不同班级的身高不存在差异。

（3）不同班级的体重不存在差异。

11.5.2 身高和体重数据分析：单因素多元方差分析

1. 因变量的多重共线性检验

（1）相关分析

打开案例文件“身高和体重 sav”，依次单击菜单栏中的【分析】→【相关】→【双变量】命令，如图 11.5.2。

（2）双变量相关性设置

打开【双变量相关性】对话框，将左侧框中的“身高”和“体重”选入右侧的“变量”框中，下方的“相关系数”选择“皮尔逊”，单击【确定】按钮，如图 11.5.3 所示。

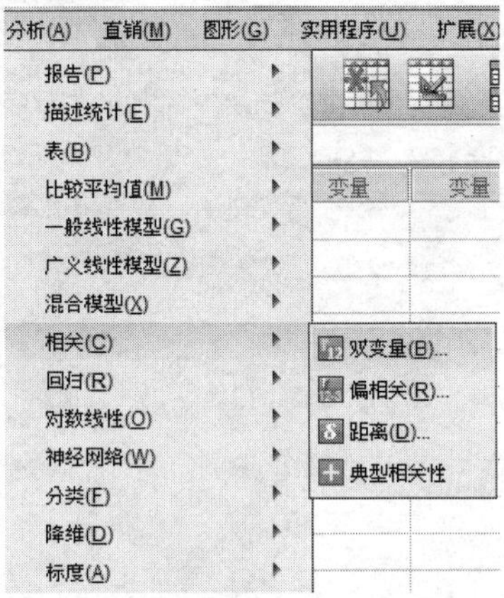

图 11.5.2 【分析】→【相关】→【双变量】

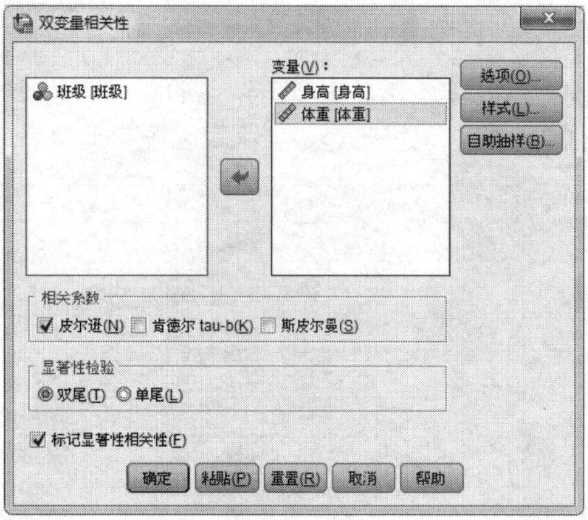

图 11.5.3 双变量相关性设置

（3）输出结果

输出结果如图 11.5.4 所示，我们可以看出，“身高”和“体重”的相关系数为 0.926，相关性较强，理论上讲，并不符合单因素多元方差分析的假设条件。然而，**此例只作为操作演示案例，我们着重讲解操作步骤，不要过分纠结相关性问题。**

相关性

		身高	体重
身高	皮尔逊相关性	1	.926**
	显著性（双尾）		.000
	个案数	30	30
体重	皮尔逊相关性	.926**	1
	显著性（双尾）	.000	
	个案数	30	30

图 11.5.4 输出结果

2. 多变量分析

如图 11.5.5 所示，依次单击菜单栏中的【分析】→【一般线性模型】→【多变量】命令。

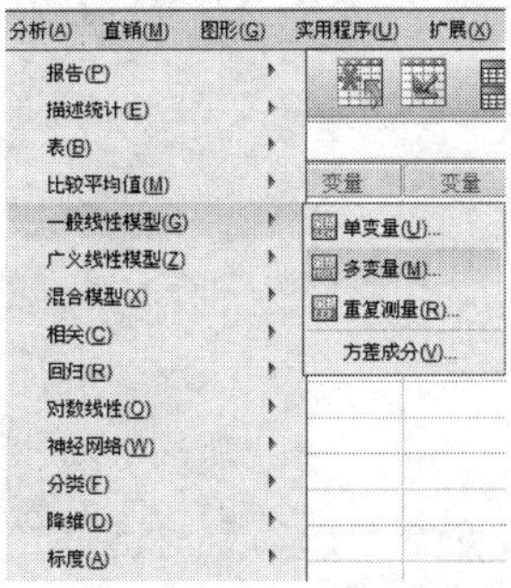

图 11.5.5 【分析】→【一般线性模型】→【多变量】

3. 多变量设置

打开【多变量】对话框，如图 11.5.6 所示，将“身高”“体重”选入右侧的“因变量”框中，将“班级”选入“固定因子”框中，单击【事后比较】按钮。

图 11.5.6　多变量设置

4. 事后检验设置

如图 11.5.7 所示，在【多变量：实测平均值的事后多重比较】对话框中，将“班级”选入右侧的“下列各项的事后检验”框中，并勾选“图基”复选框，单击【继续】按钮。

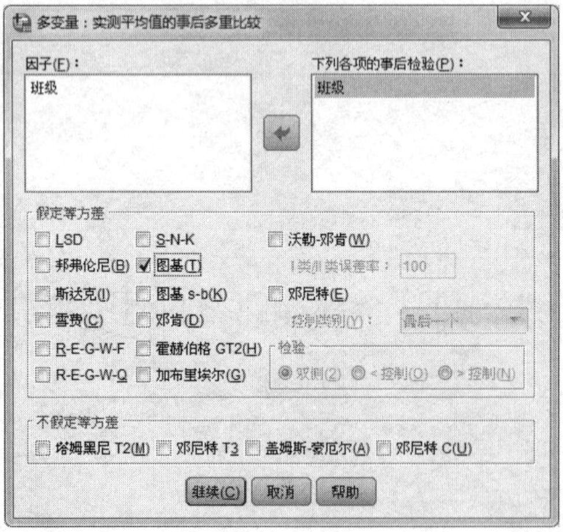

图 11.5.7　事后检验设置

5.“选项”设置

返回【多变量】对话框，单击【选项】按钮，弹出【多变量：选项】对话框，如图 11.5.8 所示。将“班级”选入右侧的“显示下列各项的平均值”框中，在下方的“显示”栏勾选“描述统计”“效应量估算”“齐性检验”复选框，单击【继续】→【确定】按钮。

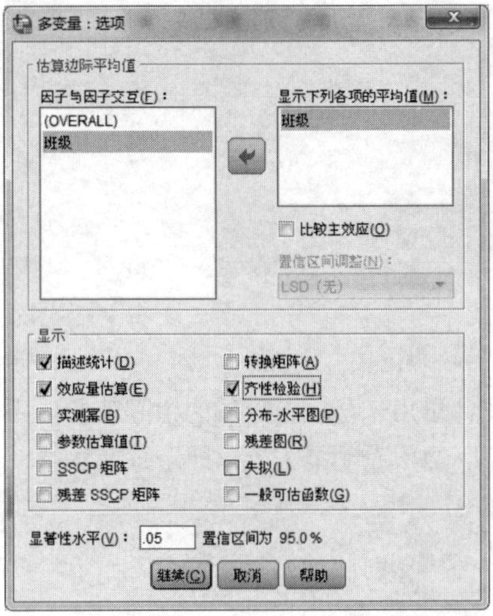

图 11.5.8 “选项”设置

6. 输出结果

（1）主体间因子结果

如图 11.5.9 所示，我们可以检验样本量是否足够。在多元方差分析中，**样本量足够**是指每组中样本量例数要不小于因变量数。本例中，因变量数为 2，而每组中样本量例数为 10，因此可判断样本量足够。

（2）描述统计结果

如图 11.5.10 所示，我们可以得到各班级学生的身高和体重的平均值、标准偏差和个案数。如 1 班学生的平均身高为 141.560cm，标准偏差为 7.5918，一共有 10 人。

主体间因子

		个案数
班级	1	10
	2	10
	3	10

图 11.5.9 主体间因子结果

描述统计

	班级	平均值	标准偏差	个案数
身高	1	141.560	7.5918	10
	2	141.280	6.4939	10
	3	143.740	6.4498	10
	总计	142.193	6.7183	30
体重	1	39.260	4.2989	10
	2	39.430	3.7845	10
	3	40.990	3.6955	10
	总计	39.893	3.8788	30

图 11.5.10 描述统计结果

（3）协方差矩阵的博克斯等同性检验结果

如图 11.5.11 所示，我们可以看到显著性 p=0.258，大于显著性水平（α =0.05），因此协方差矩阵相等。

协方差矩阵的博克斯等同性检验[a]	
博克斯 M	8.672
F	1.290
自由度 1	6
自由度 2	18168.923
显著性	.258

图 11.5.11　协方差矩阵的博克斯等同性检验结果

（4）多变量检验结果

如图 11.5.12 所示，我们可以看到四个多元统计量用来检验自变量的组间差异，由于其显著性 p 值均为 0.000，小于显著性水平（α =0.05），故没有明显差异，即无统计学意义。

多变量检验[a]

效应		值	F	假设自由度	误差自由度	显著性	偏 Eta 平方
截距	比莱轨迹	.999	14372.446[b]	2.000	26.000	.000	.999
	威尔克 Lambda	.001	14372.446[b]	2.000	26.000	.000	.999
	霍特林轨迹	1105.573	14372.446[b]	2.000	26.000	.000	.999
	罗伊最大根	1105.573	14372.446[b]	2.000	26.000	.000	.999
class	比莱轨迹	.054	.372	4.000	54.000	.828	.027
	威尔克 Lambda	.947	.361[b]	4.000	52.000	.835	.027
	霍特林轨迹	.056	.350	4.000	50.000	.843	.027
	罗伊最大根	.050	.669[c]	2.000	27.000	.521	.047

图 11.5.12　多变量检验结果

（5）误差方差的莱文等同性检验结果

如图 11.5.13 所示，若 p<0.05，则方差不相等；若 p>0.05，则方差相等。本例中，p>0.05，所以方差相等。

误差方差的莱文等同性检验[a]

	F	自由度 1	自由度 2	显著性
身高	.169	2	27	.846
体重	.446	2	27	.645

图 11.5.13　误差方差的莱文等同性检验结果

（6）主体间效应检验结果

如图 11.5.14 所示，我们可以看到身高和体重所对应的 p 值均大于 0.05，因此各班级之间学生的身高、体重水平没有差异，即无统计学意义。

主体间效应检验

源	因变量	III 类平方和	自由度	均方	F	显著性	偏 Eta 平方
修正模型	身高	36.275[a]	2	18.137	.385	.684	.028
	体重	18.185[b]	2	9.092	.587	.563	.042
截距	身高	606568.321	1	606568.321	12868.553	.000	.998
	体重	47744.341	1	47744.341	3082.976	.000	.991
class	身高	36.275	2	18.137	.385	.684	.028
	体重	18.185	2	9.092	.587	.563	.042
误差	身高	1272.664	27	47.136			
	体重	418.134	27	15.486			
总计	身高	607877.260	30				
	体重	48180.660	30				
修正后总计	身高	1308.939	29				
	体重	436.319	29				

图 11.5.14　主体间效应检验结果

（7）班级结果

如图 11.5.15 所示，有各班级学生的身高和体重的平均值、标准误差以及 95%置信区间，在此不做赘述。

班级

因变量	班级	平均值	标准误差	95% 置信区间 下限	95% 置信区间 上限
身高	1	141.560	2.171	137.105	146.015
	2	141.280	2.171	136.825	145.735
	3	143.740	2.171	139.285	148.195
体重	1	39.260	1.244	36.707	41.813
	2	39.430	1.244	36.877	41.983
	3	40.990	1.244	38.437	43.543

图 11.5.15　班级结果

（8）多重比较结果

如图 11.5.16 所示，可以看出三个班级学生的身高和体重并没有明显高于彼此的优势，因此可以验证假设，即三个班级学生的身高和体重没有明显差异，即发育情况也无明显差异，无统计学意义。

多重比较

图基 HSD

因变量	(I) 班级	(J) 班级	平均值差值 (I-J)	标准误差	显著性	95% 置信区间 下限	95% 置信区间 上限
身高	1	2	.280	3.0704	.995	-7.333	7.893
		3	-2.180	3.0704	.760	-9.793	5.433
	2	1	-.280	3.0704	.995	-7.893	7.333
		3	-2.460	3.0704	.705	-10.073	5.153
	3	1	2.180	3.0704	.760	-5.433	9.793
		2	2.460	3.0704	.705	-5.153	10.073
体重	1	2	-.170	1.7599	.995	-4.534	4.194
		3	-1.730	1.7599	.594	-6.094	2.634
	2	1	.170	1.7599	.995	-4.194	4.534
		3	-1.560	1.7599	.653	-5.924	2.804
	3	1	1.730	1.7599	.594	-2.634	6.094
		2	1.560	1.7599	.653	-2.804	5.924

图 11.5.16　多重比较结果

注意：若通过结果我们得知没有显著性差异，那么做事后检验是没有任何意义的，所以无须关注事后检验结果。

11.6 两因素多元方差分析

11.6.1 两因素多元方差分析概述

两因素多元方差分析用于研究多个因变量是否受两个自变量（也称为因素）的影响，检验在两个因素取值水平的不同组合之间，因变量的均值是否存在显著性差异。

11.6.2 大学生支出情况分析：两因素多元方差分析

案例：现有某校大学生的支出情况，请分析性别和年级对购物支出和学习支出是否有显著影响。

1. 思路

本例应从三个方面进行分析，包括两个主效应和一个交互效应。

- 性别对购物支出和学习支出是否有显著影响。
- 年级对购物支出和学习支出是否有显著影响。
- 性别和年级二者之间是否存在交互作用。

2. 打开文件

打开案例文件“大学生支出.sav”，依次单击菜单栏中的【分析】→【一般线性模型】→【多变量】命令，如图 11.6.1 所示。

图 11.6.1 【分析】→【一般线性模型】→【多变量】

3. 选择变量

打开【多变量】对话框，如图 11.6.2 所示，将“购物支出”和“学习支出”变量选入“因变量”列表中，将“性别”和“年级”选入“固定因子”列表中。

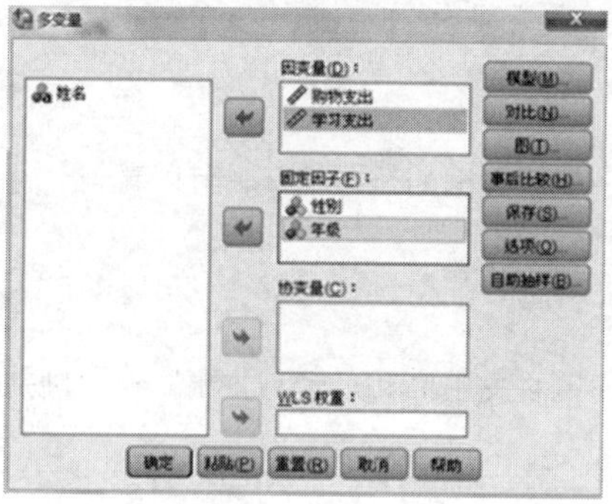

图 11.6.2　选择变量

4．“事后比较”设置

单击【事后比较】按钮，如图 11.6.3 所示，将“年级”选入“下列各项的事后检验”列表中，勾选“LSD”和“S-N-K”复选框。单击【继续】按钮，回到【多变量】对话框。（提示：“性别”只有两个水平，无须做事后比较。）

5．“选项”设置

单击【选项】按钮，如图 11.6.4 所示，选择显示“年级”变量的平均值，并勾选“描述统计”“齐性检验”“参数估算值”复选框。单击【继续】按钮，回到【多变量】对话框，单击【确定】按钮。

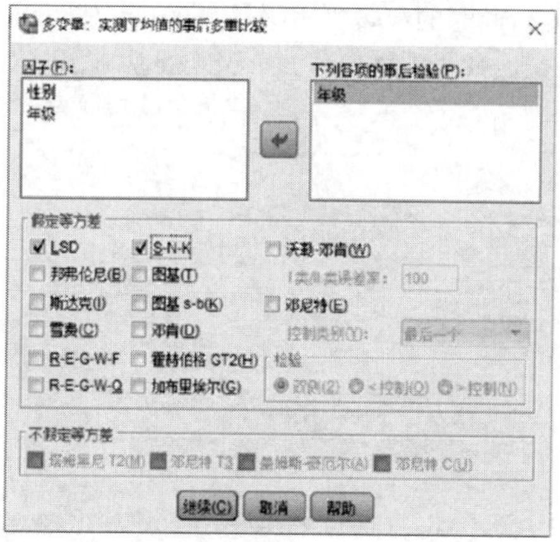

图 11.6.3　“事后比较”设置

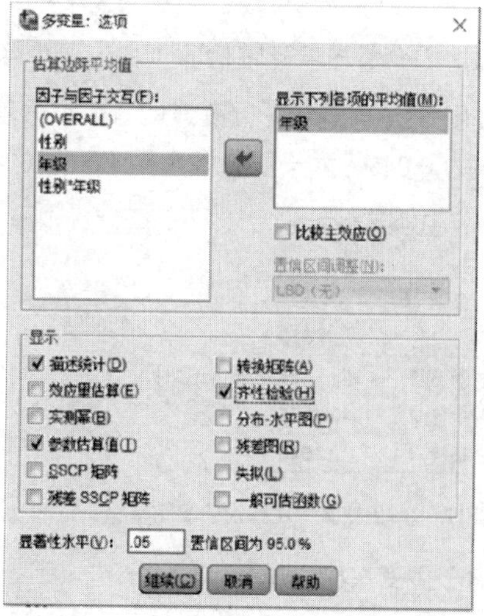

图 11.6.4　“选项”设置

6. 输出结果

（1）主体间因子结果

如图 11.6.5 所示，在主体间因子结果中呈现了案例数据的分布情况，可以看到“性别”“年级”的个案数。

（2）描述统计结果

如图 11.6.6 所示，在描述统计结果中呈现了“购物支出”和“学习支出”在“性别”与“年级”不同组合下的平均值、标准偏差和个案数。

主体间因子

		值标签	个案数
性别	0	男	48
	1	女	32
年级	1		18
	2		17
	3		20
	4		25

图 11.6.5 主体间因子结果

描述统计

	性别	年级	平均值	标准偏差	个案数
购物支出	男	1	1554.20	674.105	10
		2	1526.80	546.207	10
		3	1385.54	289.060	13
		4	1323.07	359.232	15
		总计	1430.58	461.942	48
	女	1	1550.50	291.133	8
		2	1972.29	478.107	7
		3	1287.57	307.130	7
		4	1267.30	422.011	10
		总计	1496.75	460.450	32
	总计	1	1552.56	524.860	18
		2	1710.24	551.916	17
		3	1351.25	291.304	20
		4	1300.76	377.942	25
		总计	1457.05	459.579	80
学习支出	男	1	1642.30	459.478	10

图 11.6.6 描述统计结果

（3）因变量方差齐性检验（协方差矩阵的博克斯等同性检验）结果

如图 11.6.7 所示，因变量的方差协方差矩阵，此时的显著性水平是 0.001 而非 0.05，此例 p 值为 0.045，大于显著性水平（α =0.001），可以认为因变量方差齐性假设成立。

协方差矩阵的博克斯等同性检验[a]

博克斯 M	36.829
F	1.578
自由度 1	21
自由度 2	10106.556
显著性	.045

图 11.6.7 因变量方差齐性检验结果

（4）多变量检验结果

如图 11.6.8 所示，提供了性别、年级、性别*年级的检验结果。

其中，“性别”的 4 种检验统计量的显著性 p 值均大于 0.05，因此不拒绝原假设，即性别对于“购物支出”和“学习支出”没有统计学意义，不存在显著性差异。

"年级"的 4 种检验统计量的显著性 p 值均小于 0.05，因此拒绝原假设，可以认为年级对于"购物支出"和"学习支出"具有统计学意义，存在显著性差异。

"性别"和"年级"的交互作用的 4 个检验统计量的显著性 p 值均大于 0.05，因此不拒绝原假设，即"性别"和"年级"对"购物支出"和"学习支出"的影响不存在协同作用。

多变量检验[a]

效应		值	F	假设自由度	误差自由度	显著性
截距	比莱轨迹	.940	551.297[b]	2.000	71.000	.000
	威尔克 Lambda	.060	551.297[b]	2.000	71.000	.000
	霍特林轨迹	15.530	551.297[b]	2.000	71.000	.000
	罗伊最大根	15.530	551.297[b]	2.000	71.000	.000
性别	比莱轨迹	.007	.255[b]	2.000	71.000	.775
	威尔克 Lambda	.993	.255[b]	2.000	71.000	.775
	霍特林轨迹	.007	.255[b]	2.000	71.000	.775
	罗伊最大根	.007	.255[b]	2.000	71.000	.775
年级	比莱轨迹	.169	2.219	6.000	144.000	.045
	威尔克 Lambda	.833	2.259[b]	6.000	142.000	.041
	霍特林轨迹	.197	2.297	6.000	140.000	.038
	罗伊最大根	.179	4.307[c]	3.000	72.000	.008
性别 * 年级	比莱轨迹	.114	1.455	6.000	144.000	.198
	威尔克 Lambda	.888	1.446[b]	6.000	142.000	.201
	霍特林轨迹	.123	1.437	6.000	140.000	.205

图 11.6.8　多变量检验结果

（5）方差齐性检验（误差方差的莱文等同性检验）结果

如图 11.6.9 所示，从方差齐性检验结果中可以得出"购物支出"和"学习支出"满足总体方差相等的假设（p>0.05）。

误差方差的莱文等同性检验[a]

	F	自由度 1	自由度 2	显著性
购物支出	2.072	7	72	.058
学习支出	1.686	7	72	.126

图 11.6.9　方差齐性检验结果

（6）主体间效应检验结果

如图 11.6.10 所示，主体间效应检验对"学习支出"和"购物支出"分别进行方差分析检验。本例中：

- "学习支出"在"性别"和"年龄"两个因素上都不具有统计学差异（p>0.05）。
- "购物支出"在"性别"上不具有统计学差异（p>0.05)，"购物支出"在"年龄"上具有统计学差异（p<0.05）。
- 交互效应在"购物支出"（p=0.238）和"学习支出"（p=0.092）上都不具有统计学差异。

主体间效应检验

源	因变量	III 类平方和	自由度	均方	F	显著性
修正模型	购物支出	2968035.2[a]	7	424005.028	2.225	.042
	学习支出	2240827.4[b]	7	320118.197	1.519	.175
截距	购物支出	164849877	1	164849877	865.240	.000
	学习支出	203280977	1	203280977	964.736	.000
性别	购物支出	97124.630	1	97124.630	.510	.478
	学习支出	31621.194	1	31621.194	.150	.700
年级	购物支出	2461155.64	3	820385.212	4.306	.008
	学习支出	1226977.81	3	408992.603	1.941	.131
性别 * 年级	购物支出	823240.162	3	274413.387	1.440	.238
	学习支出	1408779.75	3	469593.251	2.229	.092
误差	购物支出	13717804.6	72	190525.064		
	学习支出	15171231.4	72	210711.547		
总计	购物支出	186525416	80			
	学习支出	230127090	80			
修正后总计	购物支出	16685839.8	79			
	学习支出	17412058.8	79			

图 11.6.10　主体间效应检验结果

（7）多重比较结果

如图 11.6.11 所示，根据多重比较结果可以得知“购物支出”和“学习支出”在各个年级之间是否存在统计学差异。用 LSD 法得出，“购物支出”在 1 年级和其他年级之间不具有统计学差异（显著性 p 值分别为 0.289、0.160、0.066，均大于 0.05）；用 S-N-K 法得出，在“学习支出”方面各个年级不具有统计学差异，在“购物支出”方面 2 年级和其他年级之间具有统计学差异。

多重比较

因变量		(I) 年级	(J) 年级	平均值差值 (I-J)	标准误差	显著性	95% 置信区间 下限	95% 置信区间 上限
购物支出	LSD	1	2	-157.68	147.621	.289	-451.96	136.60
			3	201.31	141.813	.160	-81.39	484.00
			4	251.80	134.929	.066	-17.18	520.77
		2	1	157.68	147.621	.289	-136.60	451.96
			3	358.99*	143.992	.015	71.94	646.03
			4	409.48*	137.216	.004	135.94	683.01
		3	1	-201.31	141.813	.160	-484.00	81.39
			2	-358.99*	143.992	.015	-646.03	-71.94
			4	50.49	130.948	.701	-210.55	311.53
		4	1	-251.80	134.929	.066	-520.77	17.18
			2	-409.48*	137.216	.004	-683.01	-135.94
			3	-50.49	130.948	.701	-311.53	210.55
学习支出	LSD	1	2	-184.32	155.245	.239	-493.80	125.15
			3	31.10	149.137	.835	-266.20	328.40
			4	96.86	141.897	.497	-186.01	379.73
		2	1	184.32	155.245	.239	-125.15	493.80

购物支出

	年级	个案数	子集 1	子集 2
S-N-K[a,b,c]	4	25	1300.76	
	3	20	1351.25	
	1	18	1552.56	1552.56
	2	17		1710.24
	显著性		.175	.262

学习支出

	年级	个案数	子集 1
S-N-K[a,b,c]	4	25	1532.64
	3	20	1598.40
	1	18	1629.50
	2	17	1813.82
	显著性		.230

图 11.6.11　多重比较结果

本节只介绍了两因素多元方差分析最常用的功能及思路，请读者多多练习。

第 12 章 相关分析

12.1 皮尔逊相关分析

相关关系就是指两个或两个以上变量之间相互依存关系，而相关分析也就是针对相关关系的一种分析方法。

12.1.1 理论概述

1. 相关关系的方程展示

为了更直观地理解，现以方程的形式呈现相关关系：

① $y=ax+b$　　② $y=a_1x_1+a_2x_2+b$　　③ $y=a_1x_1+a_2x_2+\cdots+b$

④ $y=ax^2$　　⑤ $y=\ln x$　　⑥ $y=-ax$　　⑦ $y=0$

以上方程的共性是研究 y 与 x 之间的相关关系，不同的是，影响 y 的 x 可能不止一个，并且符号也不同，有正向、负向和零。需要说明的是，相关关系包括线性相关关系和非线性相关关系，上述方程①②③都是线性相关关系，④⑤则是非线性相关关系。

2. 皮尔逊相关系数

目前，常见的分析为线性相关分析，线性相关分析是用来描述当一个连续变量发生变化时，另一个连续变量也相应地呈线性变化，一般用皮尔逊相关系数 r 来表示。皮尔逊相关系数 r 的取值范围如表 12.1.1 所示。

表 12.1.1　皮尔逊相关系数 r 的取值范围

$\|r\|$取值范围	相关程度
$0\leq\|r\|<0.3$	低相关
$0.3\leq\|r\|<0.8$	中相关
$0.8\leq\|r\|\leq1$	高相关

注意：相关关系并不等同于因果关系，相关性表示等号两边的变量会同时发生改变，而因果关系是一个因素导致另一个因素发生变化。

12.1.2 影响超市销售的因素分析：皮尔逊相关分析

案例：根据某超市近两年的销售数据（其中的变量涉及年月、所属季度、宣传费用、用户流量以及销售金额），现想了解宣传费用与销售金额的相关性。原始数据如图 12.1.1 所示。

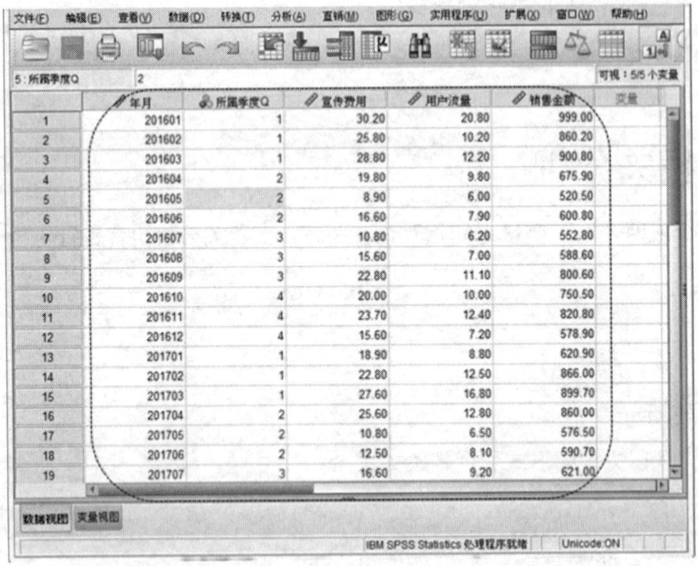

	年月	所属季度Q	宣传费用	用户流量	销售金额
1	201601	1	30.20	20.80	999.00
2	201602	1	25.80	10.20	860.20
3	201603	1	28.80	12.20	900.80
4	201604	2	19.80	9.80	675.90
5	201605	2	8.90	6.00	520.50
6	201606	2	16.60	7.90	600.80
7	201607	3	10.80	6.20	552.80
8	201608	3	15.60	7.00	588.60
9	201609	3	22.80	11.10	800.60
10	201610	4	20.00	10.00	750.50
11	201611	4	23.70	12.40	820.80
12	201612	4	15.60	7.20	578.90
13	201701	1	18.90	8.80	620.90
14	201702	1	22.80	12.50	866.00
15	201703	1	27.60	16.80	899.70
16	201704	2	25.60	12.80	860.00
17	201705	2	10.80	6.50	576.50
18	201706	2	12.50	8.10	590.70
19	201707	3	16.60	9.20	621.00

图 12.1.1　原始数据

1. 数据的预分析

打开案例文件“超市销售.sav”，依次单击菜单栏中的【图形】→【旧对话框】→【散点图/点图】命令，打开【散点图/点图】对话框，选择“简单散点图”，单击【定义】按钮，如图 12.1.2 所示。

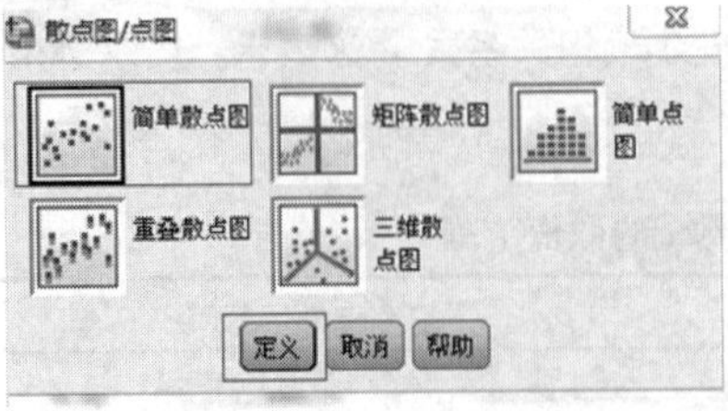

图 12.1.2　【散点图/点图】对话框

如图 12.1.3 所示，弹出【简单散点图】对话框，将变量“销售金额”移至右侧的“Y 轴”

框中，将变量“宣传费用”移至右侧的“X 轴”框中，单击【确定】按钮。

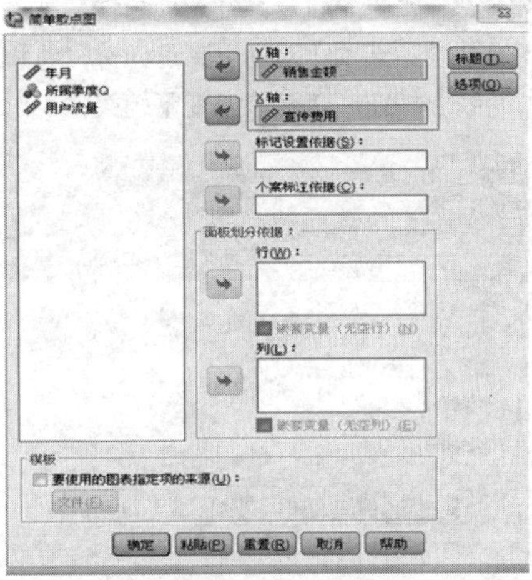

图 12.1.3　【简单散点图】对话框

生成的散点图如图 12.1.4 所示，从散点图可以看出，宣传费用与销售金额二者之间呈正向的线性相关关系。

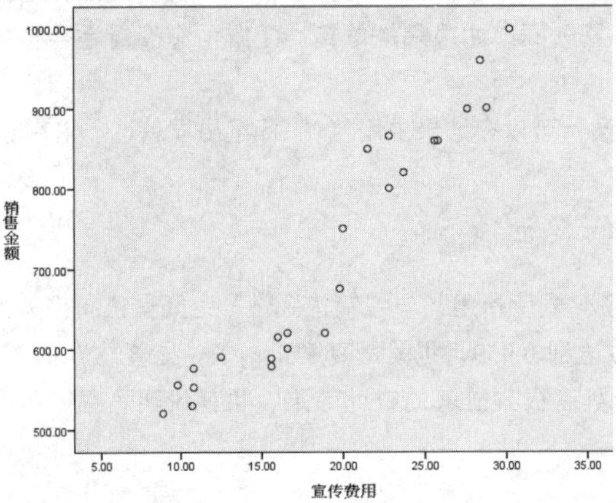

图 12.1.4　散点图

为什么要在相关分析前制作散点图呢?

在进行正式的相关分析前先观察散点图，有助于我们更直观地了解变量之间的相关性。

那么两个变量之间的相关程度到底是高还是低呢? 这需要进行相关分析来判断。

2. 相关分析选项设置

依次单击菜单栏中的【分析】→【相关】→【双变量】命令，打开【双变量相关性】对话框，如图 12.1.5 所示，将“宣传费用”“销售金额”两个变量移至右侧的“变量”框中。由于这两个变量是连续变量，需要保持默认设置“皮尔逊”相关系数，其他选项也保持默认设置不变。单击右上方的【选项】按钮，弹出【双变量相关性：选项】对话框，可勾选“叉积偏差和协方差”和“平均值和标准差”复选框，单击【继续】按钮，返回【双变量相关性】对话框。

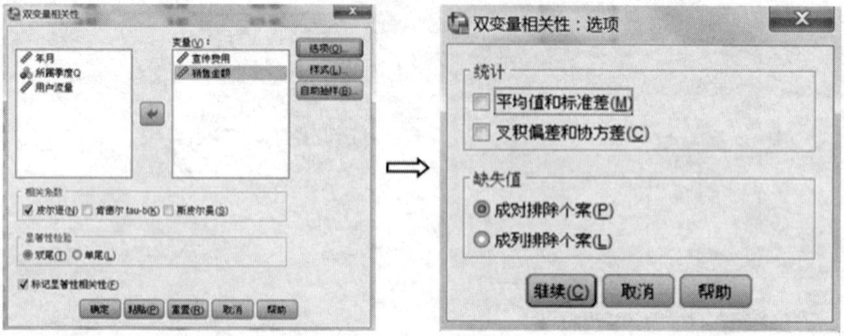

图 12.1.5　相关分析选项设置

- “相关系数”：若为连续变量，则勾选“皮尔逊”复选框，本例中的两个变量均为连续变量，所以勾选此项；若非连续变量，则勾选“肯德尔”或“斯皮尔曼”复选框。
- “显著性检验”：SPSS 默认设置为“双尾”。如果希望了解两个变量之间存在正相关还是负相关，则勾选“单尾”复选框；如果只是单纯地了解两个变量是否相关，则勾选“双尾”复选框。
- “标记显著性相关性”：勾选此项，可以在结果中用“*”标记出显著性水平在 0.01 或者 0.05 的数据。

3．相关分析结果

如图 12.1.6 所示，总体而言，变量“宣传费用”与“销售金额”之间呈正向相关关系，且具有很高的相关性，皮尔逊相关系数达到 0.959，也就是高度正相关，显著性 p 值为 0.000，小于显著性水平（α =0.05）,说明二者具有极其显著的统计效果，也就说明了宣传费用的投入会增加销售金额。

相关性

		宣传费用	销售金额
宣传费用	皮尔逊相关性	1	.959**
	显著性（双尾）		.000
	个案数	24	24
销售金额	皮尔逊相关性	.959**	1
	显著性（双尾）	.000	
	个案数	24	24

图 12.1.6　相关分析结果

请读者自行尝试分析“宣传费用”、“用户流量”和“销售金额”之间的关系。

12.2 肯德尔等级相关分析

肯德尔等级相关分析适用于两个分类变量且均为有序变量的情况，利用数据的秩次来考量变量之间的相关程度，取值范围在-1 和 1 之间。肯德尔等级相关分析属于非参数检验，与斯皮尔曼等级相关分析类似，不需要变量所在的总体一定呈正态分布，也不需要样本容量大于 30，适用范围更广。

12.2.1 肯德尔相关系数

1. 肯德尔 *W* 系数

肯德尔 *W* 系数又称和谐系数，表示多列等级变量数据相关程度的量，采用等级评定法，即让 *K* 个被试对 *N* 个事物进行评定，或者让一个被试对 *K* 个事物进行 *N* 次评定，最终排出一个等级顺序。

2. 肯德尔 *U* 系数

肯德尔 *U* 系数又称一致性系数，反映多列等级变量相关程度的量，采用对偶评定法，即让 *K* 个被试对 *N* 个事物进行评定，或者让一个被试对 *K* 个事物进行 *N* 次评定，每一次评定都要将 *N* 个事物两两比较，该分析过程比较烦琐，用得也较少，因此本书不做过多阐述。

3. 肯德尔 tau_b 等级相关系数

肯德尔 tau_b 等级相关系数适用于两个分类变量均为有序变量的情况，即本节涉及的内容。

12.2.2 大学排名数据分析：肯德尔等级相关分析

案例：研究者收集了 10 所大学的排名及相应地区的经济水平排名情况，试分析大学排名与地区经济水平之间有无相关性。原始数据如图 12.2.1 所示。

	编号	大学排名	地区经济水平排名
1	1	9	8
2	2	4	2
3	3	3	5
4	4	6	4
5	5	5	7
6	6	8	9
7	7	1	1
8	8	7	6
9	9	10	10
10	10	2	3

图 12.2.1 原始数据

1．打开文件

打开案例文件“大学排名.sav”，依次单击菜单栏中的【分析】→【相关】→【双变量】命令。

2．双变量相关性设置

打开【双变量相关性】对话框，如图 12.2.2 所示，将“大学排名”“地区经济水平排名”选入“变量”框中；在“相关系数”栏勾选“肯德尔”复选框，其余选项保持默认设置不变。

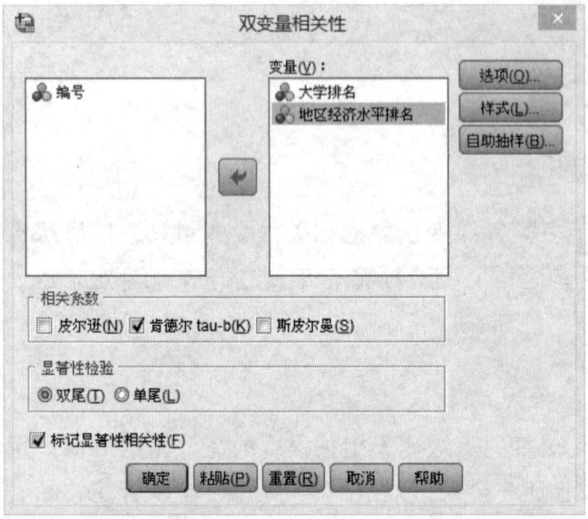

图 12.2.2　双变量相关性设置

3．输出结果

如图 12.2.3 所示，肯德尔秩相关系数为 0.733>0，p 值为 0.003，小于显著性水平（α=0.05），因此可以认为大学排名与地区经济水平的相关性较高且为正相关。

相关性

			大学排名	地区经济水平排名
肯德尔 tau_b	大学排名	相关系数	1.000	.733**
		显著性（双尾）	.	.003
		个案数	10	10
	地区经济水平排名	相关系数	.733**	1.000
		显著性（双尾）	.003	.
		个案数	10	10

图 12.2.3　输出结果

肯德尔等级相关分析与斯皮尔曼等级相关几乎是等价的，在实际业务中应用更多的是斯皮尔曼等级相关分析，下节将会详细讲解。

12.3　斯皮尔曼等级相关分析

等级相关也称为秩相关，适用于不服从正态分布、总体分布未知、原始数据用等级表示的数据资料，属于非参数统计方法。

如果在实际中遇到定类变量或者定序变量的“相关系数”，则需要运用斯皮尔曼等级相关系数和肯德尔 tau_b 相关系数来进行分析，本节将着重对斯皮尔曼等级相关分析进行介绍。

12.3.1　斯皮尔曼等级相关系数

1. 斯皮尔曼等级相关系数公式

斯皮尔曼等级相关系数的计算公式为：

$$\gamma_s = 1 - (6\Sigma \mathrm{d}_i^2)/n(n^2 - 1)$$

其中，d_i=（x_i–y_i），x_i 和 y_i 分别是两个变量按大小（或优劣）排序的秩，n 是样本容量。

注意：与简单相关系数一样，斯皮尔曼等级相关系数的取值范围也为[–1,1]，绝对值越大，相关性越强，当γ_s为正数时，认为存在正等级相关；当γ_s为负数时，认为存在负等级相关；当γ_s=1 时，认为两个变量的等级完全相同，存在完全的正相关。

---

2. 计算统计量的值与制定统计决策

如果样本数 $n\leqslant10$，并且γ_s的绝对值大于或等于图 12.3.1 中显著性水平 α 的临界值，即统计量落在否定域中，则拒绝原假设，斯皮尔曼等级相关系数显著；否则，接受原假设，斯皮尔曼等级相关系数不显著。

Spearman秩相关系数检验临界值表（双尾检验）

n	α	
	0.05	0.01
5	1.000	
6	0.886	1.000
7	0.786	0.929
8	0.738	0.881
9	0.700	0.883
10	0.648	0.794

图 12.3.1　临界值表

如果样本数 $n>10$，根据γ_s计算统计量$t = \gamma_s\sqrt{((n-2)/(1-\gamma_s^2))}$的值，当显著性水平为 α时，统计量的值落在否定域$\{t||t|>t_{\alpha/2}(n-2)\}$中，则拒绝原假设，斯皮尔曼等级相关系数显著；否则，接受原假设，斯皮尔曼等级相关系数不显著。

12.3.2 知名度和服务质量相关性分析：斯皮尔曼等级相关分析

案例：请运用斯皮尔曼等级相关分析方法对变量“品牌知名度”和“售后服务质量”之间的相关性进行分析。原始数据如图 12.3.2 所示。

1．双变量相关性设置

打开案例文件“知名度和服务质量.sav”，依次单击菜单栏中的【分析】→【相关】→【双变量】命令，打开【双变量相关性】对话框，将“品牌知名度排位”和“售后服务质量评价排位”移至右侧的“变量”框中，在“相关系数”栏勾选“斯皮尔曼”复选框，其他选项保持默认设置不变，如图 12.3.3 所示。

图 12.3.2 原始数据

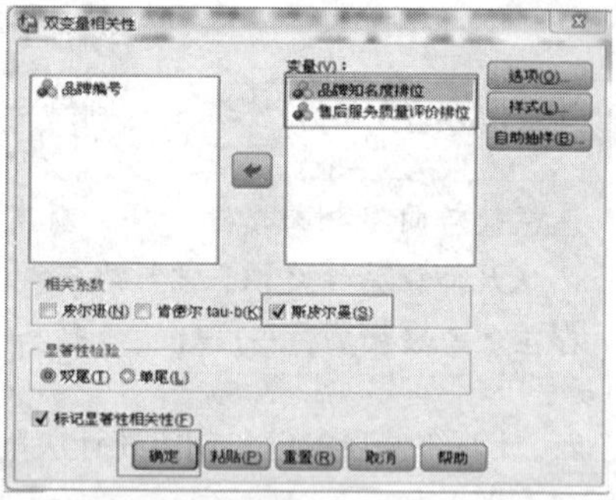

图 12.3.3 双变量相关性设置

2．输出结果

单击【确定】按钮，输出斯皮尔曼等级相关分析结果，如图 12.3.4 所示。

相关性

			品牌知名度排位	售后服务质量评价排位
斯皮尔曼 Rho	品牌知名度排位	相关系数	1.000	.879**
		显著性（双尾）	.	.001
		个案数	10	10
	售后服务质量评价排位	相关系数	.879**	1.000
		显著性（双尾）	.001	.
		个案数	10	10

图 12.3.4 分析结果

通过分析结果可知，本例的个案数为 10，相关系数为 0.879，p 值为 0.001，小于显著性水平（α =0.05），且两者之间呈正相关，故可以拒绝原假设，认为提高售后服务质量有利于增加品牌知名度。

12.4　偏相关分析

12.4.1　理论概述

有时候影响一个问题的因素有很多，研究者通常先假设其中的某些因素不变，再去考虑其他因素对该问题的影响，从而达到简化分析的目的。偏相关分析就是源于这一思想的统计方法。

在存在多变量的情况下，变量之间的相关关系是很复杂的，直接研究两个变量之间的简单相关系数往往不能正确说明它们之间的真实关系，只有除去其他变量的影响后再计算相关系数，才能真正反映它们之间的相关关系，或者说在其他变量固定不变的情况下，计算两个变量之间的相关系数，这样的相关分析就是偏相关分析，经此得出的相关系数叫作偏相关系数。

根据固定变量个数的多少，偏相关可分为零阶偏相关、一阶偏相关和（p-1）阶偏相关，其中零阶偏相关就是简单相关。

12.4.2　投资额与收益率的相关性分析：偏相关分析

案例：请以案例文件中的投资额、收益率、客户回访率的数据为例，将客户回访率作为控制变量，使用偏相关分析来判断有控制变量（客户回访率）和没有控制变量时，投资额和收益率之间的相关关系是否显著。

H_0：投资额和收益率之间无显著偏相关关系。

H_1：投资额和收益率之间有显著偏相关关系。

1. 打开文件

打开案例文件“收益率.sav”，依次单击菜单栏中的【分析】→【相关】→【偏相关】命令。

2. 选择变量

打开【偏相关性】对话框，将“投资额”“收益率”选入“变量”栏中，将“客户回访率”选入“控制”栏中，此处的控制变量（客户回访率）会对两个相关变量（投资额和收益率）产生影响，如图 12.4.1 所示。

3. “选项”设置

单击【选项】按钮，弹出【偏相关性：选项】对话框，在“统计”栏中勾选“平均值和标准差”和“零阶相关性”复选框，**此处的零阶相关性是不考虑控制变量时的相关性**，如图 12.4.2 所示。单击【继续】按钮，返回【偏相关性】对话框。

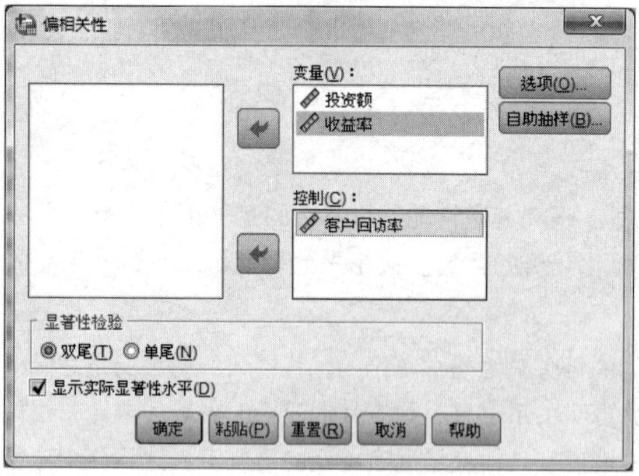

图 12.4.1　选择变量

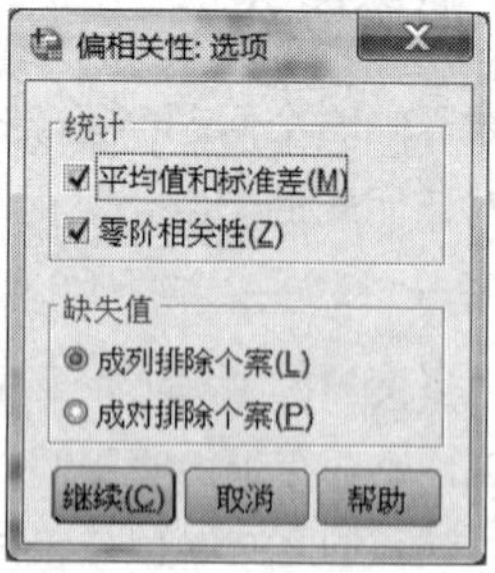

图 12.4.2　“选项”设置

4．输出结果

单击【确定】按钮得到分析结果，如图 12.4.3 和图 12.4.4 所示。

描述统计

	平均值	标准差	个案数
投资额	173.6687	14.66751	30
收益率	176.4210	23.32738	30
客户回访率	172.7650	15.99797	30

图 12.4.3　描述统计结果

从图 12.4.3 中可以看出，描述统计结果给出了三个变量的描述统计量，包括平均值、标准差和个案数。

相关性

控制变量			投资额	收益率	客户回访率
-无-[a]	投资额	相关性	1.000	.776	.965
		显著性（双尾）	.	.000	.000
		自由度	0	28	28
	收益率	相关性	.776	1.000	.785
		显著性（双尾）	.000	.	.000
		自由度	28	0	28
	客户回访率	相关性	.965	.785	1.000
		显著性（双尾）	.000	.000	.
		自由度	28	28	0
客户回访率	投资额	相关性	1.000	.114	
		显著性（双尾）	.	.555	
		自由度	0	27	
	收益率	相关性	.114	1.000	
		显著性（双尾）	.555	.	
		自由度	27	0	

图 12.4.4　相关性结果

从图 12.4.4 中可以看出，相关性结果给出了三个变量的零阶偏相关系数和一阶偏相关系数的计算结果，以及它们各自的显著性检验 p 值。

在不控制客户回访率时，相关系数为 0.776，p 值为 0.000，小于显著性水平（α =0.05），可以认为收益率和投资额是显著相关的；但在控制了客户回访率后，相关系数为 0.114，p 值为 0.555，大于显著性水平（α =0.05），收益率和投资额是不显著相关的，所以不能简单地判断收益率和投资额是否存在显著的相关关系。**准确的结论应该是在客户回访率不变的条件下，收益率和投资额不存在显著的相关关系。**

在实际情况中，很多变量之间是没有实质关系的，所以单从数据角度来判断两个变量之间的相关关系就不符合客观情况了，如果两个变量在经验上是有相关关系的，但在分析中发现与客观情况不符，那么这时候我们就需要用偏相关分析，以此来判断两个变量之间的相关关系是不是受到其他因素的影响，从而找出两个变量之间的真实关系。

参考文献

[1] 杜强，贾丽艳. SPSS 统计分析从入门到精通. 北京：人民邮电出版社，2009.

[2] 张文彤. 世界优秀统计工具 SPSS 11 统计分析教程基础篇. 北京：北京希望电子出版社，2002.

[3] 张文璋. 实用统计分析方法与 SPSS 应用. 北京：当代中国出版社，2000.

[4] 薛薇. 统计分析与 SPSS 的应用. 北京：中国人民大学出版社，2001.

[5] 张慈，薛晓光，王大永. SPSS 21.0 行业统计分析与应用. 北京：清华大学出版社，2016.

[6] 杨世莹. SPSS 22 统计分析案例教程. 北京：中国水利水电出版社，2016.

[7] 陈胜可，刘荣. SPSS 统计分析从入门到精通. 第三版. 北京：清华大学出版社，2015.

[8] 武松，潘发明等. SPSS 统计分析大全. 北京：清华大学出版社数字出版网站，2014.

[9] 杨维忠，张甜. SPSS 统计分析与行业应用案例详解. 北京：清华大学出版社，2011.

[10] 陈正昌. SPSS 与统计分析. 北京：教育科学出版社，2015.

[11] 李金德，欧贤才等. SPSS 在会计和财务管理中的应用. 北京：清华大学出版社，2017.

[12] 蓝石. 基于变量类型做好统计分析——SPSS 实例示范. 重庆：重庆大学出版社，2014.

[13] 张黎. 教育统计的世界——统计原理与 SPSS 应用. 北京：新华出版社，2016.

[14] 邱皓政. 量化研究与统计分析——SPSS 中文视窗版数据分析范例解析. 重庆：重庆大学出版社，2009.

[15] 狄松，祝迎春等. 谁说菜鸟不会数据分析（SPSS 篇）. 北京：电子工业出版社，2016.

[16] 杨秋月等. 医护统计与 SPSS 分析方法与应用. 台北：五南图书出版股份有限公司，2015.

[17] 潘发明等. 医用统计方法及其 SPSS 软件实现. 第 2 版. 合肥：中国科学技术大学出版社，2013.

[18] 刘顺忠，荣丽敏等. 非参数统计和 SPSS 软件应用. 武汉：武汉大学出版社，2008.

[19] 杜志敏. 抽样调查与 SPSS 应用. 北京：电子工业出版社，2010.

[20] 王保进. 英文视窗版 SPSS 与行为科学研究. 第三版. 北京：北京大学出版社，2007.